"国培计划"优秀成果出版工程·陕西系列

让教育走进灵魂深处

一位优秀教师的教育心语

刘跃红 著

西南师范大学出版社

全国百佳图书出版单位　国家一级出版社

图书在版编目（CIP）数据

让教育走进灵魂深处：一位优秀教师的教育心语 /
刘跃红著 . —重庆：西南师范大学出版社，2016.12
　　ISBN 978-7-5621-8394-5

Ⅰ.①让… Ⅱ.①刘… Ⅲ.①教育工作 Ⅳ.①G4

中国版本图书馆 CIP 数据核字（2016）第 278866 号

名师工程系列丛书
编委会主任：马　立　宋乃庆
总策划：周安平
策　划：李远毅　卢　旭　郑持军　郭德军

让教育走进灵魂深处——一位优秀教师的教育心语
　刘跃红　著

责任编辑：鲁　艺
特约编辑：沈倩倩
封面设计：天之赋设计室
出版发行：西南师范大学出版社
　　　　　　地址：重庆市北碚区天生路 1 号
　　　　　　邮编：400715　市场营销部电话：023-68868624
　　　　　　http://www.xscbs.com
经　　销：新华书店
印　　刷：重庆市正前方彩色印刷有限公司
开　　本：720mm×1030mm　1/16
印　　张：16.25
字　　数：283 千字
版　　次：2017 年 1 月　第 1 版
印　　次：2017 年 1 月　第 1 次印刷
书　　号：ISBN 978-7-5621-8394-5

定　　价：30.00 元

淡泊宁静看花红

赵 明

作者刘跃红说:"我喜欢简静的生活,也喜欢简静的人。简静才有真情趣,简静才能追求有意义的人生。在充满诱惑的现实生活里,有这样宁静的心态,是多么美好!"

这让我忽然想到了"淡泊明志,宁静致远"这句古话。诸葛亮临终前在《诫子书》里告诫他的儿子诸葛瞻说:"夫君子之行,静以修身,俭以养德。非淡泊无以明志,非宁静无以致远。"诸葛亮对他的儿子的教诲,是中国传统家训的典范,是中华民族传统美德追求的人生境界。我无法确认刘跃红的"简静生活"是否也源于此,但毋庸置疑的是,她的"简静生活"里有着中华优秀文化传统的基因。

翻开本书,一页页读下去,我们会发现一位普通语文教师是怎样在普通的岗位上,以淡泊培育定力,以宁静固守方向,去描绘自己的花样年华,实现自己的教育梦想的。

本书中作者的篇篇教学论文如海滩上闪光的贝壳;精心设计的教学方案显示出作者对教学个性化的追求;课题研究引领实践者实现向研究者的转变;品读鉴赏让生命变得丰富而高尚;教育随笔则把一颗赤子之心捧给了学生,献给了教育事业,吟唱着一首爱的颂歌。

本书涉猎广泛,内容丰富,像一座简朴的园林,扑面而来的是一股自然、清新的气息。

刘跃红坚守着"教育就是引导人的灵魂走向高贵"的理念,这一理念使得她的教育教学活动能够超越知识传授和技能培养的层面,上升到生命的高度。她说:"知识的传播远没有与心灵的碰撞富有挑战性。行走在教育教学的旅途中,学生的心灵就像是姿态各异的风景……行走在心灵的原野上,时时感受着心灵的冲击,你永远无法预测下一站的风景,这是教育教学的最大魅力所在。"有了这样的认识和境界,就不会有丝毫的懈怠和厌倦,而是带着快乐出发,去收获新的快乐。从语文教师、班主任、教研组长、教务主任、教研室主任,到骨干教师、省级教学能手、省级学科带头人，二十七年的岁月，刘跃红一路走来，勤勤恳恳，脚踏实地，如一株幼苗渐渐长大，开放出鲜艳的花朵。

《让教育走进灵魂深处——一位优秀教师的教育心语》的出版是一件可喜可贺的事。它不仅是刘跃红教育教学成果的结晶，而且是一位草根语文教师成长的见证。尽管书稿还算不上十分厚重，甚至有些地方还显露出"原生态"的不加雕琢，但是，对于作者来说，这是一种鞭策；对于同行，尤其是青年教师来说，这是一种鼓舞；对于任重道远的语文教学改革来说，这是一个希望。

当然，从幼苗到大树，从开花到结果，还需要阳光照耀、雨露滋润，还有很长的一段路要走。但是，一个喜欢简静生活的人，一个视"简静"为真情趣、有意义的人，一定会认准一个目标，排除一切诱惑和纷扰，去追寻自己的美好人生，实现自己的美丽梦想。

简静，是一种修养，是一种境界。

我期待更多的青年同行会像刘跃红一样努力。

目　录

教海拾贝

教材管窥

教育探骊

文苑撷英

课下心语

教海拾贝

　　语文是一门充满思想、充满智慧、充满人文精神的学科。在新课改的大背景下，如何实现有效的语文教学，已成为教师共同关注的焦点。本章立足于课堂教学，具体探讨了名师教学课例研究、课堂提问设计的优化以及审辨式课堂教学、文言文教学、作文教学等问题，强调教师不仅要提高自身的教学能力和教学水平，还要注意引导学生自主学习、深度思考，提高学生的语文能力和语文素养。

博观约取　厚积薄发

——例谈如何做名师教学课例研究

一、名师教学课例研究的意义

学校是教育发生的地方，课堂是教师成长的地方。研究名师教学课例，就是直接探究名师的教育理念与教学实践相结合的共同体，针对自身教育教学实践的困境和薄弱环节，以名师教育教学艺术之长，对照自身，实践，提高，再实践，从而弥补个人短板，走出教育教学困境，最终获得自身专业成长。

二、名师教学课例研究的方法

名师教学课例往往能体现出他们丰厚的积淀以及他们对所教学科的独特理解和感悟，体现出优秀教师的教育教学技能和技巧以及他们不同的个性和风格。这一切决定了一般教师对名师教学课例的研究更多的是学习借鉴。课堂教学是复杂的，所以名师教学课例可供研究的内容极其丰富。如何进行研究？问题即主题，我们自身的短板就是研究的主题。我们需要确定一位或若干位名师为研究对象，从课堂中教师的教学行为、教学内容及学生的学习方式等方面选取一个点进行研究，一课一得；也可以对一位名师的所有教育思想、教学艺术、教学风格进行纵向、深入、系统的研究；还可以对教育思想、艺术风格相近的多位名师进行横向比较研究。他山之石，可以攻玉，如此便可找到问题产生的原因及解决问题的办法，也可以像课题研究一般深入拓展，最终使自身有所提升、有所进步。迈克·富兰在《变革的力量——透视教育改革》中说："教育工作者个人是一个关键的起点，因为通过个人的努力，变革的杠杆作用会更大。"具体说来，研究名师教学课例需做好以下几方面的工作。

1. 确定名师课例研究的主题

研究主题的确定通常有两种方式。首先，研究主题应该来自教师在教育教学实际中亟须解决的问题。教师可将自己亟须解决的问题一一列出、归类，提炼出最贴近实际的典型问题。这类问题应起点低，贴近教师自身的能力，有一定的材料，跳一跳就能够解决。如课堂切入点的选择、课堂提问的艺术、激活学生思维的方法、教材的使用与拓展、品读文字的魅力、学生活动的设计等，都可以作为研究的主题。更多的教师对研究主题的选择往往是即兴的，来自"触文生情"。我们偶然看到一个课例，课例中的某一种做法引发我们的思考，并进而产生探究的愿望，我们就可把它确定为研究的主题。如著名语文特级教师余映潮上的一堂写作课——"学写一篇游记"（语文版八年级上册第一单元），教学过程如下。

第一步：分析第一单元的四篇文章——《巴东三峡》《周庄水韵》《青海湖，梦幻般的湖》《走进纽约》的构思特点。《巴东三峡》采用了移步换景，全程描述的写作手法；《周庄水韵》只详写了其中一次游览经历，采用了移步换景的写作手法；《青海湖，梦幻般的湖》采用了定点观察的写作手法；《走进纽约》采用了淡化游踪，高低错落的写作手法。

第二步：先给学生提供四篇文章——《颐和园》《观潮》《长城》《海上日出》，让学生阅读，并自选一篇，说说给自己怎样的启迪。再给学生提供一篇文章——《罗马速写》，让学生共同分析。

第三步：教师引领学生分析文章各自的写作特点。《颐和园》是一处一处地写，《观潮》是一时一时地写，《长城》是一层一层地写，《海上日出》是一次一次地写，《罗马速写》是一类一类地写。

第四步：小结游记的写法。一是游踪明晰，移步换景。二是定点观察，情景变化。三是略有游踪，先叙后议。四是暗示游踪，专写一景。五是全无游踪，分类描述。

第五步：学生练笔，说出构思，教师指导。

2. 掌握一定的研究文献

"木无本必枯，水无源必竭。"文献研究是课例研究的起点，它使我们掌握相关的理论知识，懂得名师的选择与突破，使我们的研究具有广阔的视野、独特的视角、深度的思考。掌握的文献越丰富，对文献的理解就越深刻，课例研究的效果就越明显。一位优秀的教师应有收集、整理研究文献的良好习惯。

按照确定的研究主题，我们可以从中选出最具有代表性的一位或若干位名师的课例作为研究对象，直接对其课堂教学进行解剖、分析、整合、提炼、升华，概括其特点、共性、规律，对照、反思自身的不足，结合自己的教育教学实际提炼出改进的对策和方法，吸收、内化为自身的教育教学智慧。

如文言文的教学，我们既要让学生积累一定的文言知识，又要让学生感受到文章内在的美，但教法易死板，课堂易沉闷，不像现代文教学那样容易激活学生的思维。以探究文言文的教法为研究主题，我们可以研究首都师范大学附属中学的李卫东老师执教的《陋室铭》一课。此课例他精心设计了学生的四层朗读：一读疏通字词，搞清文章的句读；二读把握主旨，体会思考文章精妙之处；三读懂得文章的写法，明白来龙去脉；四读明白文章的写作意图，体会作者的匠心。这堂课以朗读为主线，由浅入深，由表及里，将语文的工具性和人文性和谐地统一，为文言文教学提供了一个范例。

苏州中学的黄厚江老师执教的《阿房宫赋》一课则另辟蹊径，整堂课由四个环节构成：（1）师生问答，解决预习过程中的疑难、重点词句；（2）缩写、填空、分组查找，通过理解相关句子来感知内容、梳理层次；（3）以声传情，以声求义，以声品味，通过教师诵读、学生朗读来感受赋体文章的特点；（4）通过"我"与杜牧比文章，来理解文章的主旨、写作的意图以及新的启示。此课例站在培养学生的语文素养的高度，既重视字句落实、疑难辨析的文言积累，又注意从文体特征出发决定教学内容，从章法鉴赏到文化传承上拓展了课程资源，增加了课堂的深度和容量。

这两个课例既脚踏实地立足传统，完成了文言文基础知识的积累，又落实了新课改理念，颇具智慧，将学生语文能力和语文素养的培养与语文教学的价值取向有机地结合在一起，于质朴中寄寓深刻，于务实中隐含技巧，值得我们学习和借鉴。

我们还可以对不同名师的"同课异构"教学课例进行比较分析，或对同一名师不同内容、不同教法的课例进行研究，进一步探究他们课例设计中体现的教育思想、教育原则，探究其共性、规律。

3. 勇于实践创新

"纸上得来终觉浅，绝知此事要躬行。"究竟名师的教法是否适合自己，既要看学情，还要看自己的个性、能力和语文素养。学习借鉴的目的是实践创新，创新的前提是继承、模仿。可是没有哪一位名师的教法是为我们量身定做的，能够直接全盘接收的。每个人的个性不同，语文素养不同，知识储备不同，即使是同样的内容、同样的教法，也会教出不同的味道。生搬硬套，只会是东施效颦、邯郸学步，甚至会丧失了自己原有的长处。所以，模仿之前必须结合个人实际与学情，对名师技法进行改造，认真分析、吸收，演化为自己的教法，最终要接受教学实践的检验。内化的教育智慧必须经自身的教育教学实践的一再检验，经过"实践—反思—再实践"循环往复的过程才会形成，而且需要实践者不断修正，才能成为自身真正的财富，才能真正体现其意义和价值。

4. 做好记录性工作

规范的名师课例研究应该是严谨的，要有相应的记录资料。这是我们成长的轨迹，经常回头看看，有助于我们不断修正成长的策略和方法，获得突飞猛进的进步。以下就是我设计的一张记录表格。

名师课例研究记录表

时间		资料来源		研究对象	
课例名称		研究主题		研究方法	
研究摘要					
研究分析					
研究结论					
实践反思					
附件	名师的课堂实录				
	相关教育理论资料、其他文献资料				

总之，一位勤奋聪颖的语文教师会在名师课例研究中汲取先进的教学理论，博采众家之长，逐渐形成自己的语文教学思想、独特的教学风格，会把语文课堂演绎得丰富多彩、富有韵味，会用自己的个性魅力把学生引入语文的殿堂，从而升堂入室，渐入佳境。

附：

我的研究记录表（一）

时间	2013.11.20	资料来源	互联网	研究对象	程红兵
课例名称	《我的叔叔于勒》教学实录	研究主题	课堂提问设计	研究方法	文献法、个案研究法
研究摘要	本课程老师设计了如下主要问题。 1. 课文中的人物是怎么评价于勒的？包括怎么称呼他、怎么说他的。 2. 对这些评价进行分类，分类的标准是哪些话是在大致相同的情况下说的，并说说是什么情况，他们对于勒又采取了什么态度。请按时间顺序说。 3. 如果把课文分成两大部分的话，应该在哪里进行划分？用一副对联概括两大部分的内容：十年思盼，天涯咫尺，同胞好似摇钱树；一朝相逢，咫尺天涯，骨肉恰如陌路人。前后之间构成了鲜明的对比，这一切是因为什么？请为这副对联拟写一个横批。 4. 对课文内容进行第二次分类，看看前面找出的评价分别是谁说的。这样归类以后，有什么发现？由此可以看出人物的什么性格？ 5. 若瑟夫与父母形成了鲜明的对比，这个对比有何作用？作者为何以"我的叔叔于勒"为题？				
研究分析	仔细研读后，我认为程老师设计的问题有如下作用。 问题1：是文章的切入点，是程老师教授本课的纲，统领了下面的所有问题。 问题2：目的是让学生熟悉故事情节，梳理故事脉络，为分析人物形象和主题奠定基础。 问题3：是对内容的初步分析，引导学生归纳小说的主题。 问题4：目的是完成对人物性格的分析，品味小说精妙之处。 问题5：进一步探究小说主题的深刻性、丰富性。				
研究结论	1. 找准教学切入口。一般的教师教授小说时，或从整理故事情节入手，或从分析人物形象入手，而程老师另辟蹊径，把菲利普一家对于勒的不同评价作为切入口。由于菲利普一家对于勒发迹和落魄的不同反应是作品的主要内容和情节，也最能体现人物的思想性格，因此，程老师抓住这一点引导学生阅读、分析和讨论，不仅有利于学生正确把握主题，认识到资本主义社会的世态炎凉和金钱至上的丑恶本质，而且有助于学生对人物形象、情节结构乃至语言文字的全方位理解，有助于学生对作品进行整体				

（续表）

时间	2013.11.20	资料来源	互联网	研究对象	程红兵
课例名称	《我的叔叔于勒》教学实录	研究主题	课堂提问设计	研究方法	文献法、个案研究法
研究结论	感悟和整体把握，避免了肢解作品的弊端。 　　2. 实现工具性与人文性的统一。既然是文以载道，我们当然应当以文明道，那种"贴标签"式的解读或是不着边际的架空分析，都是不足取的。请看程老师的示范，他抓住一个"盼"字，引导学生对小说中大量的细节进行分析，让学生深切地认识到，菲利普一家盼望于勒回来，绝不是为了亲人团聚，而是在他们看来，于勒能带来世上最为宝贵的金钱。程老师为了让学生体会到资本主义社会的世态炎凉，又引导学生分析作品中的人物对于勒的不同称呼所包含的不同的思想感情，以小见大，细腻至极。这样的阅读分析，把语文的工具性和人文性统一于一体，既使学生掌握了语言文字的表达作用，又使学生受到了有益的思想教育。 　　3. 精心设计课堂提问。一堂课的问题必须精要，能牵一发而动全身。程老师设计的五个问题，包含了语文新课标对文学作品鉴赏的知识与能力要求，对文章的分析和品读充分发挥了学生的能动性。五个问题环环相扣，浅入深出，一切水到渠成。教师没有刻意牵拉，而是激发了学生的积极思维，使得语文的美感和情趣得以充分展现。看来，精心设计课堂提问，既是教师教育智慧的体现，也是教师教学功力的体现。				

我的研究记录表（二）

时间	2013.11.26	资料来源	互联网	研究对象	王君
课例名称	《我的叔叔于勒》教学实录	研究主题	课堂提问设计	研究方法	文献法、个案研究法
研究摘要	本课王老师设计了如下主要问题。 　　1. 如果把题目还原到课文当中去，你怎么读这个题目？"我的叔叔于勒"中的"我"是谁？ 　　2. 快速阅读全文，找一找，文中对于勒还有哪些称呼？结合这些称呼，回顾课文，请设计一条曲线来展示于勒的人生轨迹。在这条曲线上辅助画另外一条线或者另外一个图形，表示对于勒的称呼反复变化的原因。 　　3. 看着这些图，结合你的预习，谈谈你的阅读感受。 　　4. 什么叫"糟蹋钱"？如果你有这么一个兄弟，你会怎样？				

（续表）

时间	2013.11.26	资料来源	互联网	研究对象	王君
课例名称	《我的叔叔于勒》教学实录	研究主题	课堂提问设计	研究方法	文献法、个案研究法
研究摘要	5. 于勒先后寄来两封信，告诉菲利普他的经济状况发生了改变。请你仔细研究一下第二封信，你发觉这封信有什么破绽吗？ 6. 你读了这封信后怎么评价于勒？你还能从字里行间读出勒的什么变化？他完全可以直接告诉哥哥嫂嫂自己又一贫如洗了，然后向他们忏悔，请求他们原谅，为什么非要这么"绷"起来呢？ 7. 从老船长冷冷的话中，你又看到了一个什么样的于勒？他为何不愿意回到亲人身边？ 8. 借助文字还原于勒的形象，结合全文，请点评一下于勒。 9. 如果你就是菲利普夫妇，此刻你在船上遇到了于勒，你会如何选择？故事中的菲利普夫妇是如何对待于勒的？你如何评价菲利普夫妇？ 10. 难道菲利普夫妇就没有看出于勒信中的问题吗？这到底是怎么回事呢？菲利普真的相信于勒会回来吗？那么菲利普夫人呢？除了愤怒之外，你有没有发现菲利普夫人心中的秘密？ 11. 既然菲利普夫妇对真相都有所察觉，他们为什么不戳穿于勒的谎言呢？他们为什么要欺骗自己呢？ 12. 写菲利普一家的生活状态的两个语段中有哪些关键词要特别注意？这个生活拮据的家庭有些细节让我们感到很奇怪，看看这段文字描绘的情景有什么蹊跷。菲利普一家为什么每周都要衣冠整齐地到海边散步？ 13. 你怎么评价这段文字中的菲利普？这样高贵的活法对菲利普有多么大的吸引力啊！你如何评价菲利普夫妇？ 14. 从哲尔赛岛回来之后，菲利普一家的生活会发生什么样的变化？ 15. 《我的叔叔于勒》在选进教材的时候被删去了开头和结尾，从被删的内容中，你又读出了什么？
研究分析	这堂课提出的问题不少，仔细研读后，我认为王老师设计的问题包含了四个层次。 1. 对文章主旨的把握。（1～3） 2. 对于勒人物形象的分析。（4～8） 3. 对菲利普夫妇形象的分析。（9～13） 4. 延伸拓展，对思维能力的提升。（14～15）

（续表）

时间	2013.11.26	资料来源	互联网	研究对象	王君
课例 名称	《我的叔叔于勒》 教学实录	研究主题	课堂提问 设计	研究方法	文献法、 个案研究法
研究 结论					

| 研究
结论 | 1. 这篇小说的主旨学生较容易掌握，但王老师没有简单地处理，而是让学生画出对于勒的称呼反复变化的原因的曲线图，轻松解决了问题，结论的得出水到渠成，设计巧妙，符合学生的认知规律。

2. 不论是对于勒的性格特点还是菲利普夫妇的性格特点的分析，都充分体现了作品内容的丰富性及更深层次的内涵。王老师对作品内容挖掘深刻，引导学生读出了复杂的灵魂和艰难的生活。

3. 研读深刻，善于独立思考，善于设疑。王老师从小说中于勒完全处于无知觉亲情的"蒙昧状态"，引领学生展开想象，探究"于勒"的象征意义，探究菲利普夫妇内心的渴望和梦想，从无疑处发现疑问，大胆设疑，超越传统的文本解读，带领学生从一个全新的角度重新审视作品和人物，让学生通过这篇精彩的小说获得对人生、人性的更加深刻的感悟，而不是简单地去评判任何一个人或者简单地去批判任何一种人生。这样的高度、这样的教学境界，正是我们每一位语文教师都应追求的境界。

4. 在教学过程中，王老师立足文本，通过指导学生声情并茂地朗读和扎扎实实地咬文嚼字走进文本深处，体现了语文课堂的优美本质。王老师尝试着不断设置两难处境，把学生一次又一次推到文字的"悬崖"面前，让他们不断地在"山重水复疑无路"之时看到"柳暗花明又一村"。 |

从名师课堂实例
看语文课堂提问设计的优化策略

《美国教学创意手册》中有一句名言："教师的责任就是动用一切有创意的方法让学生被书本深深吸引。"我认为教师的课堂提问就是让学生被深深地吸引，进而有所创造的最简易的方法。北宋文学家王安石在《书〈洪范传〉后》中说："其问之不切，则其听之不专；其思之不深，则其取之不固。"阅读教学本是学生、教师、文本之间对话的过程，是在教师指导下的学生自主的阅读实践活动。学生在阅读活动中具有自主性、独立性，教师则起引导、点拨的作用。可在教学实际中我们常常看到，一些教师的课堂提问是毫无目的的满堂问，零碎单调不系统，层次混杂无情趣。课堂教学表面热热闹闹，实则徒劳、低效，教师上得吃力、失落，学生学得寡淡无味，一无所获。相反，名师的课堂提问往往是举重若轻，一问激起千层浪，不仅能激发学生的学习兴趣，更能抓住文本的灵魂，因此，学生学得主动，兴致盎然，教师教得轻松，效果奇佳。

看似寻常一问，结果为何这般悬殊？其原因就在于名师提问的背后是他们对所教文本的独特理解和感悟，是他们对学情的充分了解和把握，是他们丰厚的知识积淀，是他们过人的技能、技巧及教学智慧。他们问得少而精，轻巧的点拨使他们的思想熠熠闪光，总是能"温柔地俯视不易调控的课堂"。虽然不同的文本、学情、教学环境等客观因素决定了他们提问设计的不同特点，不同的理念、悟性、个性、风格决定了他们对提问设计的不同选择，虽然他们提问的方式千差万别，但其中的规律隐隐可循。研究众多名师课堂提问设计，尤其是"同课异构"的提问设计，必将有助于我们掌握课堂提问设计的规律，把握课堂提问设计的优化策略，优化我们自己的课堂提问设计，进而提高课堂教学效率，提升我们的专业素养。

通过比较分析，我认为名师课堂提问设计有以下特点。

一、巧妙切入，牵一发而动全身

打破常规，另辟蹊径，寻找独特切口，巧妙突破，是名师课堂提问设计的第一高招。抓住小说三要素——人物、情节、环境进行分析归纳是教师解读小说普遍采用的方式，但这种做法难免会破坏小说的整体感，使课堂教学变得琐碎、凌乱。特级教师程红兵执教《我的叔叔于勒》时，围绕小说中他人对于勒的评价，采用分类的方式设计问题，切入文本，引导学生了解故事情节，展示了不同情况下人物的反应，使学生自然而然地把握了人物的个性，对小说主题的把握亦水到渠成。而特级教师王君执教《出师表》时，分别站在第三者、诸葛亮、刘禅的立场上，采用角色换位的方式设计问题，让学生真实地进入了文本描述的情境，真实地揣测人物心态，真实地体验人物情感，有效激发了学生主动品味文言文的热情，自然地达成了教学目标。名师能从高处着眼，从低处入手，牵一发而动全身，激活了课堂，问题设计的角度独特而巧妙。

二、独具慧眼，于无疑处生疑

课堂上，学生主动提出问题是学生关注当前的学习、主动参与课堂学习的证明，这种现象令人欣喜，但我们也应该看到，绝大部分学生提出的问题都是比较肤浅的、低层次的记忆性问题，是个人的而非个性的认识，缺少广度和深度。教师如能独具慧眼，引导学生从无疑处生疑，必会推动学生深入思考，提高他们的思维能力。特级教师郭初阳执教《装在套子里的人》时问了这样一个问题："为什么华连卡这么一个活泼可爱的女子竟然会爱上别里科夫？你怎么解释？"为了促进学生思考，他补充了课文删去的内容，让学生找课文删去了什么，从而隐藏了什么，引导学生探究作品复杂而深刻的内涵。结果学生谈到了契诃夫的创作观，谈到了作品的社会环境背景，谈到了课文删除一些内容后缺乏现实感、人物形象不完整、情节不合理等缺点，甚至还谈到了性爱与情爱等问题，思维的广度与深度远远超出了教师的意料。给学生一个平台，他们会展现出一个全新的世界。

三、无中生有，彰显教育智慧

刘熙载在《艺概》中说："文有不言者。"袁枚在《随园诗话》中则说："凡诗文妙处，全在于空。譬如一室内，人之所游焉息焉者，皆空处也。"这"空"，正是作者有意地"不著一字，尽得风流"的意义空白。教师若善于通过提问，让学生展开想象的翅膀，对课文中的人物、情节、场景再造想象，或者插入内容，或者续补情节，或者改写人物，让学生学会在"空白处"有机填补，就可以有效拓展学生的思维。当然，学生的想象应该是合情合理且合乎教学目标与教学内容的，而不能是无中生有的所谓的"创造性阅读"。

特级教师王君执教《纸船》时"无中生有"，以杜撰的一封冰心奶奶的来信掀起课堂波澜，以"诗歌评改会"作为平台，引导学生炼字炼句，体会诗情。教师真正地把课堂让给了学生，让教与学精彩对接，活力无限，彰显了教育智慧。教育家爱德华有一句名言："教育就是教人思维。"若是有心人，训练思维的方法则无穷无尽。

四、山重水复，演绎无限精彩

"教育要介入学生的生活，让他们产生两难处境，让他们的灵魂颤抖。每一个选择都是挣扎，都是冒险，都是精神生命的参与。唯有这样，师生生命才能产生共振，才能获得高峰体验。那是教育的极致，也是生命的大美。"站在这样的高度，教师的课堂提问设计才有质感、有高度、有整体性，既贴近学生实际，又让学生跳一跳才能摘到果子。学生在选择、挣扎的过程中呈现的是一个个高潮迭起而又异彩纷呈的课堂。特级教师王君执教《我的叔叔于勒》时设计了这样几个问题。

1. 如果把题目还原到课文当中去，你怎么读这个题目？"我的叔叔于勒"中的"我"是谁？

2. 快速阅读全文，找一找，文中对于勒还有哪些称呼？结合这些称呼，回顾课文，请设计一条曲线来展示于勒的人生轨迹。在这条曲线上辅助画另外一条线或者另外一个图形，表示对于勒的称呼反复变化的原因。

3. 于勒先后寄来两封信，告诉菲利普他的经济状况发生了改变。请你仔细研究一下第二封信，你发觉这封信有什么破绽吗？

4. 从哲尔赛岛回来之后，菲利普一家的生活会发生什么样的变化？

5.《我的叔叔于勒》在选进教材的时候被删去了开头和结尾，从被删的内容中，你又读出了什么？

学生从这些问题中读出了人与人之间冷酷的关系，读出了亲情的变异，从读出一个无赖于勒，到读出有一些温度的于勒，到读出有一颗温柔的心的于勒，从对菲利普夫妇的恨转变为同情，到对菲利普一家生活的无尽的想象。正是教师精心设计的提问给了学生无限丰富的阅读视角，使学生对人物内心、对现实生活的艰难有了无限丰富的认知，刺激学生开始思考人生、思考生活、思考命运。

五、于矛盾处设疑，体会独运匠心

有些课文的标题或内容看起来自相矛盾，实际上却正是作者的匠心独运之处。针对这些地方提问，不仅可以解决学生的疑惑，而且可以使他们领会作者的独运匠心，进而学习作者高超的写作技巧，甚至会给学生提供一种认识事物、认识生活的全新的视角，对学生产生深远的影响。

在特级教师程少堂的经典课例《用另一种眼光读孙犁：从〈荷花淀〉看中国文化》中，程老师提出了一个问题："作品开头写了很美的自然风光，抗日战争这么严酷，有这么恬静优美的环境吗？作家这么写是不是违反现实的呢？如果不是违反现实的，他的用意何在？"由此引发学生深入思考，让学生感知到了人民对这片土地深沉的爱、这片土地是所有抗日战士英勇战斗的动力源泉、作者深沉的爱国主义情感，也体会到了中国文化中人与自然之间、人和人之间、人和内心之间的和谐统一的文化内涵，认识到了"天人合一"的和谐文化对人的思维方式、行为方式的影响，以及中国文化的基本精神和基本审美观念对文学的影响。小问题引发的思维的深度和广度令人惊叹！

课堂提问的精彩设计有很多种形式，但大道至简。语文教育界前辈苏立康教授说得好：教师只有把学生真正放在主体的地位上，才能从学生的实际出发来设计教学；教师只有真正认识到教学的过程是一个通过对话实现沟通与合作的过程，才能从这一理念出发来设计教学；教师只有把阅读过程看作每一个学生都要同文本进行对话的过程，才会去寻找课文内容的共鸣点，并且选择最能引发学生兴趣的方式来组织教学活动。我想，这才是课堂提问设计优化策略的根本吧！

语文教学应给学生深度思考的力量

——审辨式课堂教学例说

一、语文课堂教学应给学生深度思考的力量

新一轮课程改革彻底颠覆了教师一讲到底的传统授课模式，高效课堂、生成课堂、翻转课堂等新的授课模式逐渐兴起，它们将教师从讲台上拉了下来，把学生推了上去。但是，教师从讲台上下来后干什么？学生上了讲台后怎么做？许多教师对此是茫然的。教师完成知识的传授并不意味着教学任务的完成。在各种课堂模式下，究竟什么才是教学的根本？在借助互联网的搜索引擎，借助网络、现实中的各种课程，我们可以随时随地获取所需知识的今天，多看多听，掌握知识，赢得高分，甚至找出规律，

"刷"出方法，提升能力已经不是什么难题。但我们越来越强烈地感觉到，这种能力缺少了灵气，缺少了深度，变得呆气十足、肤浅无力，学生习惯了套用各种模板，变成了不会思考的机器。当我们纷纷套用各种模式开展课堂教学后，我们的课堂是否也缺失了什么？看到美国学者诺姆·乔姆斯基说的"教育是培养独立的思考者"这句话之后，真是醍醐灌顶。剥去了纷繁的课堂模式之后，除了"人"的教育之外，我们有没有培养出学生独立思考的能力？语文同数学、物理等学科一样，需要严谨、辩证的思维能力，语文思维能力是理科思维能力的根基。如果缺失了缜密的语文思维能力的培养，那么学生是无论如何也不能真正学好语文乃至其他学科的。

要让学生摒弃高考作文的各种写作模板，摒弃用华丽的辞藻堆砌的空洞浅薄的文字，让学生有他们自己独立思考的火花，有思维严谨、逻辑性强的推断，有即使语言稚嫩、表达并不完美，但感情真挚淳朴的篇章，教师就不能因为高考指挥棒的指向，训练学生掌握应考的思维模板。

因此，教师在语文课堂上如何调动各种因素、运用各种手段，是否给学生提供了深度思考的契机，是否提升了学生的审辨式思维能力，才应是我们评价一堂课好坏的最应有的考量标准。

二、语文课堂如何培养学生的审辨式思维能力

审辨式思维能力是指辨明事情是否合乎常识、常情、常理，是否理智、审慎、合宜，并在此基础上对具体事情做出正确的判断和选择的能力。正如苏格拉底对学生提问"什么是善行"的回答，对善与恶绝不轻易下断语，而是用反问和反驳的方法引导学生在不知不觉中懂得真理具有相对性，在一定条件下可以向反面转化的道理。培养学生的审辨式思维能力，就是要让学生在课堂教学过程中学会主动地分析问题、深入地思考问题，进而能做出准确的判断与取舍。

审辨式思维课堂教学研究在我国刚刚起步，西安交通大学第二附属中学的胡晓平老师上的《愚公移山》一课是提升学生审辨式思维能力的较好课例。在这节课中，胡老师三次提出了"你认为愚公是一个什么样的人"的问题，但三次的问题层次不同。

第一次，胡老师先让学生复述内容、梳理文脉，明确了愚公移山的原因、目标、方法（工具）、过程、结果，引导学生分析了愚公之妻和智叟

不同语言表现出的人物的不同心理，为学生分析主要人物愚公奠定了基础。学生认为愚公移山的目的明确，对移山的好处、前景、利害关系也心中有数，对移走这座山成竹在胸，更认识到了人力的无穷无尽。山"越挖越少"后，教师提出了"你认为愚公是一个什么样的人"的问题，学生水到渠成地得出结论："愚公是有远大理想、不惧怕任何困难、有坚强的意志和顽强的毅力、敢于斗争的人，愚公站得高，看得远，考虑问题周密、正确。"对文言文教学来说，学习文言知识是重点，分析了文中人物、归纳出文章主旨就算完成了主要教学任务，但优秀的教师会进一步引导学生探究愚公精神在当代的意义，以此完成对文言文文化内涵的挖掘。

紧接着，胡老师又抛出了第二个层次的问题："有人认为愚公真的很愚笨。大山挡了路，自己去挖山本来就傻，为什么还叫子子孙孙吃这苦头呢？绕山开路或者干脆搬家不就行了吗？"并补充了两则国外学生对愚公的看法的资料。

Andrew：他开始了一项他知道自己不能完成的工作，这令我觉得很奇怪。他的说法是"子又生孙，孙又生子。子又有子，子又有孙，子子孙孙无穷匮也"，他指望这项工作能够持续下去，指望他的家人继续他想做的事。在西方，至少如果是我的父亲开始了这项工作，他不会指望我去完成，他会自己完成它。这是一个关于一个愚蠢的老头的故事，他有一个荒谬愚蠢的想法——移山。我想说的是，如果在西方，我们不会想到移山，我们会绕道而行。

Ryan：也许我可以认为他是一个疯狂的老头。他有一个梦想，而且他会说服他的家人追随他的梦想。我很想问的是，为什么他不在年轻力壮的时候做这件事呢？而现在他这么老了，还要其他人来继续他自己的事情。

"你有没有更好的做法？身在 21 世纪的我们当然有更多更好的办法，现在你认为愚公和智叟各是怎样的人？"胡老师第二次提出了同样的问题。有了前面的引导，学生认识到这两种看法是有一定道理的，于是展开了激烈的争论，课堂变得热闹起来。

接下来，胡老师没有给学生定论，而是让学生听《愚公移山》这首歌，思考：为什么愚公移山的故事流传至今？愚公移的"山"是什么？学生回答，"山"是"困难""看起来像'山'一样不能改变的事情或事物""认为不能实现的事情"等。学生认识到成语"愚公移山"的深刻含义后，胡老师第三次提出"你认为我们该如何看待或者评价愚公"这个问题，使学生陷入了深深的思考中。经过讨论，学生认为应辩证地看待愚公和一切事物，不可轻易下结论。

胡老师三次提出同一个问题，不是简单的重复，而是不断搭建更高的思维平台，促使学生深度思考，在学生"自我肯定—否定—肯定"的过程中，使他们学会判断、辩证、审慎、选择、运用，从而使其审辨式思维能力大大提升。

由该课我们可以得知，审辨式思维课堂教学要让学生深度思考，核心是提对问题。所以，教师必须做到以下几点。

第一，重视对学生的提问以及问题的设置。教师应学会提问，激活学生的思维，引导他们敢于质疑，是审辨式思维课堂教学的第一步。在课堂教学中，教师要善于创设恰当的疑难情境，激活学生的思维。其次，要给予学生足够的思考时间，让学生真正进入对问题的深度思考之中。再次，教师可以适当地提示引导，鼓励学生从不同的视角进行发散性思考，引导学生的思维向更深层次发展，促使教学向高层次迈进。

第二，要善于抓住课堂教学中学生的不同观点，甚至是对立的观点。学生之间的对立观点往往有一定的依据和道理，有时都能成立，没有绝对的定论。学生的个性化思维和思维的广度往往就在对立的观点中得以体现，对立思维的审辨往往有利于学生形成自己的价值判断和思辨能力，养成良好的思维品质，甚至有利于教师形成自己个性化的课堂。

梁启超先生曾经强调，"最要紧的是养成我们的判断力"。语文课堂如果都能这样培养学生独立思考、自我判断真伪的习惯和能力，对他人所提出的看法或结论保留开放且存疑的态度，既不轻信，也绝不无端怀疑，而是客观理性地评估，分析观点是否明确、正确，证据是否可靠，分析推理是否合乎逻辑、严密，结论是否科学、准确等，就能逐步培养学生独立思考的能力，如果长久地坚持，就一定有利于学生的个性发展，进而培养学生的创新能力。

语文课程与社会生活有着千丝万缕的联系，语文知识也会随着社会发展不断变化更新，其内容包罗万象，丰富繁杂，非教师在短短几年之内就能完全传授给学生的，但是教师可以培养学生解决纷繁复杂的现实问题的思维能力。有了这样的思维能力，学生在面对任何复杂的现实问题时，就能进行冷静思考、选择，进而用行动去解决问题。拥有解决问题的头脑和能力，是学生一生受用无穷的财富。

让心灵于沉醉中学会思考

——从对同一题材的经典影片进行不同挖掘中学作文立意

　　写作文常常是让学生感到害怕的一件事，怕的背后隐藏的原因是思想的苍白、贫乏。写作文不难，难的是有思想。没有思想，作文就没有灵魂，自然就立意不高、虚情假意、宿构成风、造假成风。文章的品评在于立意、思想内容的高下，而立意、思想内容的高下又取决于学生的思维能力、认知水平。因此，只有想方设法培养学生的思维能力，提高学生的认知水平，才能从根本上解决问题。我认为解决这个问题的办法之一就是，教师要学会开发、利用教学资源，提高学生的鉴赏能力。一个懂得品评文章的人，必然是有思想见地的人。尽管对同一作品通常是仁者见仁，智者见智，但从某种程度上说，鉴赏能力也决定着写作能力。而学生的鉴赏能力来自大量经典作品的熏陶，来自教师的研究指引。如果教师善于开发、利用教学资源，重视微型研究，重视对学生鉴赏能力的培养，就能治疗学生生活空间有限、生活认知有限、思想贫乏的"硬伤"，就能逐步提高学生的思维能力、认知能力，使学生的写作水平产生质的飞跃。

一、鉴赏能力决定写作能力

　　真正经典的电影，不但可以让我们的身心得到休息与放松，还可以使我们开阔眼界，激发想象力和求知欲，加深我们对自然、社会、历史、生活的认识，给我们带来独特的生命体验。它是我们学习写作的宝贵教学资源，能寓教于乐，让我们在放松中学会思考，也是学生喜闻乐见的学习方式。不同的人对同一作品的鉴赏能力是不同的，评价有高下之分。而鉴赏能力与一个人的修养、学识、认知、思维能力等密切相关。有较高鉴赏能力的人一定是有思想深度的人，一个人的思想深度对其写作有深刻的影响。教师如能指导学生学会用分析、探究的目光去审视经典电影，日积月累，必会促使学生形成良好的思维习惯、敏锐的观察力和较深刻的思维能力，进而形成独特的审美情趣和审美标准，提高写作水平。从这个意义上说，鉴赏能力决定写作能力。

二、鉴赏能力靠优秀的经典作品培育

夏丏尊认为，文学鉴赏教学主要是为学写文章服务的教学活动。那么我们让学生学会鉴赏经典电影，学会用比较分析的眼光去观看、去品味经典，尤其品味同一题材、不同主题或同一主题、不同题材、不同表现手法的电影作品，让学生在比较中感受作品的不同深度、导演的不同思考，对学生学习写作的立意大有益处。通过比较，我们可以看出不同作品在内容和形式上的异同：对不同导演相同题材、不同风格的作品进行横向比较，可以看出思想立意的高下；对同一导演不同时期、不同主题的作品进行纵向比较、剖析，如从题材、主题、结构、人物、形象、表现手法、语言、音乐风格等方面进行分析，就能更深刻地理解其作品的特色，为自己所借鉴。歌德说："鉴赏能力不是靠观赏中等作品，而是要靠观赏最好的作品才能培养成的。"这种观赏就是比较、鉴赏。他强调只有欣赏最好的作品，才能真正提高鉴赏能力，从而对艺术创作有一个高度的认识。由此推知，培养出了学生高品位的鉴赏能力，就培养出了学生较高的思维能力和认知水平，进而就会提高学生的写作能力。一个沉溺于平庸作品的阅读者很难写出上乘的作文；反之，一个善于思考的人也绝不会有写不出作文的苦恼和烦忧。没有比较就没有鉴别，没有研究就没有提高，阅读的深度和广度决定了作文的深度，鉴赏能力决定了写作能力。

三、教师的"微型研究"有助于培养学生的鉴赏能力

特级教师余映潮曾这样说："学生的收获是与教师的劳动成正比的，教师只有'采得百花成蜜后'，才有可能让学生真有收获、大有收获。"他还说："提炼作文教学指导的资源，最好的方法就是从'微型专项研究'的角度去进行观察、搜集、整合、命名。这种微型专项研究，视点小、角度细、开掘深，进行得越精致越好，越有指导性越好。"同一题材、不同主题的电影鉴赏研究不就属于这种视点小、角度细的"微型专项研究"吗？即使同为经典，也会因导演的思维认知不同，而产生主题不同、手法不同、风格不同的精彩。如反映"二战"屠杀犹太人的电影不计其数，而

《安妮日记》《美丽人生》《钢琴家》《穿条纹睡衣的男孩》等，因它们反映生活的深度不同，反映出导演对生活的不同层次的思考，在让我们的心灵受到震撼的同时带给我们更多的启示。

《安妮日记》借助纯真少女安妮的眼睛见证大时代的苦难，反映法西斯恐怖统治在一个成长的少女心理投下的浓重阴影，是对纳粹分子摧残美好、扭曲人性的控诉。它不表现某人的魅力或伟岸，不呈现某段历史进程的曲折或宏大，不论及深层次的意义，只让一个少女毫无理由的苦难成为最直白、最毋庸置疑的控诉。淡淡的描述、清新真切的画面、动人心弦的悲痛、前后的强烈对比、不着一词的控诉，成就了这部情感深切的经典影片。很显然，导演用的是以小见大的手法。

《美丽人生》这部电影没有大场面，也没有太多的血腥气息，只有浓浓的父爱包含其中。导演罗伯托·贝尼尼用全新的视角反映了战争的残酷，从陈旧的创作素材中挖掘出了新鲜的东西，即在充满鲜血和死亡的集中营里也存在一种美丽，使观众在同情、愤怒、敬佩、热爱和平的情感中油然而生一种美好——勇毅与坚强。它是一部黑色喜剧片，以喜衬悲，让人在笑中深思，领悟到人生的真谛：生活是美好的，哪怕一时被黑暗所笼罩，我们依然能够找到美之所在。它在思想深度、表现手法和风格上超越了《安妮日记》。

《钢琴家》让我们看到战争磨灭了人性，摧毁了艺术，更看到人们对战争的反思、对人性的反思、对艺术的崇拜。整个影片场面恢宏，将大量屠杀的史实残酷而毫无修饰地渗入，直刺人心。战争的冷酷与人性的温暖形成反差，是作者对一段不能启齿的历史的深刻的静观与深思，表现了战争与艺术的对抗、残暴与良知的矛盾挣扎，饱含了对战争深深的谴责，更让我们感受到人性的光芒和生命的价值，同时表达了对那些永不放弃理想、永远对未来充满希望的人的敬意。影片在阐述故事的角度、对人物内心的刻画和对外在环境的表达上超越了前两部影片。

《穿条纹睡衣的男孩》这部电影的导演让人世间的最美好（孩子的天真烂漫）与最丑陋（战争的无情与残酷）屡次交锋，进行对照，从而引起观众强烈的情感起伏，这是战争题材影片常用的手法，但此片发挥到了极致。美好脆弱的小生命被摧残蹂躏，善良的人性被扭曲，无不让观者顿生怜爱，触痛灵魂地深思。导演还对人性进行了更深入的思考，他告诉我们：人性的善良美好足以超越一切种族、政治、国家利益，正义和善良会如清泉浸润那已枯涸的人性秧苗，使之重新绽放出美丽的花朵。人类本不应有战争，一旦发生战争，没有真正的赢家。

四部电影都以纳粹德国在"二战"中针对犹太民族的清洗暴行为背景，反映出纳粹的残暴、犹太民族的不幸，表达了珍爱和平、向往美好生活的强烈愿望。四部作品都运用了以小见大、以点带面的手法。《美丽人生》的主题还表现出人生的美丽是不可战胜的内涵，《钢琴家》《穿条纹睡衣的男孩》两部影片在人性的认识上则进行了进一步的挖掘，使主题更丰富、更深入、更耐人寻味。在手法上，《美丽人生》最独特，用轻喜剧的形式演绎浓烈的悲剧内容，让观者含泪地微笑。《穿条纹睡衣的男孩》运用的对比手法则更为鲜明。

孔子说："取乎其上，得乎其中；取乎其中，得乎其下；取乎其下，则无所得矣。"教师如能这样对学生喜爱的经典影视资源进行二度开发，整合利用，从写作学习的角度培养学生的鉴赏能力，实现观看和写作的有机结合，引导学生进行独立思考，就能大大调动学生积极写作的热情，培养学生观察问题、分析问题的能力，培养学生较高的鉴赏能力，从而逐步提升学生的写作能力。如此一来，学生写出言之有物、有自己独立的见解和思考、富有真情实感、个性鲜明的文章就将不再是一个难题。让学生从对同一题材的经典影片进行不同挖掘中学作文立意，既是享受，又有收获，事半而功倍，我们何乐而不为呢？

谈谈高中名著导读课应遵循的几个原则

俄国作家赫尔岑说："人类的全部生活，会在书本上有条不紊地留下印记：种族、人群、国家消失了，而书却留存下去。书是和人类一起成长起来的，一切震撼智慧的学说、一切打动心灵的热情都在书里结晶成形；在书本中记述了人类狂激生活的宏大规模的自白，记述了叫作世界史的宏伟的自传。"毫无疑义，广泛的阅读会增长我们的见识和学问，丰富我们的人生阅历，拓展我们的生活空间，改变我们的思维习惯，能促进个人进步，颐养性情，净化心灵。它也许不能改变我们的命运，却可以改变我们的性格；它不能改变我们人生的起点，却可以改变我们人生的终点，使我们更加理性地、积极地看待现实。

然而现代人的阅读生活严重缺失，精神生活苍白，读书人不读书已成为一种常态。人教版新教材针对学生课外阅读高度缺失的弊端，精心设计了"名著导读"板块，第一次将整本名著引入教学内容，打破了过去只选名著片段的惯例。古今相映，中外并举，拓展了学生的学习资源，为学生提供了一个全新的、广阔的阅读平台。但这一板块在教学的具体实施过程中存在许多偏差。不少教师思想不重视，准备不充分，认为新教材教学内容较多，教学时间紧张，无力顾及。有的教师认为名著多为大部头著作，"导"的过程很费时间，所以采取置之不理、冷处理的态度。有的教师听命于高考指挥棒，教学简单粗略，只是走走过场。更有甚者，教师自己没有读过作品，不愿花时间去读，也就谈不上激发学生的阅读兴趣，促使学生阅读作品了。在学生方面，由于课业负担太重，很少有人能静下心来读名著，再加上影视、网络等因素的影响，学生不喜欢读文本，更不喜欢读名著，他们对名著的了解大多来自影视，也只是停留于浮光掠影的被割裂的某些情节而已，根本谈不上对名著的鉴赏。名著导读课是一种新课型，不同于阅读鉴赏课，那么怎样才能上好名著导读课呢？我认为，上好名著导读课必须遵循以下几个原则。

一、必须根据教材对"名著导读"板块编排设计的目的来设计整个教学活动

"名著导读"板块由背景介绍、作品导读和思考与探索三部分组成。编者这样设计的目的就是让学生既能了解作者创作的时代背景、作家的生平事迹、风格流派、取得的艺术成就等方面的情况，又能深入一个点，明了其某一代表作的故事概貌、艺术特色，进而引导学生学会鉴赏，学会思考，培养学生良好的阅读习惯，达到丰富学生的精神世界、提高学生的文化品位和审美情趣、培养学生的健全人格的目的。所以，要上好名著导读课，教师应以此为目标设计整个教学活动，一旦偏离这一目标，名著导读课的教学就如无的放矢、缘木求鱼。

二、必须遵循名著导读课自身的特点及规律

名著导读课既不是阅读鉴赏课，也不是学生的自读课，必须体现

"导"和"读"的过程。教师的任务是"导",学生的任务是"读"。"导"是引领,"读"是途径,"思"是目的。教师的"导"往往决定了学生"读"的层次,决定了课堂教学的成败。"导"的内容应包含两个方面:一是激发学生阅读作品的兴趣,即激趣;二是培养学生的文学鉴赏能力,使学生能感受形象,品味语言,领悟作品的丰富内涵,体会其艺术表现力,有自己的情感体验和思考,即得法。前者往往指向作品的内容情节,后者往往指向作品的艺术形式。其中艺术形式往往是学生在阅读整本书时容易忽略的,教师应当在导读课上有意识地培养。

三、教师必须注意加强自身素质的提升,不断提高自己的文学素养

教师"导"的水准与教师的教学能力、教学个性、教学风格、对课堂的把握能力、课堂教学的设计、教学方法等因素密切相关。教师对学生"导"的效果取决于教师自身的文学素养。如果教师具有丰厚的文学素养,善于运用自己的教学智慧,善于创设恰当的教学情境,就能激发学生阅读的冲动,使学生走进名著,进而使学生在优秀文化的熏陶中,充分领略文学名著文化反思的力量和文化传承的价值,培养学生的人文素养,提升学生的思想素质。

四、教师必须熟悉名著,准确把握作品,找准作品的切入点

名著的篇幅较长,导读课不可能面面俱到,条分缕析。作品不同,在共同的大目标下,教师还应设有不同的教学小目标。小目标不同,教学的侧重点不同,名著的切入点就有所不同。一部名著的切入点既可以是作品的题目、题记、卷首语、写作背景,也可以是作家独特的创作经历;既可以是名著中的经典语句、精彩纷呈的情节故事,也可以是作品的艺术特色;既可以是作品中的主要人物、矛盾的焦点、行文的结构,也可以是他人对作家、作品的评价及不同作品间的比较。恰当的切入点会促成高效课堂的生成,取得良好的教学效果。选择准确的切入点可以说是一堂课的点睛之笔,会使一堂课充满灵动之美,激活课堂,点燃学生的智慧火花,激发学生的无限潜能。切入点选取的好坏往往决定了一堂导读课的成败。

找准切入点的前提首先是教师要熟读作品,充分钻研、把握该作品。

否则，教师就无法正确引领学生。其次，教师要尽可能广泛阅读该作品的相关参考资料，以修正、补充自身的认识，有效地增加自身教学思想的广度和深度。这一点往往决定了切入点的高度。再次，教师要研究熟知学情。"导"的对象是学生，不问对象需要的"导"，是盲目的"导"，即使教师说得天花乱坠，也不会引起学生的共鸣。只有摸准学情的脉搏，切合学生实际，教师的"导"才能逼近学生的盲区，引发学生深入思考，这才是有效的"导"。

五、教师必须尊重学生的个性体验，提倡学生的个性化解读

高中语文课程标准指出，阅读教学是学生、教师、教科书编者、文本之间的多重对话，是思想碰撞和心灵交流的动态过程。阅读中的对话和交流，应指向每一个学生的个体阅读。教师既是与学生平等的对话者之一，又是课堂阅读活动的组织者、学生阅读的促进者。教师要为学生的阅读实践创设良好环境，提供有利条件，充分关注学生阅读态度的主动性、阅读需求的多样性、阅读心理的独特性，尊重学生个人的见解，应鼓励学生批判质疑，发表不同意见。教师的点拨是必要的，但不能以自己的分析讲解代替学生的独立阅读。

每一个生命个体是有差异性的，学生的成长经历、家庭教育、思维方式、品行修养等因素决定了他们对作品的感悟力不同。教师对名著的解读不可简单"一刀切"，不能以某种权威解读压制学生的个性解读，哪怕学生的解读有些偏颇和幼稚。这种压制会严重打击学生阅读的积极性。教师应以真诚平等的态度，带领学生共同研讨，积极搭建民主、科学、平等、和谐的交流平台，鼓励学生大胆质疑、探究、论辩，不急于得到结论，放开手脚，让学生学会自我成长。

学生是学习的主体，只有尊重学生的个性体验，才能谈得上关注生命个体，关注学生的发展。只有尊重学生的天性，发展学生的个性，启迪学生的灵性，诱发学生的悟性，提高学生的主动性，激发学生的创造性，才能培养学生良好的语文素养、积极的情感态度、健康的审美情趣和高尚的道德情操。学生的健康发展是人文性最根本、最彻底、最成功的体现。因此，站在学生健康发展的高度，教师应为学生而教，努力创设温馨良好的阅读环境，依照学生的学习规律设计教学，为学生生命个体的发展撑起一

片自由、和谐、明朗而多彩的天空。

六、教师要为学生提供充分交流的平台并及时进行激励性评价

人的社会性在于他有被同伴接受、肯定的心理需要。阅读之后，个性体验的表现欲在短时间内会表现得极其迫切，学生急于想与他人分享自己的成果，得到他人的认可，激起他人思想的共鸣。作为同一个集体的学习伙伴，学生个体又有许多相似性。这使学生易于以一种开放的心态吸纳其他人的阅读经验和成果，易于虚心听取不同的意见与想法，通过借鉴他人来完善自己，而且能结合自己的实际，将别人的成果吸收内化为自己的思想，并转化为自己的行动。因此，教师为学生搭建充分交流的平台，是导读课的需要，也是对导读成果进行检验的必要手段。和谐充分的交流可以让学生的思想交汇碰撞，优势互补，形成合力，可以启动学生的思维，激发学生的灵感，触发学生的想象，挖掘学生的潜能，让学生体会到潜心研究某些问题的成功与快乐，可以多角度、多层次地调动学生思维的主动性。这种交流往往会打破学生原有的认知平衡，达到新的平衡，会激发学生的创造性思维，调动起学生参与阅读、交流的积极性，促进每个学生的进步提高。此外，这种和谐的交流也能促进教师完善自己的教学设计，促使教师自我反思，与学生共同成长。

教学评价具有诊断、激励、调控等功能。针对学生正处于成长发展阶段，心理上极易产生"追求疲劳"、自信心减弱、自尊心"麻木"的特点，教师应持诚恳积极的态度，善于运用评价的导向性，多鼓励学生，使学生明白自己的优点、发展潜力，树立自信。教师对学生的评价还应具有一定的前瞻性、及时性。在评价标准的掌握上，教师应注意不能用一个标准去评价不同的学生。既要让学生充分看到自己思维的闪光点，又要让学生清醒地认识到自身思维的局限性，明白自己前进的方向，以利于今后的成长。这样的评价才会使学生既感到温暖亲切，又乐于接受，有所收益，使师生关系更加和谐，使教师的评价发挥其应有的教育作用。

总之，名著导读课要充分体现教师"导"的功能，以"导"促进学生的"读"，促进学生的深入思考，有利于学生汲取名著的力量，提升思维品质，提升自身的素质，有利于学生的健康成长。

谈语文教学中学生审美能力的培养途径

高中语文课程标准告诉我们，语文学科不仅是知识课、工具课，还是文化的载体。这就是说，语文教学不仅要提高学生掌握知识、运用知识的能力，还应将道德规范、情感、意志、情操等文化要素注入语文课堂教学中，不断提高学生观察社会的能力、鉴赏审美的能力。要用真善美去陶冶学生的情操，净化学生的心灵，激发学生内在的积极向上的潜意识，使他们具有坚强的意志、吃苦耐劳的精神，树立正确的世界观、人生观、价值观。一言以蔽之，就是要在学生心灵的土壤上播下美的种子，让它生根、发芽、开花、结果，让学生在受到美育的同时，提高自己的整体素质。这是语文教师的重要责任，也是语文教学的更高追求。那么，如何在教学中培养学生的审美能力呢？我采取了以下几种做法。

一、以作品为依据，深入挖掘作品美的内涵

要想提高学生的审美能力，首先就要以作品为依据。教材中选用的不同体裁、不同内容的作品都有独特的魅力，都有深厚的美的内涵。语文教学就是要充分挖掘这些作品内在的思想美、形象美、情操美、意境美、人情美、语言美等诸多美的因素，把它变成外在的、可感知的具体事物，让学生用心灵去感悟它、接受它，进而将其变成自身不可缺少的一部分，并把自己培养成既有知识，又有高尚的情操，能欣赏美、创造美的社会主义新人。

读杜甫的《茅屋为秋风所破歌》，我们眼前就会出现一位白发苍苍的老者在狂风中望着被卷走的茅草焦灼万分而又无可奈何的情景，看到处处漏雨的茅屋中诗人不仅为自己更为天下寒士而忧、为国而忧的苦痛之心，更感受到了天下寒士的苦痛、社会的苦痛、时代的苦痛。在被狂风暴雨无情袭击的秋夜，诗人脑海中担忧的不仅是"吾庐独破"，而且是天下寒士的茅屋俱破，他那种炽热的忧国忧民的情感、宁愿牺牲自我换来天下寒士幸福的崇高品德、博大的胸襟、伟大的人格，体现了作品所具有的深厚的

思想美、形象美、情操美。

读归有光的《项脊轩志》，特别是补叙的那短短的百余字，把作者对亡妻的思念之情渲染得淋漓尽致。夫妻的情深意切，在寥寥数语、朴实无华的叙述中浸透于字里行间。最后对庭中枇杷树的描写，如电影中的特写镜头一般，作者看到树，就仿佛看到了人，就会想起往昔一幕幕欢乐的情景。而今物在人亡，作者内心的哀痛又岂是用语言表达得尽的呢？作者寄情于景物描写之中，给人以无穷的回味，拓展了深远的意境。那浓浓的人情美、人性美，通过景物描写得以充分体现。

这样的作品在教材中俯拾皆是。散文或素淡朦胧、或清新亮丽、或绚丽多姿的意境美、语言美，政论文、杂文思想深邃、文笔犀利的哲理美，小说中众多性格迥异的人物形象美等，无不给人以美的享受与熏陶。不论是何种文学样式，都包含有美的内涵，需要教师充分挖掘，而无须刻意拔高、说教，要客观地呈现在学生的面前，让学生去品味、评价。

二、调动学生的生活体验，让学生自己去发现美

美感的特质是情感。在美育过程中进行知识传授、思想教育，都经过了审美情感的过滤，被赋予了强烈的情感色彩。没有情感的活动过程就谈不上审美。审美的主体是学生，客体是作品，主体与客体之间是有一定距离的。学生由于自身的经历较简单、思想不够成熟等因素的影响，有时对作品本身的美认识不够或认识不到，无法产生共鸣。这时教师若能调动学生已有的生活体验，引导学生去体味他们没有注意到的美、未知的美，他们就会对作品的美的内涵体会更深，甚至会主动去发现生活中其他的美，体味到无尽的快乐。

学郁达夫的《故都的秋》时，有学生说："作者只写蓝色的牵牛花、槐树的落蕊、秋蝉的残声、秋风秋雨等景物，把故都的秋写得那么清静、悲凉，怎么就表达了对故都的眷恋之情？"我用他们的体验启发说："你们都有过得意、失意的时候，当一些喜事充溢你们心中时，你们看到的秋天是收获的季节、绚丽多彩的季节。即使下雨，也会觉得空气清新、湿润，秋高气爽之类的词语会涌上心头，仿佛一切景物都充满了诗情画意，让你倍觉赏心悦目，你会情不自禁地生出一种眷恋之情，这是一种爱。相反，当你非常努力而结果惨败之时，你在天宇低沉、乌云翻滚、阴雨连绵的天

气里漫步，看到树叶在雨中飘零，就会感到那雨、那叶不是落在地上，而是落在心里，情绪低落，一如天空中的乌云般压抑，你会感到这雨下得好极了，会有一种极强的欲望——丢掉雨伞，置身雨中，让雨把你浇透，让心中的苦痛随着这雨水倾泻而出。由此你也会爱这雨、这天，也会产生一种眷恋之情，因为这一切与你的心境相符。一切景语皆情语。"这样学生就不难理解作者为何选这些冷色调景物来写秋了，因为作者通过秋的清静、悲凉写出了他的忧虑、苦闷和寂寞，这是他心声的写照啊！就这样，我让学生通过自身的体验，推己及人，体会到了作品深层次的美。

三、课外进行美文阅读

平时，如果常将一些美文读给学生听，让学生感受美、发现美，教师只要稍加点拨，学生就能领悟美，这对提高学生的审美能力，甚至对学生的写作都有极大的影响。

朱自清先生的《背影》中父亲那胖胖的身躯，穿着黑布大马褂、深青布棉袍，步履艰难、蹒跚地爬过铁道为儿子买橘子的笨拙的背影，刹那间使作者感悟到父亲深沉的爱，以前对父亲言语和行事的不以为然全化为了一行行热泪滚滚而下。我在课外又给学生读了三毛的《背影》。在她生命中最挚爱的亲人荷西死后的一段日子里，她完全沉浸在自己哀痛的世界中，父母为她所做的一切她都视而不见，听而不闻，仿佛自己也随荷西去了一般。直到那一天，她去荷西墓地的路上，看见"在风里，水雾里，踽踽独行的母亲"，"母亲腋下紧紧地夹着她的皮包，双手重沉沉地各提了两个很大的超级市场的口袋，那些东西是这么重，使得母亲快蹲下去了般地弯着小腿在慢慢一步又一步地拖着。她的头发在大风里翻飞着……"。这渐渐远去的背影让她从自己的梦中惊醒，让她想到父母这些天的辛苦和伤痛，感受到"母亲踏着的青石板，是一片又一片碎掉的心"，知道"只要我活着一天，她便不肯委屈我一秒"，禁不住热泪如倾，发出"爱到底是什么东西，为什么那么辛酸，那么苦痛，只要还能握住它，到死还是不肯放弃，到死也是甘心"的慨叹。我充分调动学生自身的生活体验，引起他们的联想，使他们由此发现人世间普普通通而又弥足珍贵的美好感情，增进了他们对天下父母心的理解，进而使他们懂得写人记事要抓住动情点，写出自己感受最深的东西，才会写出好文章。在陶冶学生性情的同时，提高了他们的写作思维能力。

　　总之，要提高学生的审美能力，必须抓住审美活动的两个特征——形象性和情感性，以作品为依据，以学生为主体，调动学生已有的生活体验，采取多种形式做补充，才能循序渐进，达到育人的目的。那种片面强调语文学科的知识性、工具性，忽视它的人文性的做法；那种一味追求人文性，脱离作品，刻意拔高作品思想内容的做法，都是错误的、不可取的。

在阅读教学中培养学生的写作个性

　　阅读教学是语文教学的重要部分，也是学生学习写作的重要途径。我们在通过阅读教学培养学生的写作个性方面有一些初步探索。

一、以学生熟悉的生活为突破口，寻找阅读教学与学生个性的切入点

　　一个班几十个学生，其经历、性格、教养及写作水平各不相同，他们对课文的理解和写作能力发展的起点、潜力及追求也彼此各异，然而他们的生活都是丰富多彩而又各具特色的。学生个性的差异性和趣味爱好的多样性，决定了他们喜欢阅读不同风格的文章，而不同风格的文章又会给学生带来不同的影响，这些影响会渗透到学生的写作中去。学生的阅读面越广泛，这种影响越大，渗透越深，学生的写作个性也越鲜明。这就要求我们在阅读教学与作文教学的结合中必须因材施教。

　　我们在阅读教学中要尽量面向全体学生，还要关注那些沉默寡言的学生、自卑感较强的学生，及时发现他们的个性心理，以合作与交流的方式倾听他们的看法。我们逐渐发现，环境影响不同，家庭背景不同，阅历喜好不同，思想成熟程度不同，学生作文的个性化指向也明显不同。如那些农家孩子对放牛、割麦、收稻子有话说，城里孩子对电脑、反恐、巴以冲突感兴趣。有个学生联系自己父母的经历，对下岗再就业滔滔不绝；有个学生一提起足球，简直就像换了一个人……在以"我的生活"为话题的作

文中，他们"八仙过海，各显神通"，一个班五十多篇作文，就像五十多朵鲜花各呈异彩。这样的作文，因学生的个性差异而表现出不同的个性追求。

二、追求写作个性化，广泛阅读是基础，课内外结合是途径

现在使用的新教材中有许多文质兼优的美文。如《斑羚飞渡》，学生为斑羚的智慧而惊叹，为斑羚的群体精神而感动。学生受到一次爱护环境、爱护动物的教育，认识到即使住在高楼大厦中或坐在轿车里，也要树立亲近大自然、热爱大自然、保护大自然的观念，并由此发散到要爱亲人、爱同学、爱学校、爱祖国。经过阅读吸收，学生再写作文，就能写得"文如其人"。请看张梦寒同学的一篇作文。

北美雏鹰迁徙记

噢，请别问我是谁！我现在也是中国人。不，是中国鹰。听爸爸妈妈说，我们原来是北美洲的一种留鸟，不像候鸟那样随季节变化而迁徙，长年留在北美洲，为那里的天空增添了诗的韵味，是农作物的保护神。所以我们原来所在的国家将我们展翅的图案作为图腾，将强有力的政治派别称作"鹰派"。

可是请别以为我们在万里长空可以展翅翱翔，潇洒异常。不知从何时起，我的爸爸妈妈的爸爸妈妈们无端地患上了肺炎，悲惨地死去。经过爸爸妈妈的查证，原来是因为我们赖以生存的空气遭受严重污染，烟尘笼罩，空气质量特别差。聪颖的爸爸还知道，我们所在的国家排放的有害气体最多，而且他们最近还拒绝在《京都议定书》上签字，拒绝同世界上大多数国家合作，改善大气质量。

爸爸非常气愤，同妈妈商量了好几天，最后决定全家搬迁到中国去。爸爸说过，中国的政府和人民非常文明友好，重视环保。中国西部正在"退耕还林"，漫山遍野一片绿色，动物们的生活健康快乐。

我相信爸爸妈妈的决定，心里对中国西部也非常向往。跟着爸爸妈妈经过半年的艰苦飞行，我们终于在2002年的夏天来到了中国西安。啊，这里真美啊！我们终于找到了属于自己的家。

又如，读了《爸爸的花儿落了》后，一位学生这样写道："是生活的

浪潮将'我'推到了严峻的考验面前。'我'不得不面对考验，爸爸的花儿一落，'我'就不再是小孩子了，生活的磨难使'我'成长。"

再如，读了《丑小鸭》后，一位学生这样写道："丑小鸭正是安徒生一生的写照。过去的某个阶段或某个方面被人当成丑小鸭，但只要梦想还在胸中涌动，丑小鸭的未来就有希望。"

当学生在你的引导下进入美文的胜景，他们心中一定会荡漾起波澜，并跃跃欲试地想要写下他们的经历和感受。

我们还以某篇课文为起点，进行课外阅读和写作延伸。如教材中朱自清笔下的《春》是这样的，我们眼中的春或者记忆中的春又是怎样的？经过引导，你会觉得学生的创造力无穷。学习了《我的信念》，再推荐学生阅读《居里夫人传》，把课内阅读和课外阅读相结合，让学生了解了居里夫人之所以舍弃财富和青春，其信念来源于对科学事业和祖国的热爱，她是一个为了理想而顽强奋斗的美丽女人。这样，即使没有布置作文，学生也会在日记本里添上新的内容。请看郭小龙同学学了《皇帝的新装》后替国王草拟的一纸通缉令。

通缉令

国发〔2002〕1号

各州县官衙悉知：

近期有两名狂妄的骗子，竟肆无忌惮地到皇宫行骗，骗走了大量金子和生丝，并骗得朕裸体赤身招摇过市，致我泱泱大国大失国体。"普天之下，莫非王土；率土之滨，莫非王臣。"朕乃至尊之躯，岂容受辱？现已查明：诚实善良的老大臣和年轻的官员均属受骗，且认错态度较好，免于刑事处分。但可恨的是，待禁卫军前去捉拿这两名骗子时，他们已携赃物不知去向。朕现在诏令各地官署衙门捉拿欺君要犯，有藏匿骗子者，与骗子同罪；有生擒并献上骗子者，可授予高官；有提供骗子藏匿线索者，能得重赏。骗子体貌特征：一人身高体胖，肥头大耳，能当面说假话，一点儿不脸红，表面慈眉善目，转脸就玩"空手道"；另一人尖嘴猴腮，善于奉承，贼眉鼠眼，善于察言观色，能信口雌黄撒弥天之大谎。望各地官衙不惜代价，将骗子捉拿归案严刑正法，以平民愤，以振国威。

××国王（玉玺）

2002年9月11日

广泛的阅读为写作个性化打下了基础。"两耳不闻窗外事",只在考试试题里兜圈子,是无法写出个性化的作文的。

三、不同个性的文学作品对写作个性的不同影响及形成写作个性的一般过程

高尔基在《论文学》中说:"文学是影响人的理性和意志的有力工具。"列夫·托尔斯泰在《艺术论》中说:"艺术能在任何人身上产生作用,不管他的文明的程度和受教育的程度如何,而且图画、声音和形象能感染每一个人,不管他处在某种进化的阶段上。"优秀的文学作品作为一种意识形态,必然会对学生的思想感情和精神面貌产生潜移默化的作用。这种精神食粮能够丰富学生的社会历史知识和现实生活知识,提高学生观察生活、认识生活的能力和思想觉悟水平,能够培养学生高尚的情操和健康的审美观念,从而影响学生的写作风格。富有鲜明个性的文学作品,会打开社会生活的窗口,让学生全方位、多层次地体悟到生活的丰富内涵,从而培养他们敏锐的观察力,提高他们感悟、理解生活的能力。这一切恰恰是写作的触发点和基础,是学生形成写作个性的重要因素。如语言犀利泼辣、具有强烈的讽刺力量的鲁迅的杂文,能促使人深刻反省自身、认识社会;清新俊逸、蕴藉婉丽的杨朔的散文,能激发人昂扬的战斗激情;刚健清新、汪洋恣肆的刘白羽的散文,能引导人思索生活的意义;旁征博引、涉古论今的秦牧的散文,能让人在丰富知识的同时感悟深刻的道理;等等。

学生通过阅读教学,形成写作个性的一般过程如下。

(1)阅读富有鲜明个性的作品,是培养学生个性化写作的准备阶段。

(2)学生调动生活体验,深刻认识自己,把握自己的个性,是形成写作个性的初步阶段。

(3)分析比较,阅读、揣摩那些同自己个性气质接近、容易引起共鸣的作品,是形成写作个性的重要阶段。

(4)用心感受、深刻思考生活,努力发掘别人尚未认识或认识不深的方面,争取达到感受与认识的新高度,是形成写作个性的关键阶段。

在这个过程中,教师要允许学生在形成写作个性的每个阶段可能失败或走弯路,这个时候正是需要教师正确引导的时候。

总之，教师应通过阅读教学培养学生的写作个性，充分发挥学生在写作中的创造性，让学生在写作中享受到成功的喜悦。在阅读教学和写作教学相结合的教学过程中，教师不能采用相同的模式和定式的思维，而要因学生而异，因作品而异，因不同的教法、学法而异。

（刘跃红　高丽文　苟福宁）

近几年诗歌鉴赏题的命题
类型及解题技巧

对古代诗歌的鉴赏能力，体现了一个人的审美情趣和语文素养，是每年高考的必考内容，它的难度系数较高、综合性较强、得分率较低。如何才能正确理解和把握诗歌的丰富内涵、领悟和分析诗歌的艺术魅力、体会和评价诗人的思想情感呢？本文将针对这些问题，着重介绍诗歌鉴赏题的命题类型和解题技巧。

一、近几年高考诗歌鉴赏题的变化趋势

首先，选材上，各朝代全部覆盖，唐、宋诗词是主选；体裁上，近体诗、词为主阵地，间有元曲；作品选用上，多为名家的非名作；能力要求上，全面考查各个考点，但有所偏重，相对而言，对"情感""表达技巧"的考查较多；题型设计上，稳中有变；分值上，一般为 6 分到 11 分。随着新课改的深入，诗歌鉴赏更加重视个性解读、自我探究，注重对教材的延伸、课内与课外的结合，今后这也会成为一种趋势。

二、近几年诗歌鉴赏常见的几种题型及解题技巧

鉴赏古代诗歌的步骤一般是由表及里、由浅入深，先理解诗歌中词语的含义、句子的结构等表层意思，再进一步把握诗句的语境意义、诗人描绘的图景背后所蕴含的情感指向与格调色彩等深层含义。通过对近几年诗歌鉴赏题的深入研究，我发现诗歌鉴赏常见的题型有八种，针对不同题

型，我根据多年的教学经验，将解题技巧及策略总结如下。

类型一　分析思想情感类

（2010年全国Ⅱ卷）阅读下面这首宋诗，然后回答问题。

梦中作①

欧阳修

夜凉吹笛千山月，路暗迷人百种花。

棋罢不知人换世②，酒阑③无奈客思家。

【注】①本诗约作于皇祐元年（1049），当时作者因支持范仲淹新政而被贬谪到颍州。②传说晋时有一人进山砍柴，见两童子在下棋，于是置斧旁观，等一盘棋结束，斧已烂掉。回家后发现早已换了人间。③酒阑：酒尽。

问题：这首诗表现了作者什么样的心情？

解题技巧：把握作者的情感，要注意以下几点。

第一，注意是哪一个朝代的哪一个作家，懂得知人论世。

第二，注意诗歌的题目。它往往揭示了诗歌的内容和情感。

第三，注意诗歌的"序"和后面的注释。

第四，注意"诗眼"。所谓"诗眼"，它可以是一首诗中最精练、最传神的一个字，也可以是体现全诗主旨的精彩语句。

第五，审读意象。不同的意象可以构成不同的意境，含蓄地表达出作者的思想情感。

这些都是解读诗歌的要点，是我们首先要关注的要素。

分析：这首诗是宋代文学家欧阳修的诗，由注释可知他因支持新政而被贬，心情自然抑郁，最后一句诗点明作者的情感——无奈、思家，这也是这首诗的"诗眼"。由"夜凉""路暗"等意象可知，作者的心境是黯淡的、愁苦的。进一步探究作者为何无奈，为何心情抑郁、愁苦，自然是因为仕途失意。"路暗迷人百种花"，实则是前途黯淡、内心迷茫的写照啊！

参考答案：表现了作者因仕途失意而对前途忧虑和无可奈何的心情以及希望脱离官场返回家乡的心情。

探究咏物诗所表达的思想感情时还应注意，咏物诗最常见的表达技巧就是托物言志。作者一般通过客观描写的事物，寄托、传达出自己的某种感情、抱负和志趣。志与物之间往往有某种相同点或相似点。作者又常借用比拟、象征等修辞手法。答题时，要抓住两者的联结点，由表及里，即先描述事物的特点，再分析作者的心志。

类型二 赏析语言类

这类题的类型包括字词分析类、句子分析类和风格分析类。

（一）字词分析类

（2010年广东卷）阅读下面的宋词，然后回答问题。

望江东
黄庭坚

江水西头隔烟树。望不见、江东路。思量只有梦来去。更不怕、江阑①住。

灯前写了书无数。算没个、人传与。直饶②寻得雁分付③。又还是、秋将暮。

【注】①阑：阻隔；阻拦。②直饶：纵使。③分付：交付。

问题：简析"隔"字的双重意蕴。

解题技巧：题目考的是对字的锤炼。需要注意的是，回答问题时，不能就字论字，而应将字放回整首诗中，结合全诗的意境、题旨和诗人的感情来分析。

分析：词的上阕首先展现了一片迷蒙浩渺的景象，写出"江水""烟树"等阻隔了人物的视线，极目瞭望而茫无所见，体现出人物极度失望、惆怅的心境。然后写他企望梦中能穿越阻隔，飞到思念中的亲人身边，深化了感情，反映出主人公渴望重逢以及对远方亲人的怀念。下阕写他写了无数封信而无人传递，托大雁传书也难实现的惆怅、绝望。理解了这一点，对"隔"字的意蕴就可以从外在环境和内在情感两个层面来理解。

答题步骤：

（1）在具体诗句中解释该字的意义，展开联想和想象，描摹景象。

（2）点出该字用了什么手法，烘托了怎样的意境或具体表达了什么感情。

参考答案：①（客观）视觉的阻隔：江水、烟树隔断归路；②（主观）情感的阻隔：思念之情无法传递，亲人不能团聚。

（二）句子分析类

题目往往要求比较哪一句诗更好，我们可以从以下几个角度来思考。

（1）从中心来看，哪一句诗更能服务、证明中心，哪一句诗就更好。

（2）从语境上看，哪一句诗能使上下句的对仗更工整、和谐，意思上能互相映衬，哪一句诗就更好。

（3）从手法运用上看，哪一句诗运用了某种表现手法，更为生动、具体、形象，哪一句诗就更好。

（三）风格分析类

风格是诗人在创作中表现出来的一种与众不同的艺术特色和创作个性，不同的诗人有不同的风格，同一位诗人在不同的创作时期所展现出来的风格也不同。因此，要熟悉各个朝代的一些典型作家的风格特点。

答题步骤：

（1）用两句话准确点明语言风格。

（2）结合诗中有关语句具体分析这种特色。

（3）阐述诗中用语表达了诗人怎样的感情。

类型三　分析形象类

这类题的类型包括人物形象分析类和物象分析类。

（一）人物形象分析类

（2010 年福建卷）阅读下面这首诗歌，回答问题。

访隐者

（宋）郭祥正

一径沿崖踏苍壁，半坞①寒云抱泉石。

山翁②酒熟不出门，残花满地无人迹。

【注】①坞：山坞。②山翁：此处指隐者。

问题：结合第三、四句，赏析"隐者"的形象。

解题技巧：古诗词的形象，一般指主人公的形象、诗人"我"的形象和景物的形象。古诗词中的人物形象一般不如小说中的人物形象丰满、完整，我们要善于从诗句里精当的人物神态、动作、心理、细节等描写中，把握人物的个性特征。应注意逐句分析，不要遗漏。

分析：这首诗对人物形象没有直接描写，而是描写了人物生活的环境，这是人物性格特点的间接写照。人物生活在远离尘世喧嚣之所，自己酿酒自己饮，无人来访，落花满地而不清扫，可见主人生活得随性、自由自在。

答题步骤:

(1) 概括人物形象的总体特征或个性特点。

(2) 结合诗句进行分析论证。

(3) 概括人物形象的意义。

参考答案:通过描写隐者独饮自己酿造的酒,门外落花满地,无人造访、无人扫洒的隐居生活,表现了隐者避世脱俗、随性自然的情怀。

(二) 物象分析类

分析诗词的画面、情景等物象时应注意,首先要抓住诗词中的意象、意境的特征以及情景交融的特点,进而理解诗人寄托的思想感情,体会物象蕴含的哲理。对物象的分析通常从物象的色彩、虚实、动静等角度进行。

类型四 分析艺术手法类

这类题的类型包括鉴赏景物描写的方法类和分析诗歌所运用的表达技巧类。

(一) 鉴赏景物描写的方法类

鹧鸪天

苏 轼

林断山明竹隐墙,乱蝉衰草小池塘。

翻空白鸟时时见,照水红蕖细细香。

村舍外,古城旁,杖藜徐步转斜阳。

殷勤昨夜三更雨,又得浮生一日凉。

问题:本词在写景状物上有许多可圈可点之处,请就其中一点加以赏析。

解题技巧:赏析写景诗词时要从以下几个方面考虑。

(1) 景物的层次感。即景物的高低远近。只要景物按由高到低、由远到近或相反的顺序排列,景物就会产生层次感。

(2) 景物的动静。或是以动衬静,或是以静衬动,或是动静结合。

(3) 景物的色彩、声音、形状。描写景物一般都要涉及这些方面,鉴赏时要对此做出点评。

(4) 虚实相生。写景时常会既写到眼前之景,也会有想象、回忆等,这也是点评的一个角度。

(5) 粗笔勾勒、白描与工笔细描。粗笔勾勒就是用寥寥几笔简练、准确地勾勒出人物或事物的主要特征。如果不用秾丽的形容词和繁复的修辞精雕细刻、大加渲染，则叫白描。如果对细微处精雕细刻，就叫工笔细描。

（6）乐与哀。以乐景反衬哀情，也是古人惯用的手法之一。

答题步骤：

（1）抓住某一方面结合具体诗句解说。

（2）概括景物的特点。

（3）分析运用的手法及其作用。

参考答案：

（1）描写景物生动活泼，层次分明。先由远到近地写景：远景如林、山，"林断山明"描写远处的树林尽头，高山清晰可见；近景描写翠竹遮隐着围墙，墙外小池塘旁长满枯草，蝉声四起。再由上而下地写景：上写白鸟在空中翻飞；下写红荷映水，散发着幽微的清香。

（2）写景动静结合，形象逼真。词中写的林、竹、山是静景，但用了"断""明""隐"，使这些静景顿时栩栩如生；写动景（"乱蝉""翻空白鸟"），形象活泼。动静结合，生动地描写出一幅夏末秋初的美丽图景。

（3）写景有声、有色、有香，相映成趣。"乱蝉"描写雨后蝉的鸣叫；"翻空白鸟"与"照水红蕖"红白相映，色彩鲜明；"细细香"写出荷花散发出的淡淡清香，富有情趣。

（二）分析诗歌所运用的表达技巧类

（2010年安徽卷）阅读下面这首诗歌，回答问题。

岁 暮①

（唐）杜甫

岁暮远为客，边隅还用兵。烟尘犯雪岭②，鼓角动江城。

天地日流血，朝廷谁请缨？济时敢爱死，寂寞壮心惊。

【注】①本诗作于唐代宗广德元年（763）末，时杜甫客居阆洲（今四川阆中）。②雪岭：又名雪山，在成都（今四川成都）西。雪岭临近松州、维州、保州（均在今四川成都西北），杜甫作本诗时，三州已被吐蕃攻占。

问题：这首诗使用了多种表达技巧，请举出两种并做赏析。

解题技巧：可以从以下几个方面考虑。

（1）准确地指出用了什么表达技巧。一般先找出修辞手法，再找出抒情手法和表现手法。

（2）结合诗句分析，何以见得是用了这种手法，效果如何。

（3）这种手法表达了诗人怎样的感情或旨意。

分析：此诗写诗人忧国忧民，渴望奋不顾身报效国家，却无从施展，只能独自寂寞的情怀。颔联以"烟尘"和"鼓角"来借代战争，战争的烽烟笼罩了雪岭，鼓角声声也震动了江城。此诗也较注意对字词的锤炼。"犯"字和"动"字写出了诗人听到外敌入侵后内心受到的强烈冲击，把诗人心系国家和百姓的那份真挚情感蕴含其中。另外，"敢"字和"壮"字也富有深意。诗人看到战争带来的血腥，发出自己的担忧之声："朝廷谁请缨？"尾联用反问句表达出一个真正心系国家的人是不会顾及个人的生死荣辱的，为了拯救国家民族、天下苍生，只会奋不顾身地投身于保家卫国的血雨腥风之中的豪情。

参考答案：

借代，如"烟尘"代指边境战事，与"鼓角"相应，从视觉和听觉两方面突出了战争的紧张，渲染了时局的艰危。

用典，如"请缨"，典出《汉书·终军传》；在诗句中暗示朝廷中无人为国分忧，借以表达诗人对国事的深深忧虑。

类型五　比较鉴赏类

（2010 年湖北卷）阅读下面这首宋词，然后回答问题。

鹊桥仙·七夕
范成大

双星良夜，耕慵织懒，应被群仙相妒。娟娟月姊满眉颦，更无奈、风姨吹雨。

相逢草草，争①如休见，重搅别离心绪。新欢不抵旧愁多，倒添了、新愁归去。

【注】①争：怎。

问题：对于牛郎织女鹊桥相会，此词说"新欢不抵旧愁多，倒添了、新愁归去"，而秦观说"两情若是长久时，又岂在朝朝暮暮"。请简要分析二者所表达的感情侧重点有何不同。

解题技巧：比较鉴赏类题在评分上往往会尊重考生对诗作的个性化解读与评价，考生可以有不同的看法，只要言之成理，言之有据，自圆其说，就能得分。但要注意以下几点。

（1）立足诗作，言之有据。比较两首同题诗或同题材的诗，要根据题目要求，扣住作品中的字、词、句加以分析阐述，不能无中生有、任意发挥、随意拔高；术语表述要正确，不能生搬硬套、张冠李戴。

（2）抓住重点。即抓住形象、语言、表达技巧中的某一项或几项（根据题干要求而定），不要面面俱到，不要节外生枝，不必与试卷外的其他作品进行比较，不必引经据典。

（3）鉴赏有别于翻译和读后感。不能写成翻译性的文字，不能用读后感代替文学鉴赏。

分析：这首词的上阕写仙界女性之凡心难耐寂寞，众仙女心生嫉妒，反衬牛郎织女爱情之难能可贵。下阕着力刻画牛郎织女的心态。七夕相会，匆匆而别，如此一面，只是重新撩乱万千离愁别绪罢了，深化了牛郎织女的爱情悲剧。

答题步骤：先摆出鲜明的观点，陈述理由；再围绕诗歌的主旨、表达技巧、效果等方面阐述。

参考答案：范词重点强调别离的旧愁与新愁：旧愁未去，新愁又添，虽有新欢，却不抵思念愁苦。秦词重点强调感情的坚贞与长久：虽然相逢短暂，但只要感情真挚，不在乎朝暮厮守。

类型六　仿写类

阅读下面两首唐诗，根据提示，完成赏析。

与浩初上人同看山寄京华亲故	登崖州城作
柳宗元	李德裕
海畔尖山似剑芒，	独上高楼望帝京，
秋来处处割愁肠。	鸟飞犹是半年程。
若为化作身千亿，	青山似欲留人住，
散向峰头望故乡。	百匝千遭绕郡城。

问题：两诗写作之时，作者都是贬谪之身，正值壮年的柳宗元被贬为柳州刺史，曾任宰相的李德裕则在垂暮之年被弃置崖州。从诗中看，两人的处境与心境是有所不同的。

（1）两诗都着一"望"字。李诗之"望"在首句，实写登楼遥望帝京，引领全篇，既表达了对国都的眷念与向往，又蕴含了对"帝京"遥不可及的感伤。柳诗之"望" ＿＿＿＿＿＿＿＿＿＿＿＿＿＿＿＿＿＿＿＿＿＿＿＿＿＿＿＿＿＿＿＿
＿＿＿＿＿＿＿＿＿＿＿＿＿＿＿＿＿＿＿＿＿＿＿＿＿＿＿＿＿＿＿。

（2）两诗都写到了"山"。李诗曰"青山留人"，是面对群山阻隔欲归不能的自我安慰。诗人运用拟人和象征的手法，抒发了看似平静超然，实则深沉悲凉的情感。柳诗曰"尖山似剑"，＿＿＿＿＿＿＿＿＿＿＿＿
＿＿＿＿＿＿＿＿＿＿＿＿＿＿＿＿＿＿＿＿＿＿＿＿＿＿＿＿＿＿。

解题技巧：仿写题的关键是要研究仿例的特点。如第（1）题仿例中有五个要点：①指出字眼：两诗都着一"望"字。②指出位置：李诗之"望"在首句。③说出是实写还是虚写：实写登楼遥望帝京。④指出在结构上的作用：引领全篇。⑤用"既……又……"的句式指出诗歌所表达的思想情感：既表达了对国都的眷念与向往，又蕴含了对"帝京"遥不可及的感伤。抓住这五点，再根据诗歌的内容，一一对应，问题就会迎刃而解。

参考答案：

（1）在末句，虚写置身峰头，收束全篇，既表现了对故乡的思念，更表现了对"京华亲故"的急切期待。

（2）表达的是在草木变衰的秋天，思念家国愁肠如割的痛楚。诗人在运用比喻手法的基础上展开想象，直接抒发了迸发而出的强烈感情。

类型七　论证类

（2010年江苏卷）阅读下面这首诗，然后回答问题。

送魏二

王昌龄

醉别江楼橘柚香，江风引雨入舟凉。

忆君遥在潇湘月，愁听清猿梦里长。

问题：三、四两句诗，明人陆时雍《诗镜总论》云："代为之思，其情更远。"请做具体分析。

解题技巧：论证类诗歌鉴赏题，实际上是要求以诗歌为素材，论证命题者给定的观点。

分析：诗人送别魏二是在一个清秋的日子。"江风引雨"，寓情于景，逼人的"凉"意，虽是身体的感觉，却也双关着心里的感受。三、四句为行人虚构了一个境界：在不久的将来，朋友夜泊在潇湘之上，一轮孤月高照，如此凄清，行人恐难成眠吧？即使他暂时入梦，两岸猿啼也会一声一声闯入梦境，令他睡不安恬，无法摆脱愁绪。诗人从视（月光）、听（猿声）两个方面刻画出一个典型的旅夜孤寂的环境。这首诗运用了虚实结合的手法。前两句写眼前实景，后两句诗人以"忆"为行人虚构了一个典型的旅夜孤寂的场景，月夜泊舟已是幻景，梦中听猿，更是幻景中的幻景。这样，整首诗虚实结合，借助想象，拓展了表现空间，扩大了意境，使诗更具朦胧之美，深化了主题，更有助于表现诗人的惆怅别情。

参考答案：由眼前情景转为设想对方抵达后的孤寂与愁苦，通过想象拓展意境，使主客双方的惜别之情表达得更为深远。

类型八　分析结构类

（2008 年四川卷）阅读下面这首元散曲，然后回答问题。

［双调］雁儿落带过得胜令

吴西逸①

春花闻杜鹃，秋月看归雁。人情薄似云，风景疾如箭。留下买花钱，趱②入种桑园。

茅苫③三间厦，秧肥数顷田。床边，放一册冷淡渊明传；窗前，钞几联清新杜甫篇。

【注】①吴西逸：生平不详，曾当过小官，终看破红尘归隐。此曲为归隐前后所作。②趱：赶快。③苫：用草覆盖。

问题：从归隐的角度看，这首元散曲写了几个层次？请简要分析。

解题技巧：诗歌常见的结构特点有以下几种。

（1）层层渲染、铺垫。

（2）首尾照应。在一些诗歌中，诗人往往采用今昔、他我、物我对照的方式，来抒发自己或他人的情感。

（3）结构对比。对比手法因具有层次性的特点，结构性较强，在诗歌中运用较多。

答题步骤：

（1）指出结构特点。

（2）具体分析。

（3）点明作用或好处。

参考答案：写了两个层次。前四句为第一层次，主要写向往归隐的理由。由春花秋月引起光阴似箭之叹，由鸟啼雁归生出人情淡薄之慨。后几句为第二层次，主要写向往中的隐居生活。其中又分为两层："留下"句至"秧肥"句为第一层，写归隐后的物质生活；"床边"之后的几句为第二层，写归隐后的精神生活。

总之，解答诗歌鉴赏题，一定要品味语言，披文入境。艺术创作往往藏而不露，"用意十分，下语三分"。我们在鉴赏时，应养成逐字逐句品味语言，在反复诵读中把握作品的表现技巧及意境的阅读习惯。"诗言志"，诗歌中既然渗透了作者的主观情感，赏析时就要善于"体其情"，从而"知其意"。披文观诗，不仅在于疏通字句，更要把握艺术形象中包含的情感内涵。

把握文言文教学中少教多学的度

"少教多学"是针对"教"支配、控制"学"，"学"无条件地服从"教"；教师怎样教，学生就怎样学；教师教多少，学生就学多少；学生的自主性、独创性缺失，主体性被压制；教师越教，学生越不会学，越不爱学的现象提出的一种新的教学尝试。这一做法一开始就受到了社会的广泛关注，许多学校大力提倡，积极推行，有的学校甚至为彻底改变过去教师一讲到底、课堂死气沉沉的局面而硬性规定一节课教师讲的时间不能超过15分钟。我认为，这种锐意改革的态度值得肯定，但做法未免过于荒唐。"少教"，到底教多少合适？教的深浅又如何？"多学"，何谓多？拿什么来衡量？少与多确确实实是有"度"的，但少与多不在于形式，而在于内容，在于客观需要，必须辩证地对待，不可"一刀切"。

首先，这个度是由我们的教学目的决定的。

高中语文课程标准指出，要全面提高学生的语文素养，充分发挥语文课程的育人功能。教材中的文言文因其年代久远，与现代汉语迥异，与学生生活有较大距离，不易为学生理解和接受。但它们是我国优秀传统文化的典范之作，是经过几千年历史的淘洗而积淀下来的文化结晶，是中华民族宝贵的文化遗产和精神财富。所以文言文的教学必然会因其独特性而有别于其他文学作品的教学，对文言文，学生不仅要理解和接受，更要传承与发扬光大。文言文教学的内容一般有三个层面：第一个是语言文字的层面，第二个是文章或者文学的层面，第三个是传统文化的层面。第一个层面是基础，是进入文本的通道；第二个层面是感悟和品味，是登临殿堂之门的咀嚼鉴赏，是文学素养的提升；第三个层面是传承与发扬，是升堂入室后对延续民族文化命脉、文化之根使命的担当。"少教多学"的文言文教学必须将这三个层面有机结合起来。如果教师一味地"少教"，将教学停留在第一、第二个层面，为"少教"而少教、浅教，那么学生不仅难以达到"多学"，甚至难以学到语文知识，这样的"少教"又有何意义？相反，如果教师的"多教"达到了理解、鉴赏、文化渗透的目的，能让学生学得轻松，学得愉悦，收益最大化，这样的"多教"又有何不可？

其次，这个度是由我们的教学对象的内在需求决定的。

《礼记·学记》中说："君子之教，喻也。""道而弗牵，强而弗抑，开而弗达。道而弗牵则和，强而弗抑则易，开而弗达则思。和易以思，可谓善喻矣。"意思是说，教师要引导学生，而不要牵着学生走；要鼓励学生，而不要压抑他们；要指导学生学习门径，而不是代替学生做出结论。"道而弗牵"，师生关系才能融洽；"强而弗抑"，学生学习才会感到容易；"开而弗达"，学生才会真正开动脑筋思考。做到这些，就可以说得上是善于诱导了。孔子也曾说："不愤不启，不悱不发。举一隅不以三隅反，则不复也。"指出教师在教学中要善于启发学生，打开他们的思路，而不告诉他们现成的答案，以便给学生留下思考的余地，从而使学生养成独立思考的习惯，使学生的思维能得到真正的发展。"道而弗牵""强而弗抑""开而弗达""启"与"发"都有个"度"的问题在里面，都是有前提条件的，这个度和前提就是由我们的教学对象——学生的内在需求决定的。

高中三年，同一个学生的知识运用能力、思维能力在各个阶段是不同的，进入高三后，学生的学习能力有较快崛起之势，与高一、高二时不可同日而语。同一个学生学习新知识与复习旧知识的情况也不相同。一个班有几十个人，学生的知识基础、接受能力等差异更大。打基础阶段，应多教，领进门后，应多学；高一查漏补缺，应多教，高三温故知新，应多学；单元教学第一课是示范，应多教，后面几课是学生模仿、比较、运用知识，应多学。教与学孰多孰少，这个度应在于尊重教育规律，按照教育规律办事情。

再次，这个度是由我们的教学内容决定的。

文言文教学内容的难易程度是不同的，一般来说，人物传记类文章比写景状物类文章容易，写景状物类文章又比议论说理类文章容易。每一篇文言文的教学也存在难易程度不同的三个层面。

文言文教学的第一个层面是对文章意思的理解和把握。经过教师讲解，经过一段时间的训练，大部分学生可以掌握文言文的词汇、特殊句式等基础知识，能够借助查阅工具书、上网查找相关资料等手段达到疏通字词、理解文意的层面。这个层面若由浅入深，由课内到课外，日积月累，学生就会形成初步的阅读文言文的能力。有了初步的阅读文言文的能力，教师就可以对学生解决不了的问题稍加点拨，做到少教甚至不教。如一词多义在具体语境中义项的选择，实词推断的技巧和方法，把握人物个性过程中学生容易忽视的细节，结合整篇文章准确翻译句子等。这是万丈高楼平地起的奠基，是第一个层面上教师应有的教，没有教师的教，学生就难以进入文言文的大门，就不能准确理解和把握作品。当然，领进门后，学生的学就有了基础，少教、不教就会实现。

文言文教学的第二个层面是对文学作品的品味鉴赏。学会对文学作品进行鉴赏是实现文化传承的重要环节。没有一定的审美、鉴赏知识，学生就难以获得欣赏作品的乐趣，就难以真正读懂作品。初中、高中阶段是学生形成鉴赏文学作品思维的重要时期，对大多数学生来说，之前他们头脑中有关鉴赏文学作品的基本方法和技巧是空白的，学生的鉴赏能力远远达不到品出作品滋味的境地，需要教师引领他们去填补空白。这一阶段，教师的教也是必不可少的。如写景状物类文章的虚实结合、以动衬静、点面结合、托物言志、多种修辞手法的综合运用、多种感官的调动、色彩的相互映衬、正面描写与侧面描写相结合等，需要教师引导学生掌握这些知识。这是学习文言文的较高层次，教师引入门、指明路的环节依然不可缺少，不能只是一味地让学生自己学，否则学生读不出门道，激情和兴趣很快就会消失殆尽，学习借鉴文言文的更高层次就难以达到。

文言文教学的最高层面是感悟文化内涵，这一层面的内涵丰富，与教师的文化素养、专业素养息息相关。且文章不同，文化内涵往往不同。如何教，如何引，的确是一个颇值得研究的课题。一篇文言文的文化内涵能否被深入地揭示出来，考验的是教师的功力。不同的教师有不同的视角，选取的切入点也会有不同。单凭学生的阅历和能力是难以企及的，教师的教和引自然也是一种必然。如王君老师执教《湖心亭看雪》时，并没有因初中生阅历浅、文章难度不大而浅教，而是开篇就设置了悬念："诗人心中有一个春天，他笔下的西湖就春意盎然；诗人的心中有一份柔情，他笔下的西湖就温柔缠绵。那如果诗人的心中寒冰一片，他笔下的西湖又会是什么样子的呢?"接着，王老师以"痴"为感知全文的切入点，引领学生感知痴人的痴行，感知痴人眼中的清冷、浩大、孤独的"痴景"，感知痴人张岱视世俗世界而不顾，眼中只有融入自己的宇宙自然的境界，进而感知张岱在这片山水中寻找心灵的归依、心智的独一的行为。王老师巧妙抛出了引导学生发现问题、分析问题和解决问题的"毛线球"，逐渐提升学生讨论的层次，让学生不知不觉地走进了作者的心灵世界，感受到了一种别样的审美情趣和人生抉择，找到了揭示文字背后的深刻文化内涵的"金苹果"。这样的教当然会"余音绕梁，三日不绝"，日积月累，定会影响学生的一生。这样的教又怎么能少呢?

总之，"少教多学"，不能以时间多少来论，而应该看教与学是否将学生放在主体地位，是否尊重教育教学规律，是否满足了学生的内在需求，是否高效达成了教学目标，是否有利于学生的身心健康成长，是否有利于学生的终身发展。这就是衡量"少教多学"的标准，教与学不是绝对的矛盾对立体，而应是和谐统一的存在。

慧眼精裁妙剪，巧用成就佳篇

——高考作文论据一材多用方法探究

作文的功力常见之于思想，而思想的深度常取决于读书的数量。许多考生无暇读书，远离生活，企图靠机械地"刷题"提升分数，自然思维停滞、语言干瘪，作文日渐苍白，甚至有了思维的火花也难以用恰当的论据来论证，陷入巧妇难为无米之炊的尴尬。冰冻三尺非一日之寒，要想改变这种状况，通过阅读开阔视野是根本。只有大脑接受众多信息的冲击，积累了素材，才有选择的自由、思维的灵动。有时面对学生思维的一潭死水，教师需要做一颗小小的石子，激起千层浪，唤醒他们思考。经常对学生进行一材多用的作文思维训练就是其中一个行之有效的好方法。一材多用能让学生关注和认识社会现象，改变他们程式化的生活，使他们学会多角度、全方位地审视生活中的人与事，激活思维，提升思维能力，掌握运用论据论证观点的不同方法，进而提高写作能力。

使用素材论证，必须紧扣题眼，围绕文章的中心论点展开论述。选用的素材必须真实、新颖，写出的文章才会有真情实感，才会有生命力。素材必须典型，能以一代百、以少胜多、以小见大。要选择有代表性、有时代气息的素材，才会引人入胜。然而一则素材往往同时具有多个方面的内涵，可以同时证明各种不同的观点。这就要求学生慧眼选材，紧扣论点精剪妙裁，灵巧运用，要有意识地选用素材中有用的部分，加以渲染扩充。有时素材与话题的直接关系可能不大，这就需要学生在表述素材时尽量往命题上或观点上"拉一拉、靠一靠"，为自己所用。请看下面一则新闻材料。

李小文：世间再无"扫地僧"

被网友惊呼为金庸小说《天龙八部》中的扫地僧的"布鞋院士"，也就是中科院院士、我国遥感领域的泰斗级人物李小文，于 2015 年 1 月 10 日在京去世。在他去世前三天，他刚刚当选 2014 年度"感动师大"新闻人物。颁奖词是这样描述他的：

当众声喧哗的网络将"布鞋院士"的盛誉簇拥向你，你却独盼这热潮退却，安静地做一辈子风轻云淡的"技术宅男"。梦也科研，成就"20 世纪 80 年代世界遥感的三大贡献之一"的是你；酒里乾坤，三杯两盏淡酒间与学生趣谈诗书武侠的也是你。还是那双布鞋，一点素心，三分侠气，伴你一蓑烟雨任平生！

而在学生眼中，他讲课如行云流水，让听者如痴如醉，且外表不羁，但是有仙风道骨，维护了传统知识分子的风骨、本色和随性。

这则材料可论证的话题有很多，朴素、本色、坚守、淡泊名利、追求宁静、风骨、敬业等都可写。但论证不同的话题，对材料的裁剪、突出充实的内容是不同的。

评论一：感谢布鞋让我们认识了李小文（节选）

感谢那双布鞋，让我们看到了一位在学生眼中是慈祥老爷爷的教授，看到了一位因衣着朴素而被保安挡在学校门外的科学泰斗，看到了一个爱酒且真性情的可爱老学人，看到了一个活跃在科学博客上的"黄老邪"。他既有武侠小说中侠者的气质，又有一种在价值观变化的时代人们所期待的学人范儿。人们对他的敬与爱，既有对他本人平和淡定的人生态度的崇敬，也有对某些曾经风行，如今却变得稀有的价值的怀念。无怪乎他去世的消息传来时，微博和微信圈里一片"世间再无'扫地僧'"的哀叹。

抄袭、学术造假、贿选院士之类传闻不绝于耳，让人感觉学界也不再纯粹和值得尊敬。可以说，是人们心中某种不愿抛弃的价值观造就了李小文作为"扫地僧"的传奇，而且，他的形象因为人们期待的强烈而被增强至神化了。学界渴望"扫地僧"精神，这种精神包含不崇尚只重外表不重实质的包装和作秀，不追逐与学养无关的功名利禄，不迎合风头做学术墙头草，不以学术作恶或将其作为助纣为虐的工具，永远遵从内心的真实需求，做一个外表简单、内心纯粹的人。

这种被神化的"扫地僧"精神，可以说是对时下知识界"精致的利己主义"的一种批判和反讽，也是对知识阶层的一种期许。

这则评论让我们认识了李小文的慈祥、质朴、真性情、可爱、活跃、平和、淡定，认识了他身上体现出的人们心中强烈期待的朴素踏实做学问、追求内心纯粹的"扫地僧"精神。作者既将李小文身上的闪光点一一撷取，铺展评说，正面深入，表达出对李小文的敬仰之情，又对现实中追逐、崇尚外表包装、作秀等种种学术现象予以批判。本文用了正面描写和正反对比的方法。

评论二："布鞋院士"的朴素本钱（节选）

"布鞋院士"李小文去世了，他的那双布鞋，他一生的质朴，以及这些与其身后伟业形成的巨大反差，让看多了"表哥""棉服哥"的民众怀念。

几年前，因为一张李小文光脚穿布鞋在学术会上发言的照片，人们认识了这个早就在国际上享有盛名的我国遥感领域泰斗级的人物。

也是前几天，网上流传一张照片，一位领导身穿价值不菲的黑色羽绒服，在火灾现场听取灾情汇报，网友报价，这件羽绒服国内售价在万元以上。我只是想说，"布鞋院士"李小文一定没有这样的衣服，不是他买不起，而是他没有这心思。当一个人醉心于事业，精神世界由此被充盈起来时，精神之外的东西于他就成了多余甚至负累。

是的，物质生活的朴素、低调，一定有精神世界的丰富做基础，否则，物质生活就难免会张扬，以寄托精神世界的空虚，因此，我们常常能从一个炫富者的外表推测出其内心的贫瘠。

古诗有云"腹有诗书气自华",这个"自"就意味着穿着、气质等个人的行为举止,一定是内心世界的自然流露。

这则评论由李小文的布鞋想到与之截然相反的人——"表哥""棉服哥",更深入探究了低调的物质生活背后是一定有着丰富的精神生活。这是李小文院士朴素的本钱,拥有了这样的本钱,他才能在高调的炫富者面前高贵得令人敬仰。由李小文外表朴素却自如徜徉于衣着显赫的炫富者之间,探究其原因——"腹有诗书气自华"。本文用了举例法、由果探因法。

评论三:"布鞋院士"不该成学术界"绝唱"(节选)

在学术行政化、功利化的时代,李小文大师级的学术成就、朴实纯粹的学术态度以及仙风道骨的处世之道,可视为学术本性和学术良知的稀有证据。在"布鞋院士"面前,一些学者应该脸红,一些学术机构应该反思,一些学术制度亟待改革。李小文就像一面镜子,照出了学术界种种亟待整治的乱象,其"神一样的存在"填补了人们对真学术、真大师的期待。

"布鞋院士"注定无法复制,也无法模仿,但国家和社会应该尽最大努力去提供和营造产生"布鞋院士"的制度和氛围。在学者以走穴捞金为荣的时代,在学术腐败愈演愈烈的当下,"布鞋院士"的出现并不能成为整个学术界的遮羞布,也不是整个学术界回归本性的证明,学术生态的恶化状况更不会因此而改变。人们缅怀李小文,是人们对净化学术生态、回归学术本性的由衷期待。

不过,客观地讲,权钱当道也好,道德沦丧也罢,把板子都打在学者身上是有失公允的。部分学者坐不了"冷板凳",热衷拉关系、跑官帽等固然无法否认,但这些现象背后的制度漏洞和弊端无疑更为根本。换言之,如果不在制度层面进行大刀阔斧的改革,"布鞋院士"或将成为可遇不可求的"绝唱"。

这则评论将矛头直指学术行政化、功利化的时代的学术乱象,将之与李小文朴实纯粹的学术态度形成鲜明对比,并深入探究学术腐败愈演愈烈、学术生态状况恶化的原因,指出有学者自身的主观原因,更有学术制度存在漏洞和弊端的客观原因。"如果不在制度层面进行大刀阔斧的改革,

'布鞋院士'或将成为可遇不可求的'绝唱'。"本文先运用了反向思维、对比运用材料的方法，后运用了由果探因法。

评论四：当"布鞋"遇到"院士"（节选）

同样一双布鞋，穿在不同人的脚上，效果截然相反。

普通人穿上，或许会和"农民""底层"等字眼联系起来，而院士穿上，则有了不同的分量。

新闻就这样产生了。前几日，中国科学院院士李小文光脚穿着布鞋在中国科学院大学做讲座的照片在网上被疯转。

于是，更多的人记住了"布鞋"这个意象和院士这个"帽子"。很少有人知道李小文还是国际遥感基础研究"Li-Strahler 几何光学学派"的创始人，以及忽略了他作为院士的分量。

关注李小文，不应该只盯着那双没穿袜子的脚和那双再普通不过的布鞋。网友对于李小文的追捧，是因为以世俗的标准来衡量，"光脚院士"的穿着打扮似乎与其身份并不相符。他随性的装束下，真正的内涵是什么？

关注李小文，更多的是一种借机抒怀，表达了公众对时下学术界存在的浮夸与功利之风的失望，对中规中矩、棱角全无的"学者"的不满和厌恶，对魏晋文人的风骨与传统的追忆甚至是想象。而李小文恰恰满足了公众的美好愿望。

李小文在科学上的态度更有榜样价值，而其对待物质的态度属于个人私事，不该被看作衡量学者的标准。

李小文让外界了解了另一种学者风范，但这种风范不应该强加给别人。如果布衣布鞋成了一种标准，李小文的价值又在哪儿呢？

"布鞋"与"院士"看似风马牛不相及的事物被这则评论拉到了一起，作者看到了人们把关注点仅仅停留在李小文光脚穿着的布鞋上，仅仅是猎奇心理作祟，而忽视了李小文的价值，告诫人们应看到李小文在科学领域所做出的贡献，更要看到李小文身上具有的简单而真实的风骨、本色，这种影响甚至比他在遥感领域做出的贡献更可贵。这是一种反向思维，本文用了先破后立、破立结合的方法。

评论五："布鞋院士"走了，还有哪些"扫地僧"应该致敬（节选）

这个世界上的科学家有两种，一种如 Dr. 魏，年纪轻轻就频频现身荧幕，大红大紫；另一种叫非著名科学家，他们甘愿寂寞，潜心科研，隐身于大众瞩目的光环之外。等有一天被世人知晓，却已华发稀疏，但他们对名利的舍弃，或对青春的冷藏，换来的是中国的综合国力和战略地位的提升。向他们致敬，中国的脊梁！

李小文——"布鞋院士"

布鞋"失火"之后，"殃及"了他原本清静的生活。一时间，"布鞋院士"的字眼闪烁在电脑屏幕上，迅速地爬升到搜索引擎的第一位。名声本不是他愿意负累的东西。他曾说过，"身上的东西越少越好"。他不喜欢用衣装打扮自己，经常穿着那双80元买来的布鞋，连袜子也省了。即使在长江学者受聘仪式暨颁奖典礼上，他也是那身经典的行头。

于敏——脑子永远20岁

（略。）

邓稼先——"许身国威壮河山"

（略。）

王小谟——爱国是科研的唯一动机

（略。）

王淦昌——曾为研制原子弹隐姓埋名17年

（略。）

程开甲——令人陌生的"核司令"

（略。）

这则评论由"布鞋院士"李小文联想到与他一样有着"扫地僧"精神的、舍弃名利、冷藏青春、甘愿奉献、潜心科研、默默奉献、堪称中国脊梁的科学家们，采用了类比联想的手法，表达了对他们的敬意，产生了要懂得珍惜人才的思考。

有的素材具有多个探讨角度，即某个事物从这个角度看存在缺陷，但从另一个角度看则可能是优点。因此，在分析素材时要有所兼顾，一旦某个角度没有谈到，就会使素材分析显得不全面、不透彻，具有思维漏洞，影响中心论点的说服力。当然，我们在具体分析时也不能平均用力，而要详略得当，有所侧重，尤其是分析蕴含道德伦理意味的素材时，更要旗帜鲜明，突出侧重点，思维严谨，做到用材既要多点透视，又要辩证分析，只有这样才可以做到思维缜密，论辩性强。

评论六：为"布鞋院士"点赞，激励未来大师（节选）

姚贝娜和李小文，一个是"红颜歌手"，一个是"布鞋院士"，身份完全不同。作为歌手的姚贝娜，青春靓丽，歌声动听，参加过"青歌赛"，上过"春晚"，深受观众欢迎。她那么年轻就告别了舞台，的确令人惋惜。正因为如此，众多的粉丝以种种方式怀念她，完全在情理之中。

相比而言，李小文是另一种类型的名人。他多年自甘寂寞，极少抛头露面，除了在他教书的学校和一个很小的学术圈子里，一般公众对他知之甚少。如果不是前不久他的一张光脚穿布鞋讲课的照片发在网上，被网民赞为身怀绝学的"扫地僧"式的高人，他也不会为人所知。

毫无疑问，姚贝娜和李小文都是对我们这个社会有过贡献的人。姚贝娜用自己的艺术才华传递着正能量，为观众带来欢乐，最后还捐献了眼角膜，这足以让人感动。但必须要说的是，一位歌手与一位科学家的贡献没有直接可比性。

很多人或许知道李小文性格洒脱，不拘小节，然而很多人可能不知道，在我国遥感基础研究领域，李小文院士是领军人物。他创建的 Li-Strahler 几何光学模型，他多年取得的研究成果，他所显示出的学术水平，曾经被国际光学工程学会列为"里程碑系列"，得到了国际公认，他是该领域中能够代表中国的少数几位国际知名专家之一。

李小文院士一生淡泊名利，"素心明志，两杯浊酒论天下；侠气致远，一双布鞋任平生"是他的写照。所以，静静地离去，不需要太多的身后哀荣，或许是他本人的心愿。然则，"公无求于我，我不可负公"，对于这样一位为祖国建功立业、为中华民族扬名于世界的中国科学家，我们应该感恩，必须给予他更多的尊敬。

没有人怀疑中国还有许多优秀的歌手和艺术家，但是，在当今这个充满竞争的世界，中国需要更多的李小文，需要鼓励涌现、致力于培养出更多令人敬仰的世界级的科学大师。也许，今天我们对"立德、立言、立功"精神的大力弘扬，我们对李小文的每一次回顾、每一次点赞，都是在为未来大师的出现打造良好的环境。

这篇评论针对同期不幸去世的两位名人——著名歌手姚贝娜、中国科学院院士李小文引发的不同反应而写。人们熟悉、热爱姚贝娜，是因为她是人们喜爱的歌手，而且她离世时捐献了自己的眼角膜，让另外两个不相干的人重获光明，传递了人世间的温暖，值得赞誉。姚贝娜去世，满屏的怀念与哀思，极具人气，无可非议。而李小文对人们来说是比较陌生的，去世后只有少数几篇纪念文章，略显身后凄凉，这一现象也很正常。作者却提出"一位歌手与一位科学家的贡献没有直接可比性""中国需要更多的李小文"的观点。这种观点单独而言是不严密的，但作者通过对姚贝娜先予以肯定，再结合当今充满竞争的社会现实，说明"中国需要更多的李小文，需要鼓励涌现、致力于培养出更多令人敬仰的世界级的科学大师"，为观点立足进行了充分的铺垫，使观点具有较强的说服力，体现了思维的辩证性，有力地突出了中心。

运用素材论证中心的方法，如正向用材、逆向用材、对比用材、类比用材、举例分析、假设用材等，往往不是独立运用的，如能有机地结合在一起，论辩性会更强而有力。

如 2014 年的满分作文《墨守规则，亦为大道》中有这样一段文字。

当今社会，不遵守规则之事正在啃噬和挑战着良好的公共秩序。刘青山、张子善、文强、王宝军等诸多贪官污吏，哪个将法律置于心间？诚如泰戈尔所言："那些把灯背在背上的人，他们的阴影投射在自己面前。"贪官污吏、黑心商家选择背对规则之灯，那么，铺在前面道路上的，必然只有自己造成的阴影，前途一片黯淡。如果这样的人多起来，那么，整个社会都将笼罩于暗夜之中。

这段文字结合当今社会的反面例子和泰戈尔的名言，说明遵守规则的社会意义，采用了举例论证、引用论证、比喻论证、假设论证、对比论证等多种论证手法。

总之，教会学生对一则材料进行多角度、全方位的审视，教会他们依据文章中心剪裁材料、自如运用，就能以小见大，迅速激活学生的思维，让学生在简单的观察学习中掌握论证的方法和途径，进而提升自身的写作能力。

新材料作文的审题与写作

一、何谓新材料作文

新材料作文是将原材料作文与话题作文相结合、取长补短的一种新的作文样式。这种命题形式既给考生提供材料，又不限制文体，保持了话题作文"三自"（自定立意、自择文体、自拟题目）的开放性，但不给定话题，需要考生全面理解材料，选择一个侧面、一个角度，构思作文。材料只为考生规定了范围（一般较广阔），提示了思维方向，在作文中可用可不用。

二、新材料作文的审题与写作

写新材料作文与其他作文一样，一般遵循以下几个步骤。

第一步：阅读分析材料，明确材料主旨，明确题目要求，确定话题范围。

第二步：依据话题的范围，选择最佳立意，确定自己的观点。

第三步：依据题目的要求，结合自己的写作实际，确定作文的文体。

第四步：依据自己的观点，联系生活实际，选取作文素材。

第五步：依据素材拟定题目，列出提纲，谋篇布局。

以上几个步骤中，第一步是写作的关键，直接关系到作文的成败。从某种意义上说，走好第一步，作文就成功了一半。因此，我重点谈谈新材料作文的审题。

新材料作文的审题就是要全面分析、理解材料，把握材料。材料既是审题的第一出发点，又是作文符合题意的终极范围。正确理解材料是作文立意构思的基础，是触发我们写作的第一要素，是激活我们灵感的催化剂。对材料的理解分析，是万丈高楼的地基，是参天大树的根系，是奔腾千里之水的源头。对材料分析不透、把握不准，结果会一招不慎，满盘皆输。

新材料作文的审题要把握三个原则。

（1）整体性原则。新材料作文的审题要有全局意识，要从材料的主体出发，整体把握材料的主旨，注意材料的感情倾向，不能只抓片言只语，否则很有可能会偏题。

（2）多向性原则。一般来说，新材料作文中材料所蕴含的观点并不是唯一的，材料中也往往存在众多的人物、众多的观点，为多角度立意提供了可能性。从不同的角度可以得到不同的结论，因此，要学会从多角度审视材料、归纳材料。

（3）筛选性原则。我们从材料中获得的观点具有多样性，或许会令我们出现偏颇，因此，在写作前必须对所得到的观点进行适当的筛选，反复印证、斟酌，看是否偏离材料。筛选的原则有以下几条：①从材料的整体着眼；②观点尽可能新颖、独特；③自己有话可说。

同时，快速、准确审题还要做到"四清"。

（1）理清对象。有些材料可能会涉及两个甚至两个以上的对象，从每一个对象出发，常常可以提炼出至少一个观点。

（2）分清主次。有些材料可能会涉及几个对象，这几个对象往往有主次之分。我们在审题时就应该分清主次，抓住主要对象，确定话题和观点，否则容易出现偏题现象。

（3）辨清关系。有些材料可能会涉及几个对象，而且这几个对象之间存在着一定的内在联系，辨清它们之间的关系，也就确定了作文话题的范围。

（4）析清含义。有些材料思想内容较深刻，蕴含着深刻的哲理，审题时我们首先应该认真分析，仔细揣摩，从而揭示出材料所蕴含的意义或道理，并以此作为立论的根据。

在具体写作时，我们可以将上面的原则结合起来，综合运用，为了快速准确地把握材料，首先可对材料做以下分析，提出这几个问题。

（1）材料中有哪几类人物或事物？他们的行为或言论表达了怎样的意义和价值取向？对此你有怎样的看法？

（2）材料中的哪一个人物、哪一个方面是主要的？

（3）材料中包含了哪些辩证关系？它的主旨是什么？

明确了第一个问题，就明确了材料提供的若干个立意的角度。第二个问题能使我们整体把握材料，避免偏颇。第三个问题能让我们明确话题的范围，明确命题者的意图，确定自己作文的观点。有了前面的思考，考生再根据自己的实际，注意题干要求，自定文体，拟定题目，列出提纲，构思作文。

总之，要写好新材料作文，整体把握材料的内容、全面理解材料的含义是关键。此外，考生还要注意联系社会生活实际，让自己的作文有针对性，有一个广阔的空间，避免一味地就材料而论材料，使自己的作文过于狭隘或过于空泛。

议论文的几种论证方法

高考作文试卷中常常会出现这样一类作文：三段论作文。第一段提出论点，第二段围绕观点列举两三个例子，第三段总结观点。考生自认为这样的作文材料丰富，文笔流畅，应该能得高分，可是结果往往并不如人意。这类作文的弊端就在于只是堆砌材料，所举例子和论点之间缺少必要的分析论证，使文章说理肤浅。议论文就是要摆事实、讲道理，以理服人。如果说不清道理，仅仅罗列一些事实，那么即使你的观点正确，也是难以让人心悦诚服地接受的。刘勰在《文心雕龙·论说》篇中说："论如析薪，贵能破理。"意思是说议论像劈柴，重要的是能够按照木材的纹理把它劈开。现代作家朱自清主张："文脉要清。"他们都强调说理应清晰、明确、有条理。说理是议论文的根本，俗话说，理屈则辞穷，理直则气壮，议论文写得好不好，文章深刻不深刻，与作者的分析说理有直接关系。

如何充分运用事例来论述观点，把论证推向深入？要学会灵活运用五种常见的论证方法：假言说理法、披文示意法、意义分析法、同类归纳法、正反对比法。下面具体举例说明。

1. 假言说理法

假言说理法就是用假设性的语言把事物之间的因果关系讲出来。如果你举的是正面例子，那么你就从反面来假设分析；如果你举的是反面例子，就应从正面来进行假设分析。

示例：

然而事实真的如此么？我想未必，假如三个臭皮匠真的顶一个诸葛亮，那刘备干吗要放下身段，三番两次地去请一个诸葛亮？当时臭皮匠多了去了，全国到处都是，他刘皇叔怎么没拉十个八个的臭皮匠当他的军师？其原因就不言而喻了。后来魏蜀吴三分天下，一大半都是孔明兄的功劳，假如刘备真请十个八个的臭皮匠为他出谋划策，估计他早被别人拉出去砍了，哪轮得到他后来称帝？

（《臭皮匠如何顶得上诸葛亮？》）

这段文字从反面论证了人才是立国的资本，众人集思广益，未必比一个高材更强的道理。

2. 披文示意法

披文示意法即引用一段文字，解释它的含义，在解释含义的过程当中能加深人们对引文的理解，使得这一段话更有说服力，更能证明观点。运用这种分析方法，一般可从阐释所引文字的含义入手，也可用在叙述事例之后，对事例进行评析。

示例：

王国维在《人间词话》中有这样一段论述："诗人对宇宙人生，须入乎其内，又须出乎其外。入乎其内，故能写之；出乎其外，故能观之。入乎其内，故有生气；出乎其外，故有高致。"

从这段话中，我们不仅能看出这位国学大师独特的为文之道，而且能感悟到其中蕴含的人生智慧：入能为之，出能观之，方能立于不败之地。

所谓"入"，也就是我们常说的"钻进去"。做事时全身心地投入是必要的，这样才能保证我们成事的决心和做事的效率。而浮于表层正是成功的死敌，浅尝辄止的结果是使我们像寓言里的那只鼹鼠，门门懂却无一门精，终究做不好一件事。

（《人生的"出"与"入"》）

上述引文较深邃，作者紧扣话题，巧解王国维独特的为文之道，引发自己对人生的深入思考："入能为之，出能观之，方能立于不败之地。"作者鲜明地亮出自己的观点，然后紧扣论点，分别从"入"和"出"两个方面深入分析说理，见解精辟，很有说服力。

3. 意义分析法

意义分析法就是叙述事实论据后用精练的语言揭示、评价事物或事件的效果、价值、影响，从而证明论点。

示例：

任何一个转折都是一个新的契机、一个新的机遇，一个个转折堆砌出生活的多彩。任何一个转折都是一次对生命的考验、一次与命运的较量，一个个转折也就成就了一次次生命的伟大与辉煌。所以，我要微笑着去面对，平静去迎接，勇敢去较量。相信转折之后会有春光的旖旎，会有燕雀的啁啾，会有一条更为宽阔的阳光大道。

（《站在人生转折处》）

这番议论以小见大，深入本质，揭示了转折的重大意义，凸现了中心。

4. 同类归纳法

同类归纳法指在列举多个典型论据之后，对这些论据进行比较分析，归纳总结出它们的共同点，以证明论点。

示例：

海的能量不仅蕴藏于中国古典文学，它于全人类的艺术领域都有巨大贡献。当莫奈怀着对自然的膜拜与对光的独特认识画出一片生机盎然的日出之海，当海明威笔下的老人与澎湃海洋做着殊死搏斗，当贝多芬聆听内心汹涌的潮声谱出震撼人心的命运之曲……艺术家面对大海的时候，他们看到的不只是海水，还有宇宙万物，他们听到的不只是浪声，还有心潮起伏。他们用独特的心去感悟海，去感悟人类世界，于是他们为人类留下的艺术珍宝又如何能用海水去度量？无论是印象画派还是《老人与海》抑或《命运交响曲》，这些诞生于海又比海更为广阔更为丰富的文化，值得全人类去传承发扬。

（《面对大海》）

这段文字运用了莫奈、海明威、贝多芬三位艺术家的事例，说明大海对艺术领域的贡献。它建立在诸多事实论据的基础之上，抓住了共性，使论证缜密，易于展现作者丰富的阅读积累和才情。

5. 正反对比法

正反对比法就是分别列举一正一反两个例子或抓住一个例子的正反两个方面加以对照并分析证明论点。

示例：

站在历史的海岸漫溯那一道道历史沟渠：楚大夫沉吟泽畔，九死不悔；魏武帝扬鞭东指，壮心不已；陶渊明悠然南山，饮酒采菊……他们选择了永恒。纵然谄媚污蔑蒙蔽视听，也不随其流扬其波，这是执着的选择；纵然马革裹尸，魂归关西，也要扬声边塞，尽扫狼烟，这是豪壮的选择；纵然一身清苦，终日难饱，也愿怡然自乐，躬耕陇亩，这是高雅的选择……在一番番选择中，帝王将相成其盖世伟业，贤士迁客成其千古文章。

而今天呢？有多少人在温柔富贵乡中神经疲软筋骨麻木？有多少人愿选择清贫，选择质朴，选择刚健？物欲横流流尽了血汗，歌舞升平平息了壮志，阿谀逢迎迎合了庸人，追名逐利害苦了百姓。千百年民族精神大气磅礴还有谁唱？五千年传统美德源远流长还有谁传？

（《选择永恒》）

这两段文字运用古今对比，旗帜鲜明，论证铿锵有力、掷地有声，彰显了文章的中心。

以上常见的论证方法不是截然分开的，常常是有机结合在一起的。总之，要重视对论据的分析议论，应力求精辟透彻、准确有力。论据是论证的基础，论证是论据的生发，两者都要围绕观点这个中心。当然，分析议论得深不深，关键在于认识。教材中的议论文和经典名篇都是我们学习的典范。只要我们熟练灵活地运用好这些方法，发诸真情把道理议深议透，就能使文章更显深刻，更富理性之美。

关注教师心理健康，促进学生全面发展

关注人的全面发展、关注人的身心健康是当下人们日益重视的一个话题。随着社会经济的迅速发展，生活节奏加快，就业压力加大，社会竞争日益激烈，人的心理压力也随之加大，不可避免地带来了许多心理问题。教师职业的特殊性决定了广大教师承受的压力较常人更重，他们的心理问题更是日益突出。而教师的心理状况会直接或间接地影响到教育教学效果，从而会对教育对象产生深刻的影响。这些问题已成为制约我国教育发展和全面推进素质教育的障碍。从这个意义上说，如果我们不关注教师的心理健康，学生的心理健康发展就无从谈起。《国家中长期教育改革和发展规划纲要（2010—2020年）》指出："要以学生为主体，以教师为主导，充分发挥学生的主动性，把促进学生健康成长作为学校一切工作的出发点和落脚点。关心每个学生，促进每个学生主动地、生动活泼地发展，尊重教育规律和学生身心发展规律，为每个学生提供适合的教育。"教师和学生是一个有机的教育整体，师生关系是学校环境中最重要的人际关系之一。良好的师生关系直接关系到教育教学的效果和目标的实现，关系到学生的心理健康和全面发展。由此可见，教师的心理健康问题不仅仅是个人的事情，也直接影响着学生的心理健康水平。所以，教师的身心健康关系到未来人才的培养和教育的发展，关系到素质教育的进一步深化。

一、教师心理问题现状及产生的原因

国家中小学心理健康教育课题组公布的一项调查报告结果表明，有51.23%的中小学教师存在心理问题。而我国正常人群的心理障碍比例是20%。即使在心理问题暴露得比较突出的美国，教师的心理障碍率也只有33%左右。由此可见，我国中小学教师的心理健康状况令人担忧。

从教师的职业特点来看，教师的教育对象是一群有着不同经历、禀赋、兴趣、能力、性格、情感、思想、行为、家庭背景的活生生的人，他们正处在成长的关键阶段，具有很强的模仿性、好奇心，又有一定的逆反心理。这些使得教师的劳动具有很大的复杂性，要求教师劳动的创造性比一般劳动的创造性更具有灵活性。如今，整个社会的就业压力和升学压力不断加大，这些压力都会转加给教师，会对教师的心理造成很大影响。同时，社会行业间发展的不平等、买房等生活重压、教师个人家庭生活状况等会使教师产生不同程度的职业倦怠、心理不平衡、焦虑不安等心理问题。

二、解决教师不良心理问题的对策

教师的工作是一项复杂的脑力劳动，是对身心与体力的挑战。教师的心理健康应引起社会的高度重视。

1. 学校策略

（1）学校领导应当树立现代教育观念，充分认识教师心理健康的重要性，努力营造宽松民主的校园氛围与和谐的人际关系，关心教师，帮助教师改善工作环境，为教师解决实际问题，让教师心情舒畅地工作。

（2）加强思想教育，提高教师的道德修养。要深入、广泛地开展以"敬业爱生、教书育人"为主题的各类活动，培养教师的敬业精神、工作责任心，使教师为新形势发展带来的激烈竞争做好充分的心理准备。

（3）加强校园文化建设，丰富教师的文化生活，培养教师的生活情趣，拓展教师的生活空间，提高教师的生活质量。让教师情感交流、宣泄的渠道畅通，使教师在活动中得到心理补偿。

（4）学校定期邀请有关人士举办心理健康讲座，指导教师掌握有关心理健康的理论知识，正确认识心理问题与心理疾病。为教师建立温馨的心理咨询室，开展谈心交流活动。

（5）努力改善师生关系，不断完善教师评价标准，让教师从学生的成长中、工作的成绩上体验到工作的成就感和职业的幸福感。

2. 教师个人策略

教师要主动、积极地提高自身心理素质，自觉补上心理健康这一课，形成良好的心理素质。

（1）了解自我，正确评价自我。要看到自己的长处及优势，乐观、积极，保持良好的心态。当工作中遇到挫折时，一方面能进行反思及自我教育，另一方面能客观地分析学生、家庭、社会等诸方面的因素，防止产生明显的挫折感。

（2）掌握心理健康知识，学会自我调节情绪，保持心理平衡。教师不能将烦躁冲动的情绪带入课堂，也不能将工作的烦恼带入家庭，要学会放下烦恼，要善于"走出去"，可以通过培养广泛的兴趣爱好转移不良情绪，消除心理疲劳，保持良好的心境和积极的工作态度。

（3）乐于交往，形成融洽的人际关系。优秀的教师往往善于调整自己的社会角色，保持自身与社会的平衡，这也大大降低了繁重工作带来的心理压力。

（4）把学到的心理健康知识、方法运用到自己的家庭生活中去，改善自己与配偶、子女的关系，创造美好幸福的家庭生活。学会转变角色，体会幸福人生。

（5）克服职业倦怠，积极进德修业。在工作的成就感中获得职业的幸福感。

三、积极开展行动研究，促进心理健康教育可持续发展

教师自身素质的提高是解决心理健康问题的关键。引导教师积极开展行动研究，可以帮助教师提高自身素质，解决心理健康教育中存在的许多棘手问题，使心理健康教育获得可持续发展的潜力。

教师是研究的主动者，在自己的教育教学实践中遇到问题，寻找解决途径（做出设想、计划），应用解决途径（开始行动），分析结果（考察行动结果），进行反思，悟出道理，获得理论，提高自身。整个过程具有较强的动态性。

（1）教师既是行动研究的主体，又是研究对象。开展心理健康教育的关键是营造一个适合学生心理健康发展的生态环境，因此教师的心理健康程度、教师对心理健康知识的掌握程度、教师进行心理健康教育的能力都会直接影响学生的心理健康。如果教师仅仅停留于以自己的实践经验为指导上，不但发展速度缓慢，发展质量也不能适应时代的要求；相反，如果教师从自己的教育实践中加强反思，开展行动研究，就可以促使自己的经验升华，科学地利用自己和他人的经验、理论，促进自身素质的提高，为心理健康教育的可持续发展注入新的力量。

（2）抓住机遇，因势利导，促进师生心理健康的全面发展。教师可以根据学生的实际和教学实际，结合学科内容，对教材中的心理健康素材进行再创造，寻找最佳的教学策略，使之更贴近学生的实际心理需要。在师生的互动中，不断地反思、改进自己的教学行为，促进师生心理健康的全面发展。

教师的教育成果不仅包括学生的考试成绩，还包括作为整体的学生。心理健康教育是一种全人教育，因此，在衡量教师的教育成果时，不能把学生割裂开来看，只看重学生的学科成绩，而要对学生的全面素质做评定，甚至包括对学生的潜质发展进行追踪研究。所以行动研究是一项螺旋上升的发展性研究，是动态的，是随着学生的发展、教师的发展、教育的延伸而不断发展的，这就为教师的发展拓展了空间，使教师在从事教育工作时着眼于学生的发展，着眼于自身的不断提高，而非把教育变成急功近利的短期行为。

（3）采取多种行动研究方式，多渠道提升自己。教师可以回味教学过程，分析收获和不足之处，及时进行教学反思，或抓住典型案例进行分

析，或通过示范课、研讨课、评优课等方式进行行动研究。不但自己这样做，而且可以约请同事、有经验的教师、有关专家共同进行个案剖析，反复研讨，这样效果会更好。

四、以课堂教学为主渠道，不断探索心理健康教育的课堂教学模式

学校的中心工作是教学，课堂教学是学校教育的主渠道，教师需不断探索适合学生全面发展的课堂模式。一是教学内容要符合学生成长的需要，教师不仅要深入到学生中去，还要在教学理念、选材等方面与学生实现心灵的沟通。二是课堂教学形式要活泼多样，要有利于学生的身心发展，有利于创设学生自我教育的氛围。三是在教学方法上多采用讲读法、讨论法、辩论法等。教师要努力让学生掌握调整心理的科学知识，使学生能够运用所学知识，理智地控制自己的情绪，科学地与人交往，有意识地培养良好的意志品格，坦然地面对生理的变化，冷静地面对繁重的学习任务，提高抗挫折能力。教师还应充分运用现代化教学手段，使学生在学习和自我教育中掌握调整自己心理的科学技能。

心理教育是 21 世纪教育中不可或缺的部分，而教师良好的心理素质则是这一工作得以顺利进行的必要保证。只要教师开展行动研究，心理健康教育和教育教学就会融为一体，教师的主体性、主动性、创造性就会被激发出来，心理辅导也就不再是被动的，而是乐于为学生提供心理服务的主动行为，教师就能成为学生心理健康的自觉维护者，会自觉地运用心理教育理论指导教育教学，同时自身的心理健康程度和研究能力会有很大提高，从而促进自身的专业化成长。而教师的专业化成长又有利于促进学生的心理健康。教师自身的反思，有助于教师改进教育教学行为和辅导行为，促进教育观念的转变，从而更懂得尊重学生、接纳学生、赏识学生，在一定程度上改善学生的学习生活环境，构建良好的师生关系，并促使学生更多地参与教学、进行探索、体验成功；学生也会由被动走向主动，成为自主发展的主人。

今后，我们还必须进一步加强行动研究，尤其是开展教师、学生典型的个案跟踪研究。相信在教师、学校和社会的共同努力下，教师的心理素质必然会发生可喜的变化，学生也会得到更好、更全面的发展。

教材管窥

　　教材既是知识的载体，也是师生共同探究新知、获得发展的媒介，其重要性不言而喻。随着课程改革的深入和推广，教师不再是课程的被动实施者，而应成为课程的主动设计者。教师教学时应依据教材，但不拘泥于教材，根据教学需要调整、整合、充实教材内容，进行教学设计，引导学生开展自主、合作、探究性学习，在互动与交流中形成新的知识，实现对教材的超越和创新。

《登高》教学设计

【教材依据】

人教版高中语文必修 3 第 2 单元第 5 课

【设计思想】

高中语文课程标准指出，高中语文课程应关注学生情感的丰富和发展，让学生受到美的熏陶，培养自觉的审美意识和高尚的审美情趣，培养审美感知和审美创造的能力。唐代诗歌是我国传统文化的精髓，学生往往觉其美而不知其为何美。诗歌教学的关键是引导学生口诵心惟，感受诗景，体味诗情，领悟诗意，在此基础上培养理解能力、鉴赏能力和审美情感。诗景、诗情、诗意皆以文字为载体，品味诗歌凝练且富有表现力的语言，充分把握文字组合的张力，是品读、鉴赏诗歌的抓手。杜甫的诗歌炼字精深、寄寓深广，情感深沉悲壮。学生虽然掌握了一定的品读、鉴赏诗歌的方法，能初步理解诗歌的感情基调，但要深度感悟还有一定的困难。所以，反复吟诵、咀嚼诗句，便是赏景、悟情、会意的基本途径。古今名家对杜甫诗歌的评价、对同类诗歌的品味比较，是培养学生的问题意识、探究意识的极好凭借。"歌吟总带忧民泪，颠沛仍怀爱国心。"杜甫的诗歌蕴含着深沉的忧国忧民之情，即使在他穷途末路之时也丝毫不减，杜甫终其一生都把个人看得极其渺小，而将国家和人民的命运视为人生的终极关怀，这种高尚的情操在社会主义精神文明建设面临严峻考验的今天尤为可贵。因而，在引导学生掌握诗歌鉴赏的规律和方法的同时，更重要的是使学生懂得汲取作品中的思想精髓，使他们拥有积极向上的人生观，为学生的终身发展奠定基础。

【教学目标】

1. 知识与能力：

（1）了解作者生平、写作背景、杜甫诗歌的创作风格，准确把握诗歌中的形象。

（2）赏析情景交融的抒情方法，掌握知人论世的鉴赏方法，提高对诗歌思想内容和艺术特色的鉴赏能力。

（3）背诵诗歌，积累名句。

2. 过程与方法：

（1）反复诵读，把握节奏。

（2）分析诗歌中的意象，品味语言，准确理解诗意，体味作者深沉的思想感情。

3. 情感态度与价值观：

感受杜甫于漂泊中寄寓的老病孤苦、情系邦国、忧国忧民、兼济天下的博大情怀。

【教学重点】

1. 感受杜甫漂泊中的社稷情怀。

2. 赏析诗歌情景交融的抒情方法、知人论世的鉴赏方法，提高诗歌鉴赏能力。

【教学难点】

1. 赏析诗歌情景交融、气象恢宏的艺术特点。

2. 体味杜甫诗歌沉郁顿挫的风格，感受杜甫漂泊中的社稷情怀。

【教学准备】

1. 要求每位学生课前查阅杜甫的相关资料，充分了解杜甫的生平、创作诗歌的背景，积累喜欢的杜甫的诗句，为知人论世、理解诗人的情感和创作风格做准备。

2. 为学生激情诵读，准备背景音乐。

3. 制作教学课件。

【教学过程】

一、课堂导入

师：杜甫与李白同为唐代诗坛上的巨人。安史之乱是唐代由盛转衰的分界线。这条分界线把这两个巨人分隔开来：李白往山顶走，头是仰着的，看到的是无尽的蓝天、悠悠的白云和翱翔的雄鹰，因而心胸开阔、歌声豪放；杜甫往山下走，头是低着的，看到的是崎岖的小径、阴暗的深沟，因而忧心忡忡、歌声凄苦。在他孤老病苦人生的穷途末路之时，他想到的是什么？又有怎样的情怀呢？今天就让我们一起学习被称为"古今七言律诗第一"的《登高》。

二、朗读吟诵，感知韵律

1. 请学生一起朗读诗歌，读准字音，体会节奏，读懂句意，初步感悟景色特点、感情内容。

2. 让学生自评自纠，教师恰当指导。

诗歌中最能体现作者情感的一个字为"悲"，"恨"和"哀"与之呼应。全诗的感情基调是哀愁、苦痛、悲愤，读时感情应深沉、悲凉。"万""悲""常""多""病""独"应重读，"无边落木""不尽长江"应读得急，"常作客""独登台""繁霜鬓""浊酒杯"应读得缓，读得有沧桑感。

3. 请1～2名学生朗读。

三、品读鉴赏，感悟情境

1. 学生提出在预习过程中遇到的问题及困惑。

教师收集学生提出的问题并归类，然后按照先主后次、先集中后个别等逻辑顺序逐一解决问题。

2. 问题预设：这首诗前两联以写景为主，后两联以抒情为主，描写了作者身逢战乱、漂泊他乡、年老孤苦，在重阳节登高远望雄浑、旷远、悲壮的秋景，表达了孤独悲伤、时光易逝、壮志难酬、忧国忧民的复杂情感。全诗的感情基调是"悲"，作者内心的"悲"是如何传递出来的是鉴赏的核心，因此教学应围绕此问题展开。

3. 学生自由发言，讨论探究，对于难度大的问题可以进行合作探究。教师就学生的发言进行引导、分析，提示要注意分析物象与渗透诗人主观感情的修饰词。

示例1：首联——风急天高猿啸哀，渚清沙白鸟飞回。

明确：选取了风、天、猿、渚、沙、鸟六种意象，营造了苍凉、孤苦的意境。情感哀婉孤独，悲自然之秋。

"急"写出了"风"的迅猛、强悍。能否换成"疾"？"疾"表示速度快，而"急"还让人感到冷，既有身体上的感觉，更有心灵上的感觉。

"高"写出了天的辽阔、旷寂，显示出人的渺小、孤单。

"啸"是长声的吼叫，声音大，有震撼、悲壮之感。能否换成"啼"？"啼"字声音小，如鸟啼声，而"啸"字更能表达悲伤的情绪，不能换成"啼"。而且"啸"与"哀"相配合，写出了猿声凄厉、哀愁，渲染了悲凉、凄冷的氛围，催人泪下。夔州一向以猿多著称，峡口以风大闻名，秋天天高气爽，此处却猎猎多风，诗人登高望远，峡谷中不断传来高猿的长啸，的确有"空谷传响，哀转久绝"的意味。

"鸟飞回"是鸟在急风中不住地回旋翻飞，突出风的强劲、天地的高远以及人的渺小。毛泽东"鹰击长空"中的鸟，是一只充满活力与朝气、富有搏击力量的鸟。"鸟鸣山更幽"中的鸟是一只悠闲自在、快乐的鸟。作者眼中的鸟是怎样的？令人想起"飘飘何所似，天地一沙鸥"。眼前的景勾起诗人的悲凉情绪。这是一只孤独苦闷的鸟，写出了诗人孤独苦闷的情感。

示例2：颔联——无边落木萧萧下，不尽长江滚滚来。

明确："无边"写出落叶之多，"萧萧"是拟声词，声中有形。让人联想到人生短暂，在动荡不安的岁月中，自己也如随风飘零的落叶一般。

提问：把"落木"换成"落叶"，行不行？

林庚在《说"木叶"》中写道："它（'木'）仿佛本身就含有一个落叶的因素。……'木'不但让我们容易想起了树干，而且还会带来了'木'所暗示的颜色性。……至于'落木'呢，则比"木叶"还更显得空阔，它连'木'这一字所保留下的一点绵密之意也洗净了。""落木"写出树木的叶子已经稀疏，叶子枯黄、飘零，突出秋意高远、浓重。

"不尽"呼应"无边"，"滚滚"不仅写出江水源远流长，还写出江水滔滔的气势。"子在川上曰：'逝者如斯夫！不舍昼夜。'"江水日夜流淌，永不停息，让人想到时光易逝，时间永恒，想到"滚滚长江东逝水，浪花淘尽英雄，是非成败转头空，青山依旧在，几度夕阳红"。短暂的人生在永恒的时间面前显得愈发短暂，令人感慨万千。

比较：

木落雁南渡，北风江上寒。	——孟浩然《早寒江上有怀》
老树呈秋色，空池浸月华。	——刘得仁《池上宿》
秋风生渭水，落叶满长安。	——贾岛《忆江上吴处士》
秋风落叶满空山，古寺残灯石壁间。	——皎然《秋晚宿破山寺》

杜甫的这首诗意境阔大，情感悲凉而不哀怨，感伤而不消沉。

学生齐读前四句。"深于言情者，正在善于写景。"以上四句悲秋写景，为下文抒情做了铺垫——融情入景，景中已自有情。

示例3：颈联——万里悲秋常作客，百年多病独登台。

提示：作客——常作客——悲秋常作客——万里悲秋常作客

　　　　登台——独登台——多病独登台——百年多病独登台

明确：宋人罗大经评论道："万里，地之远也；悲秋，时之惨凄也；作客，羁旅也；常作客，久旅也；百年，暮齿也；多病，衰疾也；台，高迥处也；独登台，无亲朋也。十四字之间含有八意，既对偶又精确。"千愁万绪集于一端，八重悲意层层叠加，一字一悲，一句三叹，情感更趋沉郁，诗意更见悲慨。

思考：如果说"登高之意悲九重"的话，还有一重悲指什么？

示例4：尾联——艰难苦恨繁霜鬓，潦倒新停浊酒杯。

明确："艰难"指国家的命运和自身的命运。"苦"指极。"苦恨"指极其遗憾。"繁"是形容词，指繁密，在此有厚重之意。"繁霜鬓"指像厚重白霜似的头发，是说自己头发已经白了，年纪大了，不能为国效力了。想为国事尽力而不能，想借酒浇愁而不得——让杜甫悲愁郁结，不得排遣，更是悲上加悲，悲愤难耐！

诗人居无定所，颠沛流离，生活困顿，悲自然之秋，悲人生之秋，悲国家之秋，层层郁闷无法排解。诗人悲叹、悲愤、悲咽，让我们情感悲凉；诗人悲秋、悲己、悲国，让我们深陷悲思。

诗人在垂暮之年，在深秋时节，独自登高远望，纵目山河，俯仰天地，可谓壮怀激烈，慷慨悲歌。这里有对自然秋景的悲伤，有对自身命运的嗟叹，更有对国家命运的忧虑。读这首诗，我们体会到诗人在漂泊无依时依然执着地忧国忧民的社稷情怀。因而古人称此诗为"古今七言律诗第一"。

请1～2名学生朗读这首诗。

四、拓展提升，感悟品格

江　汉

杜　甫

江汉思归客，乾坤一腐儒。

片云天共远，永夜月同孤。

落日心犹壮，秋风病欲苏。

古来存老马，不必取长途。

【注】大历三年（768）秋，杜甫漂泊至湖北公安。这里地处长江、汉水之间，所以诗题为《江汉》。

（1）"片云天共远，永夜月同孤"运用了什么表现手法？抒发了怎样一种感情？

明确：作者运用寓情于景的表现手法，抒发了自己跟一片浮云齐飘远天，与一轮孤月共度长夜的飘零落寞之感。

（2）"落日心犹壮，秋风病欲苏"表达了作者怎样一种精神？"古来存老马，不必取长途"的言外之意是什么？

明确：表达了作者自强不息、锲而不舍的顽强精神。最后两句的言外之意指自己虽已年老，但自信还有一定的才识。

诗人长期飘零，历尽艰辛，至老仍如浮云行止无定，心中颇多感慨。但他并未因处境困顿和年老多病而悲观消沉，诗中依然表现出"烈士暮年，壮心不已"的精神。

五、课堂总结（配乐《二泉映月》）

师：闻一多曾评价杜甫为"四千年文化中最庄严、最瑰丽、最永久的一道光彩"。我想正是因为杜甫"歌吟总带忧民泪，颠沛仍怀爱国心"，终其一生都把个人看得极其渺小，而将国家和人民的命运视为人生的终极关怀，才被称为"诗圣"。别林斯基说："没有一个诗人能够由于自身和依赖自身而伟大，他既不能依赖自己的痛苦，也不能依赖自己的幸福；任何伟大的诗人之所以伟大，是因为他的痛苦和幸福深深植根于社会和历史的土壤里，他从而成为社会、时代以及人类的代表和喉舌。"让我们怀着崇敬的心情一起背诵这首诗。

指名学生背诵这首诗。在背景音乐中结束这节课。

六、布置作业

1. 诵读并比较杜甫的《旅夜书怀》和《蜀相》。
2. 将《登高》这首诗改写为一篇短文。

学习评价表

互　动	评价项目	评　价　等　级		
		优	良	差
教师活动	设计环节			
	组织研讨			
	学法指导			
	点拨归纳			
学生活动	学习兴趣			
	参与人数			
	思维状态			
	掌握方法			
	发展提高			

【教学反思】

文本是学生与作者、教师进行心灵对话的媒介，阅读是作者的思想感情的再现，是对艺术之美的欣赏与再创造。作者的思想感情或隐或显地渗透在形简义丰、体约文博的语言文字之中，而学生的情感体验、价值观念的形成等都要靠对文本的反复研读，所以语文教学必须返璞归真，一头扎进文本。

诗歌教学必须返璞归真，抓住文本，应体现在两个方面：一是反复诵读，掌握诵读规律，熟练背诵；二是通过情感激发、语言品味、意理阐发等手段，让人体验到一种富有文化气息的、令人陶醉的诗意美感与自由。此外还必须关注学生的生命体验，不断激发学生学习语文的兴趣，提高学生的语文素养，提升学生的人生境界。这是语文教学的宗旨。

这篇教学设计有三个亮点。

一是尊重学生的情感体验和个性体验，最大限度地挖掘文本的内涵，运用比较、想象等诗歌鉴赏方法，让学生充分把握了文字组合的张力，理解了杜甫诗歌炼字精深、涵盖深远的特性，将淡淡一字、平平一语读出了情趣，读出了深意，读出了经典之美，同时使学生掌握了诗歌鉴赏的方法。

二是教师基本功扎实，注意创设情境，语言优美，体现了语文课美的内涵。教师精心选取《二泉映月》做配乐，贴近杜甫诗歌沉郁悲凉的感情基调，使学生始终能沉浸在作者的诗情诗境之中，沉浸在欣赏经典的审美活动中，充分调动了学生学习的积极性。

三是将语文的工具性与人文性结合起来，把鉴赏方法的引导、质疑思辨良好习惯的养成与优秀品质的培养、高尚精神的追求结合起来，为学生的终身发展服务，真正体现了语文教学的有效性和生命力。

但是这篇教学设计也存在一些不足之处，如学生诵读的方式略显单一。

《庄子：在我们无路可走的时候》
教学设计

【设计思想】

高中语文课程标准指出，高中语文课程必须充分发挥自身的优势，使学生通过优秀文化的浸染，塑造热爱祖国和中华文明、献身人类进步事业的精神品格，形成健康美好的情感和奋发向上的人生态度。这就极其鲜明地表明：语文教学要培养学生良好的精神品质，为学生的健康成长、终身发展服务。所以，语文课堂的有效性并不体现在纯粹的知识传授上，教师应抛开应试的镣铐，使学生在掌握阅读的规律和方法、读懂文章的基础上，学会对生活、对社会进行深入的思考，更要努力培养学生高贵的人格、清洁的精神，使他们在身处逆境的时候，拥有积极向上的人生态度，能够做出正确的选择。当学生懂得汲取文章的精髓来影响自己的人生时，我们的语文教学才是有效的、有生命力的，才能为学生的终身发展奠定基础。

这篇文章是论及庄子思想的哲理性散文，它以生动的比喻、典型的事例、辩证的分析，赞美了庄子清洁的精神、高贵的人格、博大精深的思想。文中的一些语句较深刻，学生理解起来有一定难度。要深刻认识庄子的哲学境界，高效有序地解读这篇哲理性散文，学生要在理解文章内容的同时，具有质疑思辨精神、读思结合的良好习惯。高三学生已具有一定的阅读基础，反复阅读文章，便能对庄子的为人、个性特点有所把握，但要品味文中一些语句的深刻含义、深入地评价庄子的哲学思想、欣赏庄子的哲学美等还需要教师点拨。

【教学目标】

1. 知识与能力：

（1）领会作者对庄子精神世界的解读。

（2）把握作者写作本文的意图。

（3）品味文章的语言美。

（4）培养动脑动手、质疑思辨的能力。

2. 过程与方法：

（1）运用圈点批注法，让学生充分与文本对话，写出点评，记录下自己在阅读过程中的感受、理解、评价和质疑。再与全班同学交流，学生相互答疑，教师引导。

（2）抓住倾注作者强烈思想感情和富有深刻理性思考的语句进行阅读分析，理解重点词语、句子，整体把握文章的基本观点，理清思路。

（3）运用讨论法、点拨法，探究质疑，披文入情，披文入理，探究并理解文章的题目，揭示文章的主旨，进而理解文章深层的文化内涵。

（4）进行课外阅读，进一步质疑思辨，读写结合，培养良好习惯。

3. 情感态度与价值观：

正确评价庄子的精神世界，学习庄子甘于清贫、不为权利所诱惑、追求自由、保持自身高洁的精神，努力培养学生高贵的人格、清洁的精神和积极向上的人生态度。

【教学重点】

1. 理解庄子拒绝礼聘的原因及作者对此所做的评价。

2. 理解文章中一些重要语句的含义。

3. 理解庄子的精神及作者写作本文的意图。

【教学难点】

品味作者的语言，理解其深刻的思想，认识庄子的哲学境界，理解文章深层的文化内涵。

【教学准备】

学生课前做好预习。

1. 解决所有字词，能准确读音，正确释义。

2. 了解有关庄子的故事和成语。

3. 理清文章的结构层次，画出自己心存疑问之处。

4. 阅读课文，对重点词语、句子或语段进行圈点批注。

【课时安排】

1 课时

【教学过程】

一、检查课前预习情况

福祉（zhǐ）：福气；幸福。

幻化无方：变化无穷。

惊魂甫（fǔ）定：经过惊吓后的心情刚刚安定下来。

朝暾（tūn）夕月：早晨刚出的太阳和夜晚的月亮。

仰之弥高，钻之弥坚：出自《论语·子罕》，意思是愈仰望愈觉得其崇高，愈钻研愈觉得其艰深。

槁项黄馘（xù）：面黄肌瘦。馘，脸。

曳尾涂中：拖着尾巴在泥水中。涂，泥。

以此悬的（dì）：文中的意思是不能用这种清洁的精神滋养出拒绝诱惑的惊人内力为标准来衡量每一个人。的，标准、准绳。

谬悠：虚空悠远。引申为荒诞无稽。

清风夜唳（lì）：夜里清风吹拂，有禽鸟发出鸣叫之声。

二、课堂导入

师：同学们，人生充满了波折和苦难。身处逆境，有的人随波逐流，与世俗同流合污；有的人则正视人生中的苦乐顺逆，勇敢面对生活中的选择和考验，拥有积极向上的生活态度和通达乐观的健康人格，在逆境困苦中不失尊严，淡泊名利，坚守自我，保持自身的高洁，坚持自己的追求。这是怎样的一种豁达的情怀啊！庄子就是这样一个在饥寒交迫中坚守心灵的人。今天让我们共同学习《庄子：在我们无路可走的时候》，让我们与作者共同解读庄子的哲学境界，走入庄子的心灵世界吧！

三、我所知道的庄子

请学生讲讲自己知道的关于庄子的故事和成语，说说他是怎样的一个人。（故事示例：庄周梦蝶、濠上观鱼、望洋兴叹、惠子相梁等）学生可以说出自己对庄子的初步印象，为后面深入认识庄子的精神世界做铺垫。

四、多重对话

1. 学生与文本的对话。

（1）请学生写出自己想与文本说的真实话语，记录下自己在阅读过程中的感受、理解、评价和质疑。

（2）给学生充足的时间，让学生敞开心扉与文本对话。教师巡视，注意指导。

2. 学生与教师、同学的交流对话。

先请同桌二人互相读自己写的与文本的对话，并展开讨论，把不同意见记录下来，准备在全班与教师和同学交流。

全班交流，教师点拨。

（1）整体感知，理清思路。

全文可分为三部分。

第一部分（第1自然段）：写读《庄子》的特殊感受，反映了作者对庄子这位天才圣哲的由衷赞美。

第二部分（第2～第7自然段）：通过庄子拒绝楚王礼聘的故事，反映了庄子对权势利禄的鄙弃和对自由人生的追求，表现了他固守自己的处世准则，自觉拔于流俗、傲岸独立的清洁的精神。

第三部分（第8～第10自然段）：对《庄子》一书中展现的"哲学困境"进行概括分析，揭示出庄子精神世界的实质。与第二部分点面结合、表里生辉，完成了对哲人庄子和庄子哲学完整的勾勒，并与第一部分形成因果呼应，从而使潜藏于字里行间的写作意旨在读者心目中更加明朗化。

（2）将文中蕴含着作者强烈思想感情的句子找出来，有感情地朗读，体会作者的情感和对庄子的态度，并说说这些议论和抒情的作用。

教师点拨：

① 第1自然段

开头用类比的手法说明，我们读《庄子》时会因自身的局限而感受到一种无所适从的美。《庄子》意象奇特，荒诞不经，让人摆脱世俗，豁然开朗。它意蕴深邃，永远有我们不曾涉及的境界。最后表达了作者对庄子的敬仰之情。

（要圈点批注的关键词句有"当一种美，美得让我们无所适从时，我们就会意识到自身的局限""幻化无方、意出尘外、鬼话连篇、奇怪迭出""我们的视界为之一开，我们的俗情为之一扫""他永远有着我们不懂的地方……永远有着我们不曾涉及的境界"等。）

② 第2～第7自然段

作者采用了对比的手法评价了庄子在濮水边垂钓的故事。将姜太公与庄子进行对比，同样是钓鱼，姜太公的目的是想得到周文王的赏识，为人所用，具有极强的追求权势的愿望。而庄子是真心真意地钓鱼，为的是填饱辘辘饥肠。庄子面临着水中从容不迫的游鱼和楚国的权利这双重诱惑，不经意地推掉了在俗人看来千载难逢的发达机遇，宁愿曳尾于涂中。说明他鄙弃的是失去自由的荣华富贵，追求的是自由自在的快乐生活。表现了他淡薄功名利禄、追求自由生活的不羁性格。作者认为庄子具有超凡绝俗的大智慧，具有一种清洁的精神、惊人的内力，在文化屈从于权势的传统中，是为数不多的拒绝权势媒聘、坚决不合作的典型。

（要圈点批注的关键词句有"威福""闲福""姜太公用直钩钓鱼，用意却在钓文王……而比姜太公年轻得多的庄子，此时是真心真意地在钓鱼""真的需要一条鱼来充实他的辘辘饥肠""这是生命中不能承受之'重'""不经意地推掉了在俗人看来千载难逢的发达机遇""看成了无聊的打扰"等。）

③ 第 8～第 10 自然段

全班有感情地朗读第 8 自然段，品味语言，谈谈这一自然段在写法上有什么特点。

"这是由超凡绝俗的大智慧中生长出来的清洁的精神，又由这种清洁的精神滋养出拒绝诱惑的惊人内力"，表达了对庄子在物质贫乏甚至温饱难保的情况下能够自觉抵制权势媒聘的诱惑、洁身自好的可贵精神的由衷赞美。这里"清洁的精神"指的是洁身自好、拒绝权势等利益的诱惑，绝不与世俗同流合污的精神。

"是的，在一个文化屈从权势的传统中，庄子是一棵孤独的树，是一棵孤独地在深夜看守心灵月亮的树。当我们大都在黑夜里昧昧昏睡时，月亮为什么没有丢失？就是因为有了这样一两棵在清风夜唳的夜中独自看守月亮的树。"这里"月亮"指心灵，以皎洁的月亮比喻纯洁的心灵。"树"指不屈从权势的人。"月亮"指不屈从权势的傲岸、独立的文化精神。作者感情喷薄而出，借助极富有诗歌意境的语言，不仅表达了对庄子绝世而独立的人格的高度赞颂，而且十分生动形象，感染力极强。正是因为有了庄子这样超凡脱俗的具有清洁精神的坚守者，我们的文化精神才没有没落。

"一轮孤月之下一株孤独的树，这是一种不可企及的妩媚。"作者以诗一般的语言描绘出高远苍凉而又令人感动的意境，表达出对庄子由衷的赞美！

（要圈点批注的关键词有"超凡绝俗""清洁的精神""拒绝权势媒聘、坚决不合作""文化屈从权势""孤独""看守""心灵月亮""不可企及""妩媚"等。）

在中国几千年文明的历史长河中，我们的精神家园从没有丧失，就是由于有了庄子这样的参天大树，有了这样具有高贵的人格、清洁的精神的守望者。你还能列举出这样的人吗？

第9～第10自然段谈的是庄子的精神境界及作者对庄子的态度。《庄子》的核心是对人类的怜悯。庄子的精神世界是矛盾的两个方面不断冲突的内心世界。一方面，他对人类充满怜悯，最多情，最温柔宽仁，最敏感，因而最脆弱，最易受到伤害；另一方面，他对污浊黑暗的世界冷眼看穿，冷酷犀利。庄子的精神世界是一个"哲学困境"。正因为他所处的时代充满罪恶和黑暗，因而他的笔锋偏激、怪诞、孤傲，充满辛酸和血泪。

（要圈点批注的关键词句有"怜悯""最多情""最虚弱""最脆弱""最温柔""最敏感""最易受到伤害"等。）

让学生自己概括总结阅读规律和阅读方法。

五、深入探究，质疑思辨

文章标题为什么命名为《庄子：在我们无路可走的时候》？能否将"我们"一词去掉？

教师点拨：若有学生认为可以，提出理由为"文章通篇写的是庄子，在面临极端窘迫的生活困境时，拒绝楚王的礼遇和重聘，表现了庄子自由的秉性、清洁的精神"。应肯定这种观点有一定道理，但要指出其理解得不够全面，探究得不够深入。要引导学生深入文本，进一步探究。"我们"是课文的立足点，作者赞美庄子清洁的精神的可贵，是想告诉我们生命和心灵的自由比权势媒聘更有价值，启示我们即使在无路可走的时候，也应当学习庄子，用犀利的目光洞穿一切黑暗和罪恶，用温柔的心灵关爱众生；即使在最无可奈何的时候，也要做一棵"看守心灵月亮"的大树，要保持自身的独立，不与世俗同流合污，要维护做人的自由和尊严。这正是作者写这篇文章的目的。

六、课堂总结

师：在文化屈从于权势的传统中，不论环境多么险恶、命运多么悲苦，由于庄子这些大师们拒绝了种种诱惑，保持着精神上的独立性，坚决不与权势者同流合污，守护着人类的精神家园，才使我们的家园有了一方净土。如今，由于物质繁荣，社会上物欲横流，一些人道德沦丧、人格扭曲，人类的精神家园受到被挤占、被侵吞的严重威胁。希望每一个同学以庄子这些大师们的思想、智慧和人格的光芒照耀自己，激励自己，不断完善自己，这样我们的生命会变得饱满而充盈，我们的精神家园会日益繁盛而美好。

七、课外阅读，学有所思

让学生在课外阅读鲍鹏山的《庄子：永恒的乡愁》、王蒙的《守住人生的底线》、周所同的《庄子的草帽》等文章，结合本文，写一篇题为《我所认识的庄子》的文章，不少于 600 字。

【教学反思】

这篇教学设计有三个亮点。

一是尊重学生的情感体验和个性体验。初识庄子与学后思辨结合、读写结合，课内阅读与课外阅读结合，培养了学生良好的学习习惯。教师把大部分时间还给了学生，让学生成为学习的主人，让学生圈点、批注、点评，真正让学生动脑、动手，问题来自学生，并由学生解决，让学生合作、探究，实现了生生合作，大大调动了学生的学习积极性，教师只是学生学习的合作者、分享者、引导者，是激活学生思维的催化剂。

二是将语文的工具性与人文性相结合。阅读方法的引导、质疑思辨的良好习惯的养成与高贵品质的培养、清洁精神的追求相结合，为学生的终身发展服务，真正体现了语文教学的有效性和生命力。

三是读、思、写三者紧密结合。文本只是个引子，思辨是习惯，课外阅读是延伸，是更深入的探究。读又是写的基础，大量阅读后的思考是已有认识的螺旋式的上升。

但是这篇教学设计也存在一些不足之处，教师没有大胆放手让学生交流、点评、探究。

《林教头风雪山神庙》（第 1 课时）
教学设计

【教材依据】

人教版高中语文必修 5 第 1 单元第 1 课

【设计依据及教材分析】

小说是人生的"百科全书"，阅读小说可以开阔视野，陶冶情操，提高我们的文化素养及审美能力。本单元与必修 3 的第 1 单元相呼应，必修 3 的第 1 单元强调了小说中人物的形象和语言。本单元学习偏重于把握小说的主题和情节。鉴赏小说，最主要的是关注人物形象，小说总是把主题思想隐藏在人物形象当中。欣赏人物形象，必须注意情节、环境与人物的关系。情节往往体现人物性格形成、发展的过程。人物形象是在一系列事件、矛盾冲突中得到充分的表现和刻画的。本文中林冲的人生悲剧就是由一个个事件连缀起来的，他的性格也在情节的发展中丰满地呈现在读者的眼前。而环境是人物存在的背景，为小说提供了时间和空间的范围。当然，在欣赏人物的过程中也要注意把握人物性格的多样性和复杂性。

学习这个单元，要注意把握小说的主题和情节。把握主题，一是要理解作品蕴含的感情，了解作者的写作意图；二是要从人物、情节、环境这三个方面进行分析。分析情节，要注意情节是怎样展开、发展，直至结束的，矛盾又是怎样解决的。此外，还要注意细节描写，体会小说刻画人物的艺术特色。

本文节选自《水浒传》七十一回本第十回，课文主要写高俅指使陆谦、富安等人设下毒计，企图置林冲于死地，林冲遭到陷害，被充军发配到沧州。由于鲁智深、柴进的保护和帮助，林冲一路上不仅免于被害，到沧州后还被派到天王堂当看守。《林教头风雪山神庙》是林冲由逆来顺受、委曲求全走向反抗道路的重要章节，也是封建社会"官逼民反"的最典型的例子。学习本文，可以帮助我们认识封建社会被压迫者走上反抗道路的必然性。课文在写作上采用了通过语言描写、动作描写、心理描写来塑造人物形象的方法，同时运用景物描写来渲染气氛，烘托人物，深化主题。掌握描写方法，是学生学习这篇课文的重点。在具体的教学过程中，教师应该多鼓励学生进行探究性的学习。学生在自主学习探究故事情节的过程中，要注意把握林冲这一人物形象的性格特征，进而领悟文章"官逼民反"的主题。

【学情分析与学法指导】

学生已经学过两个单元的小说，已能了解小说的基本要素和主要特点，并对本文节选故事的情节、人物形象、主题思想等内容也能大体把握。组织本课教学时，教师如果只是停留于对课文的情节及人物的语言、动作、心理等的逐条分析上，必然会使课文变得支离破碎，从而使学生毫无兴趣。若能够抓住一点，深入挖掘，分层阅读，则能激起学生自主探究的欲望，开启学生的思维，收到良好的教学效果。

【教学目标】

1. 知识目标：

掌握林冲这一人物形象的塑造方法和意义，理解作品的主题。

2. 情感目标：

通过分析人物的语言、动作、心理，了解林冲由逆来顺受、委曲求全到奋起反抗的思想性格的发展变化，认识他走上反抗道路的必然性，了解封建社会"官逼民反"的事实及其必然性。

3. 能力目标：

通过学习本文，掌握分析小说的技巧和鉴赏小说的能力。

【教学方法】

本课教学采用诵读法、分析探究法、讨论法、归纳法。

【教学重点】

学习多种刻画人物形象的手法，准确把握林冲这一形象。

【教学难点】

分析林冲的性格特点，把握人物性格的丰富性、复杂性。

【教学准备】

学生课前做好预习。

1. 查找阅读有关资料，了解作者、作品及《水浒传》中与林冲被逼反相关的情节内容。

2. 熟读课文，了解小说内容，借助课文中的注释及工具书，解决字词问题。

3. 熟读课文，思考林冲性格在文中如何变化，为什么会有此变化。

【教学过程】

一、检查预习情况

1. 学生提出疑问。

2. 学生讲述林冲的故事。

3. 用曲线标出情节的起伏变化。

教师与学生共同答疑，做出点评，概括情节发展一波三折的特点。

二、导入新课

师：《水浒传》中的一百〇八位好汉都有自己独特的一段英雄传奇，但最终殊途同归——走向水泊梁山。鲁智深是因为拳打镇关西，杨志是因为失了生辰纲，那么身为八十万禁军教头，有身份、有地位的林冲又是因为什么呢？我们今天就来探个究竟。

三、我眼中的林冲

（主要围绕学生预习、讨论中理解粗浅的知识点，对人物性格和作品主题的分析以及学生在学习中遇到的问题，集中力量突破、深化。教师引导学生思考与讨论，从而使学生加深认识，得出结论。）

1. 《水浒传》中人物的绰号往往体现着人物的性格，如"黑旋风"李逵、"及时雨"宋江、"玉麒麟"卢俊义等。众所周知，林冲在故事里又叫"林教头"，绰号"豹子头"。这两个称呼是同一个人，二者有什么区别？

学生发言，教师明确：

"林教头"是一个表明身份的称呼。八十万禁军教头，虽是武夫，但有身份，有地位，有较高的素质和修养。"豹子头"指像猎豹一样凶猛、勇敢，体现了林冲性格中刚烈的一面。它们有机地结合在一起，都是林冲性格的体现，表现了人物复杂的个性。

2. 以课文中的实例为证，具体说说你眼中的林冲是怎样的人。

（1）学生默读课文，在课文中做出标注，看看哪些描写与"林教头"身份相符，哪些描写体现了"豹子头"的性格。

（2）概括林冲的性格特点，归纳出自己眼中的林冲形象。

（3）小组内探究交流。（指定其中一名学生代表小组发言，一名学生做好记录，一名学生诵读相关段落）

（4）教师巡视，进行指导。

3. 各小组展示探究结果。

示例1：林冲是一个特别能忍、逆来顺受、委曲求全的人。

林冲忍耐的性格主要表现在这几个方面：①巧遇李小二时，自认是"罪囚"。②听闻陆谦到沧州图谋害己，怒寻仇敌，未找到就懈怠了。③接管草料场，意欲长住，熬完刑期。④路过山神庙，求神明庇佑，还是想得过且过。⑤出门买酒前细心锁门以防起火，见火起，第一反应是去救火。他小心谨慎，害怕出意外，不想改变现状。

其实他是从东岳庙、陆家楼上、野猪林一直忍到了沧州牢城营的。

示例2：林冲是一个做事细心谨慎的人。

文中许多细节描写，如出门买酒时的描写，文中前后两次写他锁门，其实草厅里面什么东西都没有，而且都破了，他还锁，表现了他安分守己、办事谨慎的性格。

示例 3：林冲是一个济危救贫、善良侠义之人。

从李小二的话中可知林冲救过他，他吃了官司以后，林冲帮助了他，而且给了他钱，林冲是他的恩人。可见林冲有一副乐于助人的侠义心肠，很讲义气。

示例 4：林冲是一位有血性、勇猛、刚烈的好汉。

当李小二报告林冲说陆谦等人追到沧州来了，可能要害林冲时，林冲专门买了一把解腕尖刀寻找仇敌。当亲耳听到门外陆谦等人的密谋时，他内心的怒气爆发出来了，杀仇雪恨。

学生讨论，教师引导，并根据学生回答的情况点评，最后学生归纳人物性格。

林冲的个性特点及形象的意义：林冲是一个武艺高强、善良热心、细心谨慎、安分守己、忍无可忍也会奋起反抗的禁军教头，在被逼得走投无路时上了梁山。作者塑造这一人物形象，一是让人们了解当时社会的黑暗、腐败，二是让人们认识封建社会人民群众奋起反抗统治者的必然性。

四、探疑解难

1. 林冲一开始就是豹子的性格吗？其思想性格的转变是怎样完成的？

学生讨论，教师引导、明确：

林冲忍耐的原因：①自身性格。林冲的性格中有软弱、委曲求全的一面。②出身地位。他本身就是统治阶级中的一员，有良好的家境和地位，不愿意为"小事"牺牲幸福，背叛所依存的社会。③世俗环境。林冲生活在城市和官场中，受不敢得罪上级和权贵的习气影响较大。④思想局限。他没有认清封建社会的罪恶本质，思想幼稚，耽于幻想。

这残酷的现实促使他觉醒，认清了反动统治者的狰狞面目，幻想彻底破灭了。与其坐以待毙，不如反抗斗争。于是，林冲毅然杀死了仇人，投奔梁山，走上了反抗统治者的道路。一个逆来顺受的人最终走上了杀人反抗的道路，可以用一个字概括原因——"逼"。

高俅一步一步逼，将林冲逼到野猪林，逼到草料场的火海。林冲忍无可忍，忍过了东岳庙，忍过了野猪林，退缩到了山神庙里。等他知道再忍便是葬身火海时，方如梦初醒。高俅一伙的步步紧逼，使林冲走投无路，终于走上了反抗斗争的道路。

2. 课文结尾写林冲杀仇的细节，可以说非常血腥，你认为作者这样写合适吗？

提示：从人物塑造、主旨表达等方面思考。

学生讨论，言之有理即可，不求答案唯一。

参考1：作者借此写林冲思想性格的转变，表达林冲杀人的革命性和正义性，说明他是一个堂堂正正、光明磊落的英雄人物，凸显人物性格。同时深刻揭示了小说的主旨——官逼民反。在读者看来，林冲杀人，伸张了正义，痛快淋漓，所以不觉得血腥。

参考2：林冲不仅杀了差拨、富安、陆虞候三人，而且割下了三人的首级，将三个人头发结做一处，提入庙里来，都摆在山神面前的供桌上，甚至还剜下了陆虞候的心肝。仇是报了，但手段残忍至极，尽管有客观原因，但可以说丧失了人性，不值得提倡。

金圣叹说："林冲自然是上上人物，写得只是太狠。看他算得到、熬得住、把得牢、做得彻，都使人怕。这般人在世上，定做得事业来，然琢削元气也不少。"

五、课堂总结

林冲身上体现出了传统的中国文人的许多特点：受过良好的教育，有文化；长期处于统治阶级的底层，养成了过于小心谨慎的性格和忍辱负重的心态。他做事有礼有节，文武双全，有强烈的怀才不遇之感，同时有着双重的人格，既有武夫的刚烈和暴躁，又有文人儒雅内敛、含而不露的特点。林冲是施耐庵用重笔浓墨写得最有诗意的一个人。他写林冲的风雪歧路悲叹，写他的沉吟与感伤，其实也是在写自己的寂寞和真情。

林冲的内心世界是丰富、复杂而鲜活的，表现出独特的个性特征。可以说林冲是《水浒传》的人物当中最有艺术灵性和最出彩的一位，和鲁智深、武松等草莽豪杰的传奇故事迥乎不同，他在快意恩仇之外别抒怀抱，在水浒世界里独奏了一曲怨郁而又慷慨的悲壮之音，还传达出中国人尤其是有才干而善良的中国人那种沉重的压抑人生的滋味。他永远是我们古典文学作品里熠熠生辉的人物形象。

六、布置作业

1. 妙在通篇不用一个"逼"字——谈《林教头风雪山神庙》表现主题的技巧。

2. 课外阅读：周先慎的《从林冲看〈水浒传〉的人物描写》。

【教学反思】

这篇教学设计主要有以下几个亮点。

1. 切入点巧妙。德国哲学家叔本华说："记录在纸上的思想就如同某人留在沙上的脚印，我们也许能看到他走过的路径，但若想知道他在路上看见了什么，就必须用我们自己的眼睛。"引领学生开展探究性学习，学会深入解读文学作品，学会独立地思考和探究，培养学生的思维品质，使学生学会客观审慎地评价作品，是每一位语文教师的责任。本教学设计没有停留于一般的对情节的梳理、对林冲性格的分析和评价上，而是从林冲的不同绰号切入，抓住人物性格中的矛盾，引领学生分析和评价，给学生耳目一新之感，使学生不仅掌握了鉴赏人物形象的一般方法，还激发了学习兴趣，进而主动探究、积极思考，有利于提高学生的思辨能力。

2. 设疑探究有空间。于学生无疑处设疑，提出结尾林冲杀敌的细节描写是否合适的问题，既可以加强学生的"三观"（世界观、人生观、价值观）教育，引导学生正确认识现实生活中法制观念淡薄的现象，又可以引导学生掌握鉴赏文学作品的方法，体会作品运用细节描写刻画人物的方法。不求答案唯一，给学生提供了充分思考的空间。

3. 内容安排较满，延期完成了计划。

（1）本课是本单元的第一课，具有示范性，更偏重对主题和情节的鉴赏能力的培养。林冲这个人物又是梁山好汉中极为独特的一个，在体现主题和情节上更具有深刻的意义。人物形象需要深入分析，尤其是人物命运转变的根源，需要引领学生深入探究，才能纲举目张。

（2）学生看书看的是热闹，还没有看出门道，对故事情节还不熟悉。赶进度不如针对学情授之以渔。教师讲课不能只注重本课知识的传授，而应站在语文素养的养成、鉴赏能力的培养、新课标的要求等的高度完成本课的教学任务，且要注意知识的融会贯通、温故知新。

（3）学生活动充分——自主诵读课文、小组讨论、自主思考、自主探求获取知识，比教师"一言堂"的引导赶课所谓的"高效"更有意义。

【专家点评】

突出学习主体　鼓励体验探究

西安市教育科学研究所　贾玲（特级教师）

新课程实验的重要阵地是课堂，语文课堂教学的实践与教师的教学理念息息相关，是教师教学理念的直接体现。教师应该树立起学生是自主学习者、个性学习者、问题学习者，教师是学生学习的引导者、合作者、帮助者的新理念。在新课程理念下，我们应改变传统的单向式课堂教学模式，积极倡导建构学生自主、合作、探究的语文课堂教学新模式，让语文课堂真正成为学生自主学习的主阵地。

刘跃红老师执教的《林教头风雪山神庙》一课很好地体现了这一点。

第一，切入巧妙，引发思考。《林教头风雪山神庙》是中学语文教材中的传统名篇，面对这样一篇经典课文，教师怎样能在常规教学的基础上有所突破，使教学设计更精心、更优化、更具有课堂的实效性、更具有语文味呢？我想，这应该是每一位语文教师不懈的追求。刘老师的这节课紧紧围绕林冲的"忍"和官府的"逼"来设计教学，没有停留于一般的对情节的梳理、对林冲性格的分析和评价上，而是从林冲的不同绰号切入，抓住人物性格中的矛盾，引领学生分析和评价，给学生耳目一新之感，可谓切入点巧妙，教学脉络简洁清晰，不仅使学生掌握了鉴赏人物形象的一般方法，还激发了学生的学习兴趣，引导学生主动探究、积极思考，有利于培养他们的思辨能力，值得学习和借鉴。

第二，突出主体，鼓励探究。这节课教师能立足于学生的学习来设计教学，突出了学生的主体地位。在教学过程中体现出学生是学习的主人，是学习的主体，不是教师填装知识的袋子，而是教师服务的对象的新课程理念。教师在课堂上是学生学习的引导者、合作者和帮助者，重在调动并引导学生以饱满的精神状态投入学习，独立思考、积极参与、主动探究，为学生创设了良好的学习氛围，搭建了交流的平台。

在本课教学中，教师不仅鼓励学生积极学习、大胆质疑，还十分注意启发学生的思维并进行点拨，使得学生的探究和教师的点拨相得益彰，这种对学生"学"的状态的关注，以及对学生学习的及时引导、恰当评价和点拨，使学生对学习始终兴趣盎然，课堂活动参与度高，有效实现了对文本的意义建构。

第三，尊重体验，指导鉴赏。高中语文课程应关注学生的情感体验和发展，培养其自觉的审美意识，提高其鉴赏能力。鉴赏小说，最重要的是赏析人物形象，在小说中作者常常把其主旨隐藏在文学形象当中；而赏析人物形象，必须注意情节、环境与人物三者之间的关系。《林教头风雪山神庙》中林冲的人生悲剧就是由一个个事件连缀起来的，他的性格也在情节的发展中丰满地呈现在读者的眼前，而环境是人物存在的背景，为小说提供了时间和空间的延展范围。如何引导学生在阅读文本、欣赏人物的过程中注意把握人物性格的多样性和复杂性？如何通过与文本和人物的对话，引导学生真正走进林冲的内心世界？从这节课的教学过程中可以看出，刘老师没有以一个成人的理解去替代学生的理解，没有用自己的思考来替代学生的思考，而是耐心地引导、启发学生通过对文本的研读，去探知林冲的内心世界，去感受当时社会的复杂多变，这是非常可贵的！

当然，从更高的标准来要求，作为第 1 课时，因为要进行探究性阅读，所以学生的预习必须到位，学生只有对文本充分熟悉，才能有效研讨，这方面在教学设计中体现得还不够，应该加强。

《林黛玉进贾府》（第 2 课时）教学设计

【教材依据】

人教版高中语文必修 3 第 1 单元第 1 课

【设计思想】

高中语文课程标准指出，语文具有重要的审美教育功能，高中语文课程应关注学生情感的丰富和发展，让学生受到美的熏陶，培养自觉的审美意识和高尚的审美情趣，培养审美感知和审美创造的能力。《林黛玉进贾府》是人教版必修 3 第 1 单元的第一篇讲读课文。这一单元是高中语文课程标准中阅读和鉴赏部分小说和戏剧环节的基础序列。因此这一单元具有承前启后的作用，承接初中关于小说与戏剧单元的兴趣培养和鉴赏方法的掌握，开启高中选修部分的小说欣赏中的"有创意的阅读"的培养。这一单元的学习重点是鉴赏小说的人物形象和语言。课文节选自中国古典小说《红楼梦》，展示的是古代大家庭生活。阅读教学中要注意情节、环境与人物的关系，把握人物性格的多样性和丰富性。要认真揣摩语言，细细咀嚼品味，提高语言的欣赏能力；要联系语境，想象情景，欣赏语言之美；领悟小说语言的言外之意，欣赏含蓄之美；初步感知作家的写作风格。

《红楼梦》的第三回是全书序幕的一部分，通过林黛玉的耳闻目睹和内心感受，对贾府做了第一次直接描写，主要介绍了小说主要人物生活的典型环境，介绍了贾府中的一批重要人物，初步展现了贾府的概貌，拉开了《红楼梦》故事发展的帷幕。林黛玉进贾府的行踪是这一回中介绍贾府人物、描写贾府环境的线索。通过本课的学习，学生能了解中国古代小说的特点，巩固深化小说鉴赏知识，学习课文中塑造人物时运用的细腻鲜明的刻画笔法，提高阅读和鉴赏小说的能力。

【教学目标】

1. 知识与能力：

（1）学习通过对人物的肖像、语言、动作等描写塑造人物性格的方法，在写作中学习借鉴作者运用语言的技巧。

（2）在熟悉课文情节的基础上认识并分析王熙凤这一个性鲜明的人物形象。

2. 过程与方法：

（1）品读课文，咀嚼、品味、揣摩语言，欣赏小说语言的言外之意、含蓄之美，提高语言的鉴赏能力，品读揭示人物性格的语言，由感性认识上升至理性认识。

（2）本文人物各不相同的出场反映出人物不同的身份和地位。通过讨论强化认识，了解作者构思的独具匠心。品读课文精彩选段的语言描写，体会其中运用多种形式与手法写人生百态的妙处。

（3）《红楼梦》作为我国古典小说名著，有其丰厚而深刻的意蕴，在开放的问题情境中，研究讨论，各抒己见，通过教师必要的点拨，更好地理解其思想内容，提高创造力和合作探究能力。

（4）开展探究活动，运用对比法比较人物不同的出场、不同的"哭"与"笑"，以及不同的身份和地位，提升对文学作品的鉴赏能力。

3. 情感态度与价值观：

（1）培养细心阅读的习惯，培养热爱祖国传统文化的思想感情。

（2）认识我国封建社会的现实生活百态，了解现实生活的人情世故。

【教学方法】

本课教学采用诵读法、评析法、对比法。

【教学重点】

1. 分析小说与众不同的对人物精彩的描写艺术，培养分析小说人物形象的能力。

2. 认识我国封建社会的腐朽性以及小说悲剧的必然性。

【教学难点】

1. 品味小说的语言，体味其言外之意，欣赏其含蓄之美，提高语言鉴赏能力。

2. 分析小说人物性格与人物命运之间的关系。

【教学过程】

一、导入新课

师：据统计，《红楼梦》全书写了 975 个人物，其中有姓名称谓的 732 人，而众多人物个性鲜明。作者描写的手法多种多样，没有丝毫雷同。课文节选部分写黛玉进贾府第一天的行踪，通过她的耳闻目睹和内心感受，介绍了贾府的一批重要人物，初步展现了贾府的概貌，拉开了《红楼梦》故事发展的帷幕，虽是节选，但主要人物形象已得到鲜明的体现。节选部分描写最精彩的人物当属王熙凤，这节课我们就一起来品味这份精彩。

二、分析人物——王熙凤

描写人物有正面描写、侧面描写等手法。王熙凤是贾府中杀伐决断、威重令行的铁腕人物，因此作者在塑造这个人物的时候，可谓不遗余力。要求学生仔细阅读品味文中关于描写王熙凤的文字，特别注意她出场的方式、服饰、容貌、语言及动作，并写出批注。

学生交流批注，概括王熙凤的个性特征。教师引导学生认识这一形象。

示例 1：王熙凤的出场

未见其人，先闻其声，众星捧月一般出场。

贾府规矩众多，等级森严，在老祖宗贾母面前，"个个皆敛声屏气，恭肃严整"，包括邢夫人、王夫人也只能恭恭敬敬垂手侍立。作为一个深闺女子，更应遵守礼数，何况今天还有远客来到，绝不可以失礼。作者将王熙凤的"放诞无礼"与众人进行对比，突出了王熙凤在贾府这样一个特定环境中的特殊身份和特殊地位。脂砚斋评："第一笔阿凤三魂六魄已被作者拘走了，后文焉得不活跃纸上。"

示例 2：王熙凤出场的时机

出场时间：黛玉进贾府后，首先与贾母相见，然后又与贾府众女眷，如王夫人、邢夫人、李纨、迎春、探春、惜春一一相见。贾母正在与黛玉谈话之际，王熙凤出场了。

安排的作用：这样精心的艺术安排体现了作者的用心良苦。王熙凤在贾府中是个举足轻重的人物，如果安排她与众人同时出场，就不仅会因描写贾母和黛玉相见的苦痛而不能展开对她的刻画，也不能通过黛玉的眼睛揭示出她在贾府中的特殊地位，当然也更难以充分描绘她的个性特征。因此，作者把她的出场安排在黛玉已和贾府众女眷都见过面且众人都在的情境里。黛玉对贾府的家规已有了初步了解，这时让她出场就有了她单独活动的广阔天地，而众人都在的场面也便于多角度地表现她的性格。

示例3：王熙凤的肖像

肖像描写不但可以细腻刻画人物的外部特征，还能展现人物的性格特征和精神世界。作者主要从服饰及容貌这两方面来写王熙凤。王熙凤的服饰打扮与众姑娘不同，浓妆艳抹，遍体锦绣，光彩照人，恍若神妃仙子。对她的这种描写表面是褒，实际是一种贬责。

清代言妇女美，在娇羞媚态，服饰"不贵精而贵洁，不贵丽而贵雅，不贵与家相称，而贵与貌相宜"。（李渔语）

着极为华丽的衣服，满头翡翠，环鬓金珠，过于修饰包装自己，是俗气而不是美丽。老舍也说过，"真正美丽的人，是绝不多施脂粉，不乱穿衣服的"。王熙凤把自己打扮得如此妖艳凌人，不正表明了她生性奢侈，对荣华富贵无餍的追求吗？以这身服饰来见初来乍到的黛玉，又何尝不是为了在黛玉面前表现自己特殊的身份和地位呢？应该说她的目的已经达到了，就连并非少见侯门金贵的黛玉都对她的服饰惊诧不已，可见其辉煌华艳的程度。同时，可见她的内在文化修养太低。她虽然聪明能干，但缺乏文化的熏陶，不懂得什么是高雅。除了衣食享受和权力之争外，她并无多少精神生活可言。其风度气质与出身书香门第、受过教育特别是古典文学熏陶的林黛玉的诗人气质大相径庭，因此，她的炫耀也是低品位的，显得俗不可耐。可见服饰穿戴与人格志趣、情操修养是密切相关的。曹雪芹深知这一点，他如此描写王熙凤的服饰正是欲借此揭示其庸俗、空虚、贪婪的性格。

果戈理说："外形是理解人物的钥匙。"作者用白描的手法勾勒了她的眉目："一双丹凤三角眼，两弯柳叶吊梢眉。身量苗条，体格风骚，粉面含春威不露，丹唇未启笑先闻。"

"丹凤眼""柳叶眉"本来是很美的，而作者偏偏在"眼"和"眉"前分别加上定语"三角""吊梢"，这就不尽美了，即便仍可以称得上漂亮，也决非温柔、敦厚、善良的形象。

中国古代的相术著作《麻衣神相》中讲，"三角眼""吊梢眉"乃为"狡黠、狠毒、性巧、通变、邪淫"之相。曹雪芹不一定真迷信相法，但他把王熙凤的眉目写成这般形状，似乎在依循这种唯心主义哲理，借以提示王熙凤"胭脂虎"的性格为人，其美艳的外表下包藏着一颗奸诈、冷酷、阴毒的丑恶灵魂。"心较比干多一窍"的黛玉，初与王熙凤相见，就一眼看穿了这一点。

肖像描写仅仅是一种静态的描写，要想充分展示人物的个性，还必须在动态中去刻画人物。

示例4：王熙凤的语言及动作

《红楼梦》的语言特点是"用意十分，下语三分"。如果我们不善于体察语言环境，细心玩味，就无法领悟到作者深藏的七分用意。鲁迅很赞叹《红楼梦》的人物语言描写，认为它能让读者看出人物的性格来。王熙凤的语言描写是《林黛玉进贾府》一文中极为精彩的一笔。

1. 王熙凤的出场语言。

贾母等人正在谈话，"只听后院中有人笑声，说：'我来迟了，不曾迎接远客！'"。人未到，声先闻。这句话看似平常无奇，在这个特定的语言环境中却能看出王熙凤的特殊身份与特殊性格。在贾府，"个个皆敛声屏气，恭肃严整"，初来乍到的林黛玉也得"步步留心，时时在意"，因此听了王熙凤的话，深为"这样放诞无礼"而"纳罕"。可贾母听了此话，并不生气，却笑道："……他是我们这里有名的一个泼皮破落户儿……你只叫他'凤辣子'就是了。"结合这些，我们不难看出王熙凤的尊贵身份和泼辣性格。

2. 王熙凤见林黛玉时说的一连串话。

注意引导学生品味每一句话的深刻含义。

（1）第一句话是赞美林黛玉的相貌的。

如果林黛玉站在你面前，你想怎么去赞美她的美丽？引导学生品味关键词"真""才"的妙处。

中国古典文学描写女子美貌时，常用"沉鱼落雁之容、闭月羞花之貌、倾国倾城之色"等类似的语言。赞美的话也可以有很多种表达方式，如"你长得真美""你标致极了""你真是天下无双的美人"。可这些话王熙凤都不用，而是说："天下真有这样标致的人物，我今儿才算见了！"这样说，效果好在哪里呢？"天下真有这样标致的人物"，言外之意是自己以前还一直怀疑是不是有这样标致的人物；"我今儿才算见了"，意思是自己以前还从来没见过。这哪里是一般的赞美，而是赞叹，再确切一点儿说，是惊叹，而且似乎是由衷的惊叹，因为她用了两个很有分量的词——"真""才"，将这种惊叹表达得自然、得体，谁也不会觉得空洞肉麻。活脱脱一个语言学家！

（2）第二句话："况且这通身的气派，竟不像老祖宗的外孙女儿，竟是个嫡亲的孙女。"明明是外孙女，为什么说不像，而硬要扯成嫡亲的孙女？这样说不是见外了吗？

我们联系特定的语言环境，就会发现她这句话的巧妙之处了。她讲话时，周围人物除了林黛玉，还有和林黛玉同辈的迎春、探春、惜春众姐妹，还有众姐妹的祖母——贾母，如果她竭力赞美林黛玉，把黛玉捧上了天，那岂不冷落了贾府众人？而她这样表达，既高度赞美了林黛玉，又把迎春、探春、惜春摆在恰当的位置上，还讨得了贾母的欢心，可见其用尽心机，刻意恭维，八面玲珑。看来她还是个心理学家、人际关系专家！她深谙如何掌握人际关系的平衡。她的良苦心机，她的八面玲珑，由此可见一斑。

（3）第三句话，转喜为悲："只可怜我这妹妹这样命苦，怎么姑妈偏就去世了！"讲得好好的，怎么会突然转喜为悲呢？

因为这个"心理学家"知道，姑妈去世不久，贾母痛失爱女，心里必定悲痛万分。她估计几句高兴的见面话之后，贾母该开始悲伤了，自己可不能只顾高兴，于是就抢在前头，转喜为悲，并且配以动作——用帕拭泪，以表心诚。可是，她因为"来迟了"，并不知道在此之前贾母已一次"大哭"，一次"呜咽"，此时"方略略止住"。因而贾母听了此话，不是"哭道"，而是"笑道"："我才好了，你倒来招我。"还要她"快再休提前话"。这可要让这位"心理学家"难堪了，可她并不慌张，并没有露出马脚，而是"忙转悲为喜"道："正是呢！我一见了妹妹，一心都在他身上了，又是喜欢，又是伤心，竟忘记了老祖宗。该打，该打！"真是一个天才表演家！只是错把生活当成了舞台。真的忘了老祖宗吗？当然不是，恰恰相反，她一心都在老祖宗身上，唯老祖宗是从。其虚伪和机变逢迎的性格暴露得淋漓尽致。

（4）"忙携黛玉之手"，问她："妹妹几岁了？可也上过学？现吃什么药？在这里不要想家，想要什么吃的、什么玩的，只管告诉我；丫头老婆们不好了，也只管告诉我。"

细细琢磨这几句话，会发现有两种口气在里头：一是热情，在贾母面前向林黛玉大献殷勤；二是炫耀身份，与林黛玉虽属同辈，口气却极像一个主人在对一个怯生生的孩子说话。

（5）最后写她回王夫人的话："月钱已放完了。才刚带着人到后楼上找缎子，找了这半日，也并没有见昨日太太说的那样的，想是太太记错了？""这倒是我先料着了，知道妹妹不过这两日到的，我已预备下了，等太太回去过了目好送来。"

这几句话体现了她办事圆熟干练，善于机变，深得贾母和王夫人的欢心，从而独揽了贾府大权。

三、总结人物形象

你眼中的王熙凤是一个怎样的人？请学生归纳总结这一人物形象。

为了帮助学生更准确、更全面地把握王熙凤的性格特点，补充介绍一下贾府内外的人对她的有关评价。

冷子兴说："模样又极标致，言谈又爽利，心机又极深细，竟是个男人万不及一的！"

周瑞家的说："这位凤姑娘年纪虽小，行事却比世人都大呢！如今出挑的美人一样的模样儿，少说些有一万个心眼子。再要赌口齿，十个会说话的男人也说他不过！……就只一件，待下人未免太严了些。"

贾琏的小厮兴儿说熙凤："如今合家大小，除了老太太、太太两个人，没有不恨他的，只不过面子情儿怕他。皆因他一时看的人都不及他，只一味哄着老太太、太太两个人喜欢。他说一是一，说二是二，没人敢拦他。……'嘴甜心苦，两面三刀'；'上头一脸笑，脚下使绊子'；'明是一盆火，暗是一把刀'：都占全了。"

从下面选择一个开头，给王熙凤做一句话评价。

① 贾母眼中的王熙凤是一个……

② 王夫人眼中的王熙凤是一个……

③ 林黛玉眼中的王熙凤是一个……

④ 我眼中的王熙凤是一个……

概括王熙凤的形象。

明确：王熙凤是一个精明能干、惯于玩弄权术的人，虽然外表美丽，但为人刁钻狡黠，明是一盆火，暗是一把刀，善于阿谀奉承，深得贾母欢心，独揽贾府大权，是贾府的实际统治者。

《红楼梦》第五回对她的判词是这样的：

> 凡鸟偏从末世来，都知爱慕此生才。
>
> 一从二令三人木，哭向金陵事更哀。

判词前画的是一片冰山，上面一只雌凤，喻贾家的势力不过是座冰山，太阳一出就要消融。雌凤（王熙凤）立在冰山上，是极其危险之意。

王熙凤实际上是贾府日常生活的轴心。她姿容美丽，秉性聪明，口齿伶俐，精明干练，秦可卿托梦时对她说："你是个脂粉队里的英雄，连那些束带顶冠的男子也不能过你。"秦可卿出丧时，她协理宁国府，在读者眼前进行了一次格外出彩的表演：从千头万绪的混乱状态中，她一下子就找到了问题的关键所在，然后杀伐决断，三下五除二，就把宁国府里里外外整顿得井井有条，真可谓有日理万机的才干。如果她是男人，可以在封建社会当个政治家。然而她心性歹毒，为了满足无止境的贪欲，克扣月银，放高利贷，接受巨额贿赂，为此可以杀人不眨眼，什么缺德的事全干得出来，是个吃人不吐骨头的女魔王。她的才能和她的罪恶像水和面揉在了一起。因此当贾家败落时，第一个倒霉的就是她，凄惨地结束了其短暂的一生。脂砚斋批语透露，在贾家败落后，她被关押在"狱神庙"，有一番"身微运蹇""回首惨痛"的经历，最后凄惨地死去。

正如《红楼梦曲·聪明累》所云：机关算尽太聪明，反算了卿卿性命。生前心已碎，死后性空灵。家富人宁，终有个家散人亡各奔腾。枉费了，意悬悬半世心；好一似，荡悠悠三更梦。忽喇喇似大厦倾，昏惨惨似灯将尽。呀！一场辛苦忽悲辛。叹人世，终难定！

四、课堂总结

师：这节课我们着重分析了王熙凤的性格特点，作者运用多种描写手法从不同角度全方位地刻画了王熙凤的艺术形象。一百多年来，王熙凤之所以能够成为文学画廊里一个鲜活的形象，关键在于她的个性是独一无二的。这就给了我们一个深刻的启示：在描写人物时，绝不能千人一面，而要抓住人物的个性特点去写，那样写出的人物才会有血有肉，富有长久的生命力。

五、布置作业

1. 阅读《红楼梦》中王熙凤的有关片段。

2. 以"我眼中的王熙凤"为题写一篇作文。

《祝福》（第 3 课时）教学设计

【教学目标】

1. 知识目标：

（1）探究、简析鲁四老爷的形象。

（2）分析"我"的形象。

（3）把握环境描写的作用，进一步认识祥林嫂悲剧的社会性，理解环境与人物的关系。探究小说的主题，领悟作者深沉的情感。

2. 能力目标：

培养小说鉴赏能力。

3. 情感目标：

理解造成人物悲剧的社会根源，从而认识到封建思想和封建礼教的吃人本质。领悟鲁迅先生在冷峻的叙述中所蕴含的强烈爱憎的深沉的情感。

【教材分析】

《祝福》写于 1924 年 2 月 7 日，原刊于 1924 年 3 月 25 日《东方杂志》第 21 卷第 6 号，后收入作者的小说集《彷徨》，是《彷徨》的第一篇。其深邃的思想，启迪、感染了一代又一代的中国人。从民族文化反省的角度阅读该作品，我们深深感到封建思想、伦理道德对人性的摧残是无以复加的，它极大地阻碍甚至是牢牢地捆绑着中华民族追求解放的手脚。封建伦理、封建道德是套在我们民族身上的镣铐和锁链，造成了我们民族的衰败和落后，造成了我们人生的压抑和不幸。而女性所受的压抑和不幸更甚。中国妇女是中国封建思想最大的受害者。鲁迅选择妇女题材，通过《祝福》中祥林嫂这一悲剧人物，深刻地揭露了封建文化思想的流弊和余毒。鲁迅对封建文化的鞭挞，在迈向文明社会的今天，仍有其巨大的现实意义。

【学情分析与学法指导】

在学习了《林黛玉进贾府》一课后，学生对小说鉴赏的方法有了一定的了解，对分析人物形象的方法有了一定的掌握。但本文中的一些句子含义深刻，学生深入理解有困难，对人物的分析也容易简单化、概念化，对作品主旨的把握容易肤浅化。因此，教师要充分调动学生学习的主动性，帮助学生巩固所学知识，要善于找准学生思维的滞涩点，并以此为切入点，巧加点拨，促进学生思维能力的提升。

【教学方法】

本课教学采用提问法、自主探究法、讨论法、点拨法。

【教学重点】

1. 体会环境描写的作用。

2. 理解小说以"祝福"为题的深刻含义。体味作者深沉的悲愤之情，理解小说的深层含义。

【教学难点】

1. 体会小说中环境与人物的相互作用。

2. 体味作者深沉的悲愤之情，理解小说的深层含义。

【教学过程】

一、导入新课

师：鲁迅认为中国人向来就没有争到过做人的资格，至多不过是奴隶，中国历史上只有想做奴隶而不得的时代和暂时做稳了奴隶的时代。鲁迅努力从整体上把握中国传统文化的特征，在许多文章中都十分深刻地剖析了中国传统文化的种种弊病，并进行揭示和批判，"意在复兴，在改善"，因而鲁迅在他的乡土小说的创作中努力解剖、抨击中国传统文化在民族心理性格方面形成的种种病态。今天，就让我们通过研讨鲁迅的小说《祝福》，看看他为我们所描绘的病态社会，探究造成病态社会的根源吧！

二、分析鲁四老爷的形象

学生默读课文，思考：鲁四老爷是一个怎样的人？作者是通过什么描写手法来塑造这个人物的？

学生自读课文，相互研讨。

明确：

1. 间接描写：书房陈设。

中堂：敬奉朱拓的大"壽"字，陈抟老祖写的。

对联：只剩下一边。

几部书：凌乱、残缺、陈旧（不学无术，装点门面）。

2. 直接描写：老监生，讲理学，大骂新党。

3. 教师引导学生重点分析鲁四老爷的动作和语言。学生找出鲁四老爷的相关语句并做批注。教师提出问题后，学生相互研讨，最后明确答案。

在祥林嫂的问题上，鲁四老爷一共开过六次口，话虽不多，却把他保守、虚伪、自私、冷酷无情的性格特征暴露得淋漓尽致。

（1）祥林嫂被抢走时，鲁四老爷的反应如何？两次"可恶""然而"是什么含义？

讨论归纳：

鲁四老爷估计祥林嫂是逃出来的，"皱了皱眉"的原因是祥林嫂是个寡妇（标志：白头绳），有些忌讳和不满。发现祥林嫂被抢走，鲁四老爷说了两次"可恶""然而"。第一次说"可恶"针对的是祥林嫂的婆婆"抢"的举动，祥林嫂的婆婆把她抓回去，竟然作为商品换回儿媳，他觉得太过分了。"然而"后面隐含的意思：祥林嫂私自逃出，礼教不容；婆婆做主，理所当然。第二次说"可恶"是针对卫老婆子的，卫老婆子先推荐祥林嫂，然后又合伙劫走她，闹得沸反盈天，有损鲁家的体面；"然而"找到像祥林嫂这样比男人还勤快的劳动力是不容易的。

（2）鲁四老爷骂祥林嫂是"谬种"，为什么？

讨论归纳：

鲁四老爷是一个受封建思想教育的读书人，思想极为守旧。在封建理学的伦理观念上，再嫁是女人最大的罪恶，鲁四老爷是不能认可的。这样"罪恶深重"的女人"不早不迟，偏偏要在这时候"死去，极不吉利，所以骂她是"谬种"。

（3）祥林嫂第二次到他家，鲁四老爷暗暗地告诫四婶"这种人虽然似乎很可怜，但是败坏风俗的……祖宗是不吃的"，说明了什么？

讨论归纳：

鲁四老爷自私、迷信、冷酷，但他身上也有可取之处：照付工钱，不凶残。

小结：

鲁四老爷是旧社会知识分子的典型。他迂腐、保守、顽固，尊崇理学，深受封建思想束缚。他自私伪善，冷酷无情，最终将祥林嫂赶出家门，也是把祥林嫂逼向死地的冷漠的看客。

三、分析"我"的形象

学生研读课文相关语段，讨论分析。

1．"我"与鲁四老爷格格不入。

2. "我"与祥林嫂的对话及心理描写。

3. "我"与短工的对话。

鲁四老爷骂"新党"时，"我"很不自在。被成为乞丐的祥林嫂拦住时，"我"想给钱。当祥林嫂向"我"发问时，"我"不敢负责任。在祥林嫂死后，"我"心里觉得"不安"，最后决定离开。

提问：对于祥林嫂的疑问，"我"是怎样回答的？为什么这样回答？

明确：

对祥林嫂提出的"一个人死了之后，究竟有没有魂灵的"这个问题，"也许有罢"——自以为慰藉，不忍心增加末路人的烦恼，而对于祥林嫂来说是一个似疑实断的回答；"也未必"——意识到增添了祥林嫂的苦恼，只好闪烁其词；"说不清"——怕负责任的含混之辞。其实"我"完全知道答案，但在祥林嫂的面前，"我"始终没有否定它，之所以做了含糊的回答，有其善良的一面，同时反映了"我"的软弱和无能。

小结：

小说中的"我"是一个具有进步思想的小资产阶级知识分子的形象。"我"有反封建的思想倾向，对鲁四老爷、对鲁镇的环境不满，同情祥林嫂，但怕担当责任，是一个懦弱的人，实际上同样是一个看客。

在小说的结构上，"我"又起着线索的作用，"我"是事件的见证人。

四、分析柳妈的形象

学生分组讨论，评价归纳。

柳妈是一个和祥林嫂一样有着不幸的命运的下层劳动妇女，从这一点上看，柳妈是可怜、可悲的，但她又是可恶、可恨的，表现在以下三个方面。

（1）柳妈有着当时处于社会底层的中国人的最阴暗的心理，她不仅对自己的不幸无知无觉，还把别人的不幸和痛苦用以慰藉乃至娱乐自己。她的调侃与嘲弄使祥林嫂甚至不想再"说一句话"。

（2）柳妈与祥林嫂的第二次对话使祥林嫂陷入了恐惧的深渊，她告诉祥林嫂其两任丈夫在地狱里会争夺她，把她分尸。她让祥林嫂去"捐门槛"以赎罪，祥林嫂本来是社会罪恶的受害者，正是柳妈使祥林嫂把社会的罪恶自觉地转化为自己的罪过，从而使祥林嫂完全失去了对社会的反抗精神，这可说是"诛心"，哀莫大于心死，还有什么比这更可恶？

（3）她自以为让祥林嫂去"捐门槛"可以使祥林嫂得到解脱，岂不知这使祥林嫂陷入了更深的悲剧之中，这种不懂的"有为"比"无为"更为可恨。

五、分析鲁镇其他人的群像、鲁镇人的"看戏心态"

师生共同归纳：

祥林嫂第二次到鲁镇：音调和先前很不同，笑容冷冷的，敛起笑容，陪出许多眼泪（同情、可怜）。

祥林嫂讲阿毛的故事：特意寻来，满足地去了（找谈资）。再不见有一点泪的痕迹，打断她的话，走开去（烦厌和唾弃）。

逗小孩：似笑非笑地问。

看到祥林嫂额上的伤疤：可惜，白撞了这一下（嘲笑、挖苦）。

提问：为什么鲁镇人的反应会是这样？"特意""满足"表现了鲁镇人怎样的心理？如何理解鲁迅笔下鲁镇人的这种阴暗、残酷的心态——即"看戏心态"呢？

教师引导，明确：

在鲁镇人看来，祥林嫂最大的罪过是她是一个"回头人"（卫老婆子语），尽管她为反抗"回头"而付出了血的代价。如果说她第一次来鲁镇，大家还允许她"做稳奴隶"的话，那么她第二次来鲁镇，她是"想做奴隶而不得了"（鲁迅语）。

"看戏心态"的实质可以这样描述：看者想在自己平淡而平庸的生活中从被看者的身上寻找一些刺激，想给自己乏味的生活增添一些佐料，这一切的快乐都是建立在被看者的痛苦之上的。鲁镇人的生活太平淡、太乏味了，一年到头"没有什么大改变，单是老了些"，所以"鲁镇永远是过新年"，旧新年与新新年之间的日子是可以忽略不计的，所以他们要寻求刺激，寻求乐子，寻求佐料，可恶的是他们的刺激、乐子、佐料全都是建立在祥林嫂钻心的痛苦之上的。多么残酷的鲁镇人，多么可恶的阴暗心理，多么丑陋的"看戏心态"！

提问：作者对鲁镇人的思想感情怎样？

明确：

"大家咀嚼鉴赏"阿毛的故事，更加反衬出祥林嫂的悲哀，表现了作者对民众冷漠麻木心灵的批判和愤激之情。

六、思考杀害祥林嫂的凶手

提问：亲人、主人、鲁镇其他人都把矛头指向祥林嫂，而真正的元凶是谁呢？祥林嫂到其他地方会不会也像在鲁镇一样过着悲惨的生活呢？

明确：

祥林嫂是非死不行的，同情她的人和冷酷的人、自私的人是一样把她往死里赶，是一样使她精神上增加痛苦。——丁玲

人间的惨事，不惨在狼吃阿毛，而惨在封建礼教吃祥林嫂。——许寿裳

封建制度——元凶

封建礼教——首恶

封建迷信思想——辅助

小结：

祥林嫂这个善良的劳动妇女被毁灭了，她的悲剧不是个人的悲剧，而是社会的悲剧。她的死深刻揭示了封建礼教、封建思想对劳动妇女的迫害和摧残。

七、概括小说的主题

学生概括小结、明确：

《祝福》通过祥林嫂一生的悲惨遭遇，反映了辛亥革命以后中国农村的社会现状，深刻地揭露了封建礼教吃人的本质，指出彻底反封建的必要性。

八、探究小说中人物与环境的关系

学生齐读开头和结尾的语段，思考其作用。

明确：

开头一段环境描写渲染了鲁镇年终热闹忙碌的气氛，写出辛亥革命后的农村风俗习惯依旧、封建思想依旧，勾勒了当时的社会环境，揭示了祥林嫂悲剧的社会基础。

最后一段由回忆回到现实，与开头相呼应，渲染了热烈的氛围，反衬了祥林嫂死的悲凉。虚实结合，将鬼神的丑态再现，他们哪里会赐福给穷人呢？买不起爆竹的穷人得到的只有无限的痛苦和悲凉。结尾以"我"的感受来写，深化了旧社会封建礼教吃人的本质，使结构更加完整。

文中祥林嫂死后对雪天自然环境的描写渲染了悲凉沉寂的气氛，烘托了"我"的心情，运用了反语，表现了"我"对这个社会的强烈的憎恨和激愤之情。

小说通过对鲁镇整个环境的介绍，全方位地展示了祥林嫂生活的社会

环境，揭示了祥林嫂悲剧的社会根源，有力地揭示了作品的主题。

九、课后拓展阅读

《我之节烈观》

《娜拉走后怎样》

《论雷峰塔的倒掉》

《坚壁清野主义》

《寡妇主义》

【教学反思】

鲁迅说《红楼梦》一书出来之后，所有写人物的方法就被改变了。其实他自己也是写人物的高手。过去分析祥林嫂总是以点带面，对鲁四老爷的分析总脱不了阶级的眼光。其实每个人都是立体的、复杂的，小说写得好不好，在于是否写出了人物性格的多面性、复杂性，在于人物的性格有无变化发展。我们欣赏小说，就是要看人物塑造的丰富性、复杂性，因为有了它，小说就有了看点，人物就有了光彩。作者写人物真的是深入骨髓，写出了人物的灵魂。这篇小说还展示了作者深邃的思考，他充分展示了祥林嫂生活的典型环境，揭示出祥林嫂以及她周围的人们的思想和生活，揭示出人物悲剧与环境之间的紧密联系，从而揭示出人物悲剧的广泛性和深重的社会根源，体现了厚重的主题，引人深思。

基于以上认识，我要求学生做到以下两点。

1. 依据文本来分析人物，忌带有先入为主的主观认识。一切以文本来判断，不轻易地下断语。大家都熟悉的人物描写方法可以一带而过，要注重对人物复杂性格的分析，注意学习多种描写人物的方法。

2. 环境与人物的关系在这篇小说中体现得极为突出，它有利于引导学生认识小说的思想性、社会的复杂性，学会对我们生活的社会进行深度的思考，这是小说的亮点，也是教学的重点。突破了这一点，如何理解小说的主题、题目的含义等问题就迎刃而解了。

《沁园春　长沙》教学设计

【教材依据】

人教版高中语文必修1第1单元第1课

【设计思想】

朗诵是学习语文的重要方式。朗诵有利于深入体会作品的思想情感，能有效地培养语感，提高口语表达能力。朗诵也是一种再创造，是朗诵者对作品的思想情感和音韵之美的释放。高中语文课程标准指出，高中语文课程必须充分发挥自身的优势，使学生通过优秀文化的浸染，塑造热爱祖国和中华文明、献身人类进步事业的精神品格，形成健康美好的情感和奋发向上的人生态度。这就极其鲜明地表明：语文教学要培养学生良好的精神品质，为学生的健康成长、终身发展服务。所以，语文课堂的有效性并不体现在纯粹的知识传授上，教师应抛开应试的镣铐，使学生在掌握阅读的规律和方法、读懂文章的基础上，学会对生活、对社会进行深入的思考，更要努力培养学生热爱生活、以天下为己任、积极向上的人生态度。当学生懂得汲取文章的精髓来影响自己的人生时，我们的语文教学才是有效的、有生命力的，才能为学生的终身发展奠定基础。

这篇课文是毛泽东的一首词，它以充满生机和活力的意象，描绘了湘江橘子洲头生机勃勃的秋天景象，塑造了意气风发、风华正茂的青年革命者形象，抒发了作者忧国忧民、以天下为己任的革命豪情。作品中的语句不难理解，但要让学生读出节奏、读出豪放的情感，体会作者深厚的情感，掌握词作鉴赏的方法和规律，有一定困难，需要教师点拨。

【教学目标】

1. 知识与能力：

（1）学习毛泽东同志以天下为己任的革命使命感和远大的抱负。

（2）体会宏阔的深秋意境，提高形象思维能力。

（3）学习富有表现力的语言，提高朗读能力。

2. 过程与方法：

（1）运用圈点批注法，解决读的障碍，理解一些词语的读音、意思，初步读懂这首词。写出点评，记录下自己在阅读过程中的感受、理解、评价和质疑。与全班同学交流，学生相互答疑，教师引导。

（2）运用诵读法，反复诵读，体会作者的豪情。

（3）运用讨论法、点拨法，探究质疑，披文入情，披文入理，抓住词中描绘秋天景色的句子，分析作者运用的艺术手法，理清思路，揭示主旨，引发更深入的思考。

（4）进行课外阅读，进一步诵读、质疑思辨，培养良好的习惯。

3. 情感态度与价值观：

学习毛泽东同志以天下为己任的革命使命感和远大的抱负，培养积极向上的人生态度。

【教学重点】

通过朗读训练，赏析词句的表现力，提高鉴赏能力。

【教学难点】

品味作者富有表现力的语言，体会宏阔的深秋意境，理解其表现手法。

【教学准备】

学生在课前做好预习。

1. 解决所有字词，能准确读音，正确释义。

2. 反复诵读课文，力求会背诵。

3. 理清课文的结构层次，画出所有自己心存疑问之处。

4. 分析课文中写景的句子，想想作者是怎样描绘湘江秋景的。

【课时安排】

1课时

【教学过程】

一、课前准备

1. 播放歌曲《沁园春　雪》。

2. 学生忆诵《沁园春　雪》。

3. 检查学生的预习情况。

二、导入新课

"沁园春"这个词牌分上下两阕，每阕的句数、字数都有规定，所谓"词有定阕，阕有定句，句有定字"。从《沁园春　雪》中我们可以感受到毛泽东诗词豪放的风格、磅礴的气势。今天我们将要学习的《沁园春　长沙》会给你留下更加深刻的印象。让我们一起来学习毛泽东凝练铿锵、极富表现力的语言，同时感受作者青年时代的伟大抱负和革命情怀，体会词中深远优美的意境。

词，是我国诗歌中的一种特殊文学体裁，又称长短句。它起源于隋唐，盛行于宋代。词最初称为"曲词"或"曲子词"，是配音乐的。后来逐渐跟音乐分离，成为诗的一种，所以有人把词称为"诗余"。词有词牌，又称词调，是词的格式的名称。不同的词牌，其段数、句数、韵律，每句的字数、句式、声律，都有不同的规定。因为格式是固定的，所以写词叫"填词"，即按照词牌的格式把词填进去。今天学习的课文"沁园春"是词牌名，"长沙"是题目。

词的分类：按字数分为小令（58字内）、中调（59～90字）、长调（91字以上）；按结构分为单调（一阕）、双调（两阕）、三叠（三阕）、四叠（四阕）。

三、背景介绍

这首词的题目是"长沙"。长沙是毛泽东早年生活学习和从事革命活动的地方。1925年，是北伐战争开始的前一年，全国各地工农运动风起云涌，如火如荼。1925年1月，党的"四大"在上海召开。大会指出，中国民族革命必须有无产阶级参加，并取得领导地位，才能取得胜利。1925年10月，毛泽东从韶山前往广州主持全国农民运动讲习所，途经长沙，重游橘子洲头，面对绚丽的秋景，回忆往昔的岁月，写下了这首词。

【设计意图】简要地交代这首词的写作背景，展示橘子洲头的画面。

四、教师朗诵

教师配乐朗诵。

【设计意图】在悠扬的音乐声中朗诵，把学生带进如诗如画的境界，这是诗词教学的特征，也是语文教学的要求。

五、学生朗读

让学生在朗读中加深理解，在理解的基础上有感情地朗读。教师讲解诵读的节奏和规律，对学生进行指导。

1. 初读：朗读全词，熟悉上阕和下阕的内容。

2. 二读：朗读上阕，注意字音。

3. 三读：朗读上阕，把握层次。

第一层：交代时间、地点、环境。

朗读提示：用叙述语气，平和、舒缓。

第二层：由"看"统领，展示湘江秋景图。

朗读提示：想象美的画面，情绪饱满，有热情。

（1）由"看"领起的内容：

① 远望："万山红遍"（高）〔群山〕

② 近望："漫江碧透"（低）〔江水〕

③ 仰视："鹰击长空"（高）〔长空〕

④ 俯视："鱼翔浅底"（低）〔水面〕

（2）文字特色：

① 动作之劲："争""击""翔"

② 色彩之浓："红""碧"

③ 数量之多："万""层""百"

④ 竞争之烈：红绿争辉，船只争流，鹰鱼争乐

（3）景物描写的特点：

① 定点换景

② 动静结合

③ 注重炼字

第三层：提出"谁主沉浮"的问题。

无疑而问，从而引起思绪，过渡到下阕。

朗读提示：语速稍慢，既是思索，又含肯定答案。

4. 四读：朗读下阕，注意读出感情。

过渡语：上阕写今日之游、眼前之景，提出问题，引起回忆；下阕写昔日之游，忆过去峥嵘，回答上阕提出的问题。

提示：

（1）"携来百侣曾游"与上阕"独立寒秋"形成对比。

（2）"忆往昔"的"忆"统领下文，展现了革命青年的战斗风格和豪情壮志。

朗读提示：语调高，语气强，豪情满怀。

（3）"曾记否"——既是设问，又是回答。

（4）下阕照应上阕。

5. 五读：读全词。想象、深入意境，体会全词宏伟的气势、优美的语言。

6. 学生质疑、交流，探究、归纳主题。

主题：本词通过对长沙秋景的描绘和对青年时代斗争生活的回忆，抒发了革命青年对国家命运的感慨和以天下为己任、蔑视反动统治者、改造旧中国的豪情壮志。

【设计意图】朗读是本堂课的一个重点。进行这种训练，不只是一种教学手段，而且是教学目的。要合时地读、有序地读，这就要求读起来不仅抑扬顿挫，更须声情并茂，读者神采飞扬，听者牵肠挂肚，或悠然遐思，或怡然自乐，或潸然泪下。这是足能体现教师教学的基本功力之处。

六、拓展探究

1. "秋天"在诗词中常常充满了肃杀、感伤的情调，本诗为什么没有？

悲哉秋之为气也，萧瑟兮草木摇落而变衰。

——宋玉《九辩》

万里悲秋常作客，百年多病独登台。

——杜甫《登高》

已觉秋窗秋不尽，那堪风雨助凄凉。

——曹雪芹《红楼梦》

毛泽东其他有关秋天的诗句：

一年一度秋风劲，不似春光。胜似春光，寥廓江天万里霜。

——《采桑子　重阳》

天高云淡，望断南飞雁。不到长城非好汉，屈指行程二万。

——《清平乐　六盘山》

小结：这与一个人的气度、胸襟、性格、身份有关。毛泽东不是一介普通书生，而是叱咤风云的一代伟人，是胸怀大志的杰出政治家。他有经天纬地之才、再造乾坤之志，他有博大的胸襟，崇高的风范，奋发向上、永不消沉的乐观性格，不同于那些多愁善感的纤弱文人，所以他的诗词也不同凡响，充满豪情壮志。

2. 有人认为毛泽东笔下的"湘江秋景图"只是实写；有人认为是虚实结合，既指毛泽东当时的眼前实景，又暗指当时中国各地的自然景观和政治形势。你如何看呢？

明确：

（1）赞同前一种说法。因为当时作者只是站在湘江中的橘子洲上，怎么能看到全国各地的景观呢？再说，中华大地，幅员辽阔，各地的秋景也不相同。

（2）赞同后一种说法。诗词中的语言并非说明文中的语言，不必讲求绝对客观严密。这些景物既是湘江周围的景物，也指整个中华大地的景物；既指自然景物，也指整个中华大地的景物，更暗示了社会形势。"万类霜天竞自由"一句可以佐证，"万类"包括中国版图上的各种生物，也包括了人。

3. 有人认为毛泽东的这首词在描写秋景时固然成功，但也有不足，它只有视觉描写，没有听觉描写，从而使图中景物单一，你觉得有道理吗？

明确：

（1）有一定道理。上阕主要描写"万类霜天竞自由"的情景，就不能忽略对各种声音的描写，因为声音能更好地突出"竞"字。

（2）这首词不是没有写声音，只是没有明写罢了。由"万山红遍，层林尽染"，我们可以想象到红叶在秋风中的簌簌声，还有"争""击"都暗写了船桨声、船工的号子声以及鹰的翅膀掠过长空的风声等。

七、课堂总结

上阕写景：红、碧、浅、寥廓　　　　问：谁主沉浮

下阕抒情：挥斥、指点、激扬、粪土　答：浪遏飞舟

俗话说："书读百遍，其义自见。"朗读是这节课的重点，学生通过反复朗读，仔细品味作品语言，领会了词中深远优美的意境，感受到作者青年时代的伟大抱负。

这首词上阕写景，用精当、形象的词语描绘了美丽壮观的湘江景色，以设问结尾，提出"谁主沉浮"的问题；下阕抒情，通过回忆，形象地概括了早期共产主义战士雄姿英发的战斗风貌和豪迈气概，结尾仍用设问句，巧妙地回答了上阕提出的问题。

八、布置作业

请学生在课外选读毛泽东的词，并运用所学的词的常识和朗读方法，提高朗读、鉴赏诗词的水平。

【教学反思】

这篇教学设计有三个亮点。

一是重视学生诵读。朗读是本堂课的一个重点，教师采取多种方式进行朗读训练，这是提高学生语文素养的一种必要手段。

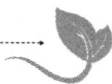

二是引导学生质疑思辨。教师要教会学生深入地思考，学会鉴赏诗歌，只有这样才能为学生的终身发展服务，真正体现语文教学的有效性和生命力。

三是将课内阅读与课外阅读相结合。课外阅读是延伸，是更深入的探究，有助于培养学生良好的学习习惯。

此外，这堂课还把大部分时间还给学生，让学生成为学习的主人，大大调动了学生学习的积极性，教师只是学生学习的组织者、引导者、合作者，是激活学生思维的催化剂。

《兵车行》教学设计

【教材分析】

《兵车行》是杜甫为人民呼喊的杰作，是杜甫的代表作。它旨在揭露当时的最高统治者的"开边"政策给人民带来的深重灾难。诗人的情感激越深沉而又充满怨愤，充分体现了杜诗沉郁的风格。只有把握这种感情基调，才能读好这首诗。此诗的意思较明显，朗读数遍后学生即可大体理解，因此内容理解和艺术欣赏应为本课教学的重点。

【设计思想】

语文课的特质在于，教师上课是与作者、与学生的感情交流活动，是教师、作者、学生心灵碰撞、和谐共振、共同感悟美的魅力的过程，是激发学生关注社会生活、积极思考人生的活动。因此，语文课尤其是诗歌鉴赏课必须做到以下几点。

1. 全面培养学生的语文探究能力和审美能力，促使学生掌握诗歌鉴赏的方法，提高学生的语文素养，促进学生的全面发展、终身发展。

2. 注重学生个人的情感体验，发展学生的想象能力、思辨能力和批判能力，使学生能借助诗歌本身感受形象、品味语言，领悟作品的丰富内涵，受到感染和启迪。

3. 培养学生在正确感悟诗歌的思想感情的基础上，富有感情地朗读，并借助朗读传达自己的感悟、作者的情感，把握诗歌的节奏，品味诗歌的艺术美。

【教学目标】

1.在反复吟诵的基础上,把握本诗怨愤的感情基调,深切体会作者激越深沉的忧国忧民之情和诗歌沉郁的风格。

2.体会本诗的结构艺术和运用细节的技巧。

3.认识当时的最高统治者的"开边"政策给人民带来的深重灾难的社会现实。

4.反复诵读,背诵全诗。

【教学课时】

1课时

【教学方法】

本课教学采用诵读法、质疑感悟法、交流讨论法。

【教学过程】

一、导入新课

师:"每一个伟大的灵魂都是痛苦的",而"诗圣"杜甫无疑是一千多年前最伟大而痛苦的灵魂。当个人的理想支离破碎、生活颠沛流离之时,诗人把忧虑的目光投注到民生的疾苦、社会的衰落、国家的动荡上。他用手中的笔真实地记录了那个时代的社会生活和人民的苦难,因此,自唐代以来,杜甫的诗被公认为"诗史"。今天我们要学习的《兵车行》就是诗人为人民呼喊的作品。

二、师生诵读,把握情感

师:"行"是古代诗歌中的一种文体。这种诗体,音节、格律比较自由,形式多用五言、七言或杂言,富于变化。古代有"从军行"的乐府旧题,但杜甫自拟乐府新题,创作《兵车行》,继承并革新了乐府民歌体。为了表达感情的需要,杜甫没有采用绝句、律诗那种格律严整的形式,而选用了灵活多变的句式,或三言,或五言,或七言,节奏疾徐顿挫,极富表现力。让我们首先通过诵读来领略诗中所描述的情景和抒发的感情吧!

(1)让学生推荐朗读较好的一两个学生朗读全诗,其他学生评价。

(2)诵读指导。把握诗的感情基调,进一步品味作者的情感,把握诗的节奏,通过诵读传递自己的理解和作者的感情。

师:诗人灌注于诗中的感情基调是什么?

在学生充分研讨的基础上明确:悲凉、绝望和无奈,诗人对百姓的悲惨命运的无限同情、对统治者的怨愤之情。唐王朝和吐蕃作战是处于劣势的，胜少败多，损失惨重。这些出征的士兵，能活着回来的希望很渺茫，因此就有了咸阳桥边生离死别、哭声震天的凄惨景象。

第一段写亲人送别出征战士，这是诗人亲眼所见，表达出诗人"穷年忧黎元，叹息肠内热"（《自京赴奉先县咏怀五百字》）的感情，诵读时声音要沉重一些。前四句可用平调读，最后两句应用升调读——这是本段的高潮点，诗人的怨愤之情初现。

第二段开头两句是诗意转换处，可以读得平缓些，声音稍稍放低，但"点行频"三字为下文叙事总纲，须重读。以下直至结尾皆用"行人"口气读，但其中的抒情语字字都融合着诗人的感情，要与叙事语区别开来。本段可分为三层：前六句为第一层，先叙事后抒情。叙的是服役时间过长，占去人的大半生，读时当有怨而不伤之意，至"归来头白还戍边"，怨情稍稍加重。读后宜作稍短停顿，为下文直抒胸臆做铺垫。下文"边庭"二句有怨有愤，为本段的高潮点，应当读得掷地有声。中间四句为第二层，极言战争对农业生产造成的危害。用"君不闻"领起，是"行人"问"长者"，也是诗人诉诸读者，感情十分强烈，有指控之意。最后两句为第三层，这是"行人"为自己也为同伴们申诉委屈，读时声调放低些，寓怨愤于嗟叹之中。读完可作稍长停顿，如乐曲中的半终止，为转换话题做铺垫。

第三段前半段写秦兵家庭的困难。"长者"二句起承上启下的作用，当用比较柔和的调子读。"敢申恨"者，不是无恨，而是"申"亦无用，有无可奈何之意。"且如"四句当一气读出，但速度不宜快，要作低回之势，至"租税从何出"稍稍振起，因为"行人"的怨愤在这句话中表现得含蓄而又深刻。后半段顺势说到"天下父母心""不重生男重生女"，简直令人悲痛欲绝，读至"生女"二句当再作低回之势，声调凄楚。最后四句为全诗高潮所在。"君不见"一句当突然振起，有指点之意。"古来"一句道尽战场的惨景，也集中地表达了"行人"和诗人的怨愤，要缓缓读出。"无人收"三字乃血泪铸成，尤应加以强调，使人能想见此中情景。

（3）教师配乐示范朗读。

（4）学生品味，自读、齐读。

三、品味涵泳，体会诗意

师：那么，这种"怨愤"之情是怎样贯穿全诗的呢？请大家齐读第

一段，看看诗人为我们描绘了一幅什么样的画面。（凄惨悲凉的生离死别图）

师：诗人一开篇首先为我们描绘了一幅催人泪下的"惨别图"。在这一个场面描写中，你认为哪些字需要重读呢？也就是哪些字表现力最强呢？请大家谈谈自己的体会。

学生思考，各抒己见。

明确：诗歌开篇以重墨铺染的雄浑笔法，如风至潮来，在读者眼前突然展现出一幅震人心弦的巨幅送别图：兵车隆隆，战马嘶鸣，一队队被抓来的穷苦百姓，换上了戎装，佩上了弓箭，在官吏的押送下，正开往前线。征夫的父母、妻儿乱纷纷地在队伍中寻找、呼喊自己的亲人，扯着亲人的衣衫，捶胸顿足，边叮咛边呼号。车马扬起的灰尘遮天蔽日，连咸阳西北横跨渭水的大桥都被遮没了。千万人的哭声汇成震天的巨响在云际回荡。"耶娘妻子走相送"，家庭支柱、主要劳动力被抓走了，剩下来的尽是些老弱妇幼，对一个家庭来说不啻是一个滔天大祸，怎能不扶老携幼，奔走相送呢？一个普通的"走"字，寄寓了诗人多么浓厚的感情色彩！亲人被突然抓走，又被急促押送出征，眷属们追奔呼号，那一刹那的生死离别，是何等仓促，何等悲愤！"牵衣顿足拦道哭"，一句之中连续四个动作，把送行者那种眷恋、悲怆、愤恨、绝望的动作神态表现得细腻入微。诗人笔下，灰尘弥漫，车马人流，令人目眩；哭声遍野，直冲云天，震耳欲聋！这样的描写，给读者以听觉和视觉上的强烈震撼，集中展现了成千上万个家庭妻离子散的悲剧，令人触目惊心！"走""不见""干"等动词应重读。

学生有感情地再读一遍，注意该重读的字一定要重读。

师：诗人开篇就为我们生动地描绘了一幅"惨别图"，把感情寓于记叙之中。这种场面描写在诗歌的其他部分也有，请大家找找是哪几句，并展开想象描绘出这幅画面。

明确：中间的孩子出征图、民不聊生图以及结尾处的鬼哭图。

师：这一幅幅图画哀怨凄厉。造成这人哭、鬼哭的根本原因是什么呢？请在诗歌中找出来。

明确：造成人哭、鬼哭的根本原因是"点行频"，关键字"频"写出战争之多，朝廷频繁地征召百姓们去边疆打仗。这和开头部分的"征兵图""惨别图"吻合。

"边庭流血成海水，武皇开边意未已"，频繁的战事发生在"边庭"，不是保卫疆土，而是为了"开边"，即用武力扩张疆土。这种扩张的战争，虽然伤亡惨重——"流血成海水"，但君王开边之意犹"未已"，仗还要继续打下去。这两句既揭露了战争给人民带来的巨大苦难，又指出了苦难的根源，且锋芒直指最高统治者，显示了诗人的勇气，应视为诗中警策。正是统治者穷兵黩武，不断征召百姓去边疆服役，导致百姓们家破人亡。

"点行频"给百姓带来的灾难不仅体现在物质生活上，更在精神上给人们的心灵造成了严重摧残，引导学生体会这一点。

师：让我们踏着杜甫的思想足迹，再次诵读全文。

师：你觉得这首诗最大的艺术特点是什么？

学生研讨后明确：

（1）重墨铺染，寓情感于叙事之中。这首叙事诗，无论是前一段的描写叙述，还是后一段的代人叙言，诗人激切奔越、浓郁深沉的思想感情，都自然地融汇在全诗的始终，诗人那种焦虑不安、忧心如焚的形象也仿佛展现在读者面前。

（2）巧妙构思。诗人通过设问的方法，引出征夫的满腔悲切和哀怨的倾诉。前文的凄惨场面是诗人亲眼所见，下面的悲切自诉是诗人亲耳所闻，增强了诗的真实感。且前后呼应，层层递进：第一段的人哭马嘶、尘烟滚滚的喧嚣气氛，给第二段的倾诉苦衷做了渲染铺垫；而第二段的长篇叙言，则进一步深化了第一段场面描写的思想内容，前后辉映，互相补充。

（3）善用口语。这首诗反映的是人民的生活，因而选用了乐府体裁，运用了俗语和口语，加上民歌中常见的顶针修辞手法，读来清新自然、明白如话，形成荡气回肠的艺术效果。

（4）形式上章法严密。采用古称"一头两脚体"的结构方式。全诗共三段，第一段即头，共6句，一韵到底；第二、第三段即脚，各14句，并四次换韵。从整体上看，全诗节奏整齐又略有变化；各段皆自有起结，析之则三，合则为一。

四、拓展阅读

试将这首诗与李白的《古风（其十九）》相比较，说说二者的艺术风格有什么不同。

古风（其十九）

西上莲花山，迢迢见明星。

素手把芙蓉，虚步蹑太清。

霓裳曳广带，飘拂升天行。

邀我至云台，高揖卫叔卿。

恍恍与之去，驾鸿凌紫冥。

俯视洛阳川，茫茫走胡兵。

流血涂野草，豺狼尽冠缨。

（这两首诗都描写了人民的苦难，但创作方法截然不同，可比性较强，但要求应适当放宽，学生能说出一两点即可。）

明确：

李诗写人民的苦难，是诗人想象在遨游太空时俯视所见，而且写得很概括；杜诗写人民的苦难，是通过塑造典型人物（"行人"）形象实现的，十分具体。处理题材方式的不同，是风格不同具体表现的一个方面。此外，李白让仙人跟他一道看到人民的苦难，也表现了他的飘逸风格；杜甫伤时忧国，表现了他的沉郁风格。

五、课堂总结

一首《兵车行》伴随着隆隆战车声、嘶嘶战马声碾过了十几个世纪，永远凝固在历史的画廊上，诗人那忧国忧民的高尚情操深深打动着我们、感染着我们。杜甫以自己的一支笔为人民呐喊，唱出了时代的最强音。别林斯基说："任何伟大的诗人之所以伟大，是因为他的痛苦和幸福深深植根于社会和历史的土壤里。"

配乐，学生大声朗读全诗。

《说"木叶"》教学设计

【教材依据】

人教版高中语文必修5第3单元第9课

【教材分析】

本单元所选都是文化随笔，在写法上，它们往往旁征博引。

114

本文内容比较单纯集中，围绕古诗中的意象"木叶"深入到"木"的艺术特征来谈诗歌的精微之处的表达效果，本文看似烦琐，其实内容并不多，在结构梳理上可简单化。为何用"木"不用"树"是全文的关键，这是教学重点之一。本课的教学重点之二就是淡化教材，引入课外同类文学现象，让学生能够触类旁通，举一反三，真正提高独立分析鉴赏的能力，只把教材作为一个例子。

【教学目标】

1. 知识与能力：

（1）了解中国古典诗歌语言富于暗示性的特点，进而提高鉴赏古典诗歌的能力。

（2）了解古典诗歌意象的相对稳定性的特点，提高对古典诗歌的理解力和领悟力。

2. 过程与方法：

（1）能运用本课所学知识及获得的能力分析诗歌同类现象。

（2）能够初步学会古典诗歌意象鉴赏的一般方法。

（3）体察诗歌艺术中的精微之处，养成咀嚼、回味的良好阅读习惯。

3. 情感态度与价值观：

创设美的情境，激发学习兴趣以及对诗歌的热情，感受中华民族深厚的文化积淀，唤起对中国传统文化的热爱之情，增强民族自信心和自豪感。

【学情分析与学法指导】

诗歌的暗示性是一个诗歌理论问题，本节课的主要任务是使学生突破认识的难点，帮助他们理解、学会这一表达技巧，汲取宝贵的艺术营养。在实际中，学生对诗歌只有浅近的了解，也容易为文题的表面所迷惑，不能把握本文的真正用意。因此需要给学生足够的时间考虑，任务不能太多。教师可以以问题来引导学生理解作者的主要观点及"树叶"和"木叶"、"落叶"和"落木"的不同意味，可以先让学生独自分析，然后四人学习小组交流，形成书面的文字表达，并在全班进行交流，最终学会举一反三。

【教学方法】

本课教学采用激趣法、设置悬念法、讨论法。

【教学重点】

了解中国古典诗歌语言富于暗示性的特点。

【教学难点】
运用本课所学知识及获得的能力分析诗歌同类现象。
【教学课时】
1 课时
【教学过程】
一、导入新课
师：古代的诗人是"敏感而有修养的"，他们展开了丰富的想象，创造了可观、可触摸的精妙的诗歌语言，需要我们用心灵去解读。让我们一起带着激情和想象，走进诗歌的殿堂吧！

出示有"树"和"木"意象的诗句，让学生阅读比较，谈谈"树""木"给自己的感受。

示例：

袅袅兮秋风，洞庭波兮木叶下。

——屈原《楚辞·湘夫人》

亭皋木叶下，陇首秋云飞。

——柳恽《捣衣诗》

秋月照层岭，寒风扫高木。

——吴均《答柳恽》

九月寒砧催木叶，十年征戍忆辽阳。

——沈佺期《古意》

无边落木萧萧下，不尽长江滚滚来。

——杜甫《登高》

学生自由发言，教师不提供结论。

师：看来，秋季中让人浪漫又伤感的是那随风飘荡的树叶。虽然同是写树叶，为什么直接用"树叶"的诗词几乎没有，而用"木叶"的有那么多呢？这"木"有着怎样的意味？请同学们打开课本，我们来共同探讨这个问题。

二、阅读全文，探究问题

1. 迅速浏览第 1 至第 3 自然段，找出作者在阅读古代诗词时发现的三个问题。

（1）为什么古代的诗歌中多见"树"或"叶"，而很少见"树叶"？

（2）为什么诗歌中多见"木叶"而不见"树叶"？

（3）为何"无边落木萧萧下，不尽长江滚滚来"不用"木叶"而用"落木"？

2. 结合诗句分析，用文中所引诗句引导学生思考。

树：后皇嘉树，橘徕服兮。

　　桂树丛生兮山之幽。

　　庭中有奇树，绿叶发华滋。

叶：叶密鸟飞碍，风轻花落迟。

　　皎皎云间月，灼灼叶中华。

思考：这些出现"树""叶"的诗句给你留下了什么印象？

（提示：注意对"树""叶"进行修饰的词，如"丛生""绿""密"。）

明确：枝繁叶茂，浓阴匝地。也就是说，"树""叶"都给大家一种繁茂浓密、翠绿欲滴的形象，而这种形象正是"树叶"所包含的。为了使语句更凝练，诗歌中常用"树"或"叶"代替"树叶"。

3. 从概念上讲，"木叶"是什么？

明确："木叶"就是"树叶"。从概念上说，"木"与"树"的意思几乎相同。"树叶"在古典诗歌中都简化为"叶"。

既然"木叶"就是"落叶"，那诗人为什么不用"落叶"呢？请学生结合作者所引用的诗句来体会。

木叶：亭皋木叶下，陇首秋云飞。

　　　九月寒砧催木叶，十年征戍忆辽阳。

落木：辞洞庭兮落木，去涔阳兮极浦。

　　　无边落木萧萧下，不尽长江滚滚来。

明确："木叶"与秋季相连，也就是"落叶"的意思。而"落叶"则是枯黄、残败的形象，暗含萧瑟、凄凉的感觉，这不是"树叶"所能包含的了。

4. 齐读第4至第5自然段，进一步比较"高树多悲风，海水扬其波"与"秋月照层岭，寒风扫高木"两句，试分析"树"与"木"的不同。

明确：我们要从这两句诗的诗眼，即"悲"和"扫"来分析。在"高树多悲风"句中，树有饱满浓密的叶子，风吹动这些树叶发出的沙沙声，在诗人曹植听来，仿佛人的呜咽，如泣如诉，而这满树涌动的叶子、满海涌动的波涛就像诗人胸中涌动的情感。如果没有了树叶的涌动，没有了波涛的翻滚，怎能体现诗人满怀的哀伤？怎能体现这个"悲"字？

"木"，我们知道是落光了叶子的树，只有光秃秃的树干。深秋的晚上，清冷的月光仿佛给层岭洒下了一层秋霜，瑟瑟的寒风刮过高冈，枯黄的树叶早已被秋风一扫而光，只有那光秃秃的树干还倔强地挺立着。在深秋时节，目睹如此深秋之景，空旷和凄凉之感油然而生。所以，此时的树，必须是干枯的没有叶子的树干，否则不足以体现"扫"字。

正如作者所说，"高树多悲风，海水扬其波"中的"树"给人以一种饱满感，让人感觉到了层层树叶的波动。而"秋月照层岭，寒风扫高木"中的"木"则比"树"显得单纯，描绘的落木千山的画面，让人感觉到的是"空阔"。

以秋风叶落之景表达空旷凄凉之情，这就是"木"字在古诗中的一个艺术特征。

"木"就是"树"，二者在概念上是一致的。但在意味上，"木"一般是在秋风叶落的情景中取得鲜明的形象，而"树"则要借助树叶的多来表达饱满的感情。这就说明了"木"和"树"在艺术形象领域是不同的。古代诗人们如此钟情于"木"，是因其在表达情感和营造意境方面有独特的魅力。

5. 齐读第 6 至第 7 自然段，思考问题。

思考：前面分析到"木叶"就是"落叶"，可又发现诗歌中有用"落叶"的，也有用"木叶"的，"木叶"与"落叶"究竟有什么区别呢？

体会：

袅袅兮秋风，洞庭波兮木叶下。

美女妖且闲，采桑歧路间。柔条纷冉冉，落叶何翩翩。

静夜无四邻，荒居旧业贫。雨中黄叶树，灯下白头人。

无边落木萧萧下，不尽长江滚滚来。

明确："袅袅兮秋风，洞庭波兮木叶下"中的"木叶"于飘零中透些微黄；"美女妖且闲，采桑歧路间。柔条纷冉冉，落叶何翩翩"中的"落叶"则饱含水分，繁密；"静夜无四邻，荒居旧业贫。雨中黄叶树，灯下白头人"中的"黄叶"微黄但不干燥，无飘零之意；"无边落木萧萧下，不尽长江滚滚来"中的"落木"则代表疏朗和空阔的意境。

从这些不同形象的叶子中，我们体会到："木叶"暗示的是"落叶的微黄与干燥"，带给我们的是"整个秋天的疏朗的气息"。这就是"木叶"的艺术特征，与"落木"相比，还带着些许缠绵。

　　小结"木"的艺术形象:"木"含有落叶的因素,在颜色上透着黄色,在触觉上是干燥的,感觉上是很干爽的,意境空阔。

　　朱光潜先生的《咬文嚼字》告诉我们,对文学作品的"句式""繁简"和"字眼"等方面要抱着严谨的态度。树,是我们常见的客观事物,它有自己的形状、颜色,但当诗人把它写进作品时就需要融入自己的喜怒哀乐和志趣,那么树就不再是物象,为了更好地表达自己的思绪,诗人经过情感提炼和艺术创造,于是选择用"木"。林庚先生告诉我们,在诗歌鉴赏中要非常注意对意象的细细体会。

　　6. 为什么这些在概念上区别不大的词语,在意境上的差别会这么大呢?

　　这是因为诗歌语言具有暗示性。概念下面暗含着丰富的形象和内涵,也就是诗歌语言的微妙意味往往寄于言外,这类语言就是古典诗歌中的意象。

　　因此,在诗歌鉴赏中,不仅要体会语言的内在含义,而且要体会言外之意,这样才能真正理解和鉴赏诗歌的旨趣。

　　三、触类旁通,举一反三

　　暗示性仿佛是概念的影子,也就是精约的形象背后蕴含着无尽的情思,这正体现了诗歌的含蓄美。诗歌形象往往蕴含着稳定的情思。

　　1. 请根据课文所阐释的诗歌语言的暗示性的理论,体味古诗中的"月亮"意象的艺术特点。(请学生举出含有"月亮"这一意象的诗句,并将它们写到黑板上)

　　示例:

　　云中谁寄锦书来?雁字回时,月满西楼。

　　　　　　　　　　　　——李清照《一剪梅》

　　无言独上西楼,月如钩。寂寞梧桐深院锁清秋。

　　　　　　　　　　　　——李煜《相见欢》

　　露从今夜白,月是故乡明。

　　　　　　　　　　　　——杜甫《月夜忆舍弟》

　　海上生明月,天涯共此时。

　　　　　　　　　　　　——张九龄《望月怀远》

　　何处相思明月楼?可怜楼上月徘徊……此时相望不相闻,愿逐月华流照君。

　　　　　　　　　　　　——张若虚《春江花月夜》

人有悲欢离合，月有阴晴圆缺，此事古难全。但愿人长久，千里共婵娟。

——苏轼《水调歌头》

江南月，如镜复如钩。似镜不侵红粉面，似钩不挂画帘头。长是照离愁。

——欧阳修《望江南》

去年元夜时，花市灯如昼。月上柳梢头，人约黄昏后。今年元夜时，月与灯依旧。

——欧阳修《生查子》

恨君不似江楼月，南北东西。南北东西，只有相随无别离。　恨君却似江楼月，暂满还亏。暂满还亏，待得团圆是几时？

——吕本中《采桑子》

春风又绿江南岸，明月何时照我还。

——王安石《泊船瓜洲》

请学生归纳总结"月亮"这一意象表达的情感。

在远离家乡、远离亲人的人眼里，月亮寄托了恋人间的苦苦相思，或是蕴含着对故乡和亲人、朋友的无限思念。从月相的形态及其变化来看，圆月如盘，团团圆圆；残月如钩，残缺不全。月亮圆了又缺，缺了又圆，自然勾起人们的想象和联想。宁静的月夜，沐浴着清幽柔和的月光，人们很容易陷入沉思，展开遐想，产生缠绵而渺远的情思。离家在外的人，仰望明月，思绪常常飞越空间，想起同在这一轮明月照耀下的故乡、亲人、朋友。

结论：望月怀远，思念亲人，暗含着月圆人不圆的愁绪。

2. 举例感悟精约的形象背后蕴含着的无尽情思。

示例：

墙角数枝梅，凌寒独自开。遥知不是雪，为有暗香来。

——王安石《梅花》

驿外断桥边，寂寞开无主。已是黄昏独自愁，更著风和雨。　无意苦争春，一任群芳妒。零落成泥碾作尘，只有香如故。

——陆游《卜算子　咏梅》

风雨送春归，飞雪迎春到。已是悬崖百丈冰，犹有花枝俏。　俏也不争春，只把春来报。待到山花烂漫时，她在丛中笑。

——毛泽东《卜算子　咏梅》

请学生分析"梅花"这一意象表达的感情。

王安石的《梅花》表现了梅花"凌寒独自开"的高贵品格。我国古代把松、竹、梅誉为"岁寒三友",它们是高贵圣洁的象征。这首诗中的"梅花"意象表现的就是我国这种传统文化精神。

陆游的《卜算子 咏梅》表达的是"寂寞开无主"的无奈、"黄昏独自愁"的凄凉心境,以及"只有香如故"的孤傲和清高。

毛泽东的《卜算子 咏梅》与陆游的词题、调相同,意境却截然不同。毛泽东词巧妙地把陆游词中对梅花不幸遭遇的倾诉和孤芳自赏的表露化为对梅花达观坚定的描述和高贵纯洁的赞颂。

所以"梅花"意象一般表达的是高贵、圣洁、坚贞。

我国古典诗歌中有许多意象具有相对稳定的感情色彩,但同一意象在不同的诗人或语境中所表达的情感也会有所不同,甚至会完全相反。

四、课堂总结

师:同学们,我们生长在一个诗歌的国度里,古代诗歌是祖先留给我们的宝贵文化遗产,更是我们的骄傲。希望同学们会读诗,会品诗,更加热爱并传承我们的传统文化。

五、布置作业

自己选择两个诗歌意象,列举在情感上尽可能差异大的10句诗句,归纳意象表达的感情,探究其文化内涵。

《琵琶行并序》教学设计

【教材分析】

音乐,是人类心灵的诗章。真正的音乐能打动所有真诚而丰富的心灵。俄国大文豪列夫·托尔斯泰听了柴可夫斯基的《如歌的行板》后,禁不住老泪纵横,说自己因此"触摸到了俄罗斯民族的灵魂"。《琵琶行并序》是唐代著名现实主义诗人白居易写的一首叙事长诗,是我国描写音乐的诗中的"千古绝唱",具有深刻的思想内容和卓越的表达技巧。

《琵琶行并序》选自人教版高中语文必修3第2单元,本单元精选了唐代的诗歌,编者对学生的训练要求是,让学生在反复诵读中,运用联想和想象，探究诗歌的意境；了解古典诗歌格律常识，欣赏诗歌的语言美、音韵美、意境美，从而提升学生对古诗的审美水平，提高学生的语文素养。

本诗是高中古诗文教学的重点，通过对本诗的学习，学生能进一步提高分析、鉴赏古代诗歌的能力。

【教学目标】

本课重点在于对叙事抒情的手法和音乐描写技巧的鉴赏。学生已有初步的文言知识积累和诗歌鉴赏的基本知识，能大致把握诗歌的语言和思想，初步体会诗歌的意境和艺术特色。学生能通过诗歌感受并同情白居易及琵琶女的悲惨遭遇。但是让学生在短时间内感受一篇融音乐、文学于一炉的抒情叙事诗，深入体会诗歌深层的语言美、音韵美、意境美，还有较大的难度。只有让学生反复诵读和相互交流，才能弥补学生在鉴赏方面的不足。由此确定了如下教学目标。

1. 知识目标：

欣赏并学习诗人以语言文字来表现音乐形象的艺术技巧，学习以文字表现音乐的写作手法。

2. 情感思想目标：

体会"同是天涯沦落人，相逢何必曾相识"的内涵，了解封建社会摧残人才的黑暗现实。

【教学重难点】

对有关美感与文学的文章学生曾有接触，但对用文字来细致具体地描写音乐的文章学生很少接触，因此，本课把感受诗人运用文字表现音乐形象的艺术技巧、对琵琶声精彩描写的鉴赏学习、培养诗歌鉴赏能力列为教学重点。另外，学生虽有一定的鉴赏能力，但由于缺少生活体验，对理解封建社会摧残人才的黑暗现实有一定的难度，因此本课把体会"同是天涯沦落人，相逢何必曾相识"的内涵，了解封建社会摧残人才的黑暗现实列为教学难点。

【教学方法】

人的审美心理结构是由感知、想象、情感、理解等要素组成的感受系统，这种感受系统为教师在教学活动中实施美育提供了可行性。美本身是抽象的，但蕴藏着丰富审美意蕴的语言材料是具体的，是最直接的感知材料。学生可以通过看、听、诵等活动直接感受作品中的美，可以通过丰富的想象和联想，创造出高于作品本身的形象和感人的意境，也可以通过感受作品中蕴含的或教师传递的情感产生强烈的共鸣，从而获得审美乐趣，学会鉴赏、学会悟理、学会创造，达到审美活动的高层次——领悟、启真、冶性。

本课采用诵读法和讨论法相结合的教学方法，此外还要求学生在课前解决字词问题。本课采用两课时教学，在时间允许的条件下可以适当增加课外知识，用三课时进行教学。学生毕竟没有很高的文学和音乐素养，如果在教学过程中只是枯燥地传授知识，效果未必好，因此教师还应辅以多媒体课件的使用。尤其是让学生听听《浔阳月夜》《十面埋伏》等古曲，感受琵琶这种乐器的特点，有利于学生对文章中的音乐产生感性的认识。

【教学过程】

一、导入新课

在课前先给学生放一段《浔阳月夜》的古曲，让学生在琵琶的演奏中感知这种乐器的特点，体会音乐的魅力，然后在音乐的背景中教师开始讲述有关音乐的故事：欧洲某乐团深入中非一部落，为那里的土著居民演奏舒伯特小夜曲。令人惊奇的是，这些几乎没有接触过现代文明的原始部落的居民，居然被小夜曲感动得如痴如醉！被贬至浔阳的白居易在落魄失意之时偶遇一位知己，她是一位流落此地的琵琶女，白居易被她的精湛技艺所折服，共同的遭遇使得两人在琴声中相互理解，产生了"同是天涯沦落人，相逢何必曾相识"的感叹。著名的《琵琶行并序》由此写成。

二、分析课文

1. 在《浔阳月夜》的琵琶声中让学生反复朗读课文，把握朗读的规律，初步体会朗读的艺术，体会作品的思想情感，整体感知这首诗。

学生概括：文章主要写了琵琶女的琴声和诗人的感受两部分内容。文章通过琴声和感受两个方面来描述诗人和琵琶女的这场偶遇，抒发了"同是天涯沦落人"的感慨。

2. 分析文章内容。

可以从两条思路去分析这篇文章。

（1）第一条思路：琵琶女的三次演奏。

学生通过讨论可以找到：第一次演奏在文章第一节，第二次演奏在文章第二、三节，第三次演奏在文章最后一节。在这部分内容的学习中，学生要掌握的是作者对声音的描写技巧。

先分析第一次演奏，思考问题。

① 这一段音乐描写属于什么描写？

② 这里的景物描写有什么特点？作用如何？

学生通过讨论找到答案：这是侧面烘托描写，是用文字去表现音乐的一种手法。景物描写烘托了悲凉萧瑟的琵琶声，为全文奠定了感情基调。

第二次演奏是文章的重点部分。这一部分出现了很多名句，可以让学生先挑出来读一读，然后思考以下问题。

① 这一部分琵琶女音乐的基调是怎样的？根据演奏的起承转合可以分为几层？哪一层是高潮部分？

② 作者在描写声音时用了什么修辞手法？运用的词有什么特点？试举例说明。

③ 这一部分用"东船西舫悄无言，唯见江心秋月白"作结，有什么作用？

学生以小组讨论的形式回答这几个问题。这一部分主要在于品味作者描写音乐的妙处，通过回答上面的问题，学生可以概括出作者描写音乐的方法。

① 善用比喻，写虚渺飘忽、过耳即逝的无形之乐。

② 善用拟声词和双声叠韵词。

③ 采用侧面烘托的手法。

④ 在对乐曲的描写中融入了深厚的情感。

第三次演奏在文章最后一节。让学生反复诵读，自己品味。

（2）第二条思路：作者的三次感悟。

对应琵琶女的三次演奏，作者有三次感受。

分析第一次感悟，回答以下问题。

① 你能从字里行间感受到作者初听琵琶声时的心情吗？

② 你从哪里捕捉到了作者的心情？

③ 这样的环境描写烘托了作者怎样的感情？

这三个问题由浅入深推进，表明了作者孤寂伤感的心情，渲染了琵琶女的悲凉音乐。

第二次感悟在文章的第四节，是文章的难点部分。为了更好地理解文章的主题，要联系琵琶女的身世来感知文章。学生思考以下问题。

① 哪些句子能够体现出作者的心情？

② 诗人听了琵琶声，知道了琵琶女的遭遇，心底发出的最大的感慨是什么？

③ 为什么诗人说他和琵琶女"同是天涯沦落人"？

这一部分阐明了文章的主题。诗人和琵琶女在身世、才华和遭遇方面都有相似之处。两个形象心灵沟通，怨恨交织，唱出了"同是天涯沦落人，相逢何必曾相识"的主题。

第三次感悟在文章的最后一节。思考：如何理解"江州司马青衫湿"？

这句话更衬托出乐曲的悲凄，用它作结，补足"同是天涯沦落人"的内涵，这是诗人同情琵琶女沦落之泪，也是伤感自己遭贬之泪，从而鲜明地突出了全诗的主题。

3. 课堂总结。

提问：诗人为什么不知道琵琶女遭遇之时便已经听出了音乐中的情感？

学生分组讨论，教师总结。

（1）白居易的身份为被贬的官员，他有政治抱负却不得施展，这一点与琵琶女的"不得志"有相似之处。

（2）秋天，"醉不成欢惨将别"，心情落寞。

师：正是在这样相同的境遇中，诗人发出了"同是天涯沦落人，相逢何必曾相识"的感慨，可以说，白居易是琵琶女的"知音"，所以他才写下了这篇优美感人的《琵琶行并序》以赠之。最后我用一首诗作为《琵琶行并序》的读后感，和大家分享。

> 人生难得一知己，千古知音最难觅。
> 伯牙操琴遇子期，高山流水韵依依。
> 乐天浔阳闻琵琶，相逢何必曾相识。
> 寄语天涯沦落人，莫愁前路无知己。

三、课外延伸

让学生在课外进行比较阅读，找一些描写音乐的文章和诗歌，如《听颖师弹琴》《李凭箜篌引》等。

四、布置作业

让学生初步学习运用语言艺术来描述听觉的手法，课后就自己喜欢的一段音乐用形象的语言写出自己的感受，文体、字数不限。

《长恨歌》（第 2 课时）教学设计

【教学目标】

1. 知识与技能：

（1）了解唐玄宗、杨贵妃的爱情悲剧，熟读并背诵《长恨歌》。

（2）把握诗歌的思想内容及主题。

（3）品味诗人的语言，鉴赏诗歌的表现手法。

2. 过程与方法：

（1）理解本诗情、事、景相互交融的艺术手法。

（2）理解本诗现实主义和浪漫主义相结合的艺术手法。

3. 情感态度与价值观：

（1）深入理解和感悟诗歌中的人物形象及其所处的历史背景和环境。

（2）感受诗歌婉转动人、缠绵悱恻的艺术魅力。

【教材分析】

《长恨歌》是人教版高中语文选修《中国古代诗歌散文欣赏》第 1 单元"以意逆志　知人论世"的赏析示例课，重在起示范作用，为学生在自主赏析中的学习提供参考借鉴。本文是白居易诗作中脍炙人口的名篇。在这首长篇叙事诗里，白居易以精练的语言、优美的形象、叙事和抒情相结合的手法，叙述了唐玄宗、杨贵妃在安史之乱中的爱情悲剧。唐玄宗、杨贵妃都是历史上的人物，但诗人并不拘泥于历史，而是借着历史的一点影子，根据当时人们的传说、街坊的歌唱，从中演绎出一个回旋曲折、婉转动人的故事，用回环往复、缠绵悱恻的艺术形式描摹、歌咏出来。由于诗中的故事、人物都是艺术化的，是现实中人的复杂、真实的再现，所以能够在历代读者的心中漾起阵阵涟漪。学习本诗，除了有助于提高学生对古典诗词语言的理解能力之外，更重要的是通过诗人对唐玄宗、杨贵妃真挚感人的爱情的描写来感染学生，使学生认识到唐代文化的博大，培养学生的诗歌鉴赏能力。

【学情分析与学法指导】

学生已经积累了一定的文学常识和字词知识，随着认知能力的逐渐提高，他们对古典文学的认识和理解也有了一定的深度，因此他们需要更大的学习空间来满足学习需要。每一个学生都有自己的个性和特长，面对丰富的选修课程，学生的兴趣和潜能会得到前所未有的激发。

学生已学习过白居易的《琵琶行并序》，因此对诗人的经历、地位及文学主张已有一定的了解。

本册教材着重从文学鉴赏的角度进一步引导学生阅读古代诗文。所以让学生有计划地阅读一定数量的名篇，通过自己的鉴赏探究，感受其思想、艺术魅力，发展想象力和审美能力，提高对古代诗文的感受能力，体会中华文化的博大精神，提高运用祖国语言文字的能力是非常必要的。

【教学方法】

《义务教育语文课程标准（2011 年版）》指出："阅读是学生的个性化行为。阅读教学应引导学生钻研文本，在主动积极的思维和情感活动中，加深理解和体验，有所感悟和思考，受到情感熏陶，获得思想启迪，享受审美乐趣。要珍视学生独特的感受、体验和理解。"

本课教师既要创设情境，激发学生的学习兴趣，引导学生理解诗歌的结构与内容，又要充分发挥学生的主动性，真正体现以学生为主体的教学理念，通过创设相对宽松的学习环境，让学生在讨论中交流，在合作中探究，真正成为课堂的主体。

因此，本课教学主要采用诵读法和讨论法。通过诵读、设置引导性问题等方式，创设相对宽松的学习环境，让学生在诵读中体味，在讨论、交流、合作、探究中理解诗人的思想感情，体会诗歌的表现手法。教师要鼓励学生大胆地说出自己的看法，并给予积极的评价。

【教学重点】

1. 了解本诗现实主义与浪漫主义相结合的艺术手法。

2. 把握本诗的思想内容及主题。

3. 品味诗人的语言，鉴赏诗歌的表现手法。

【教学难点】

1. 把握本诗的思想内容及主题。

2. 品味诗人的语言，鉴赏诗歌的表现手法。

【教学过程】

一、导入新课

师：在我国，历来人们都普遍认为，帝王是没有真正的爱情的，他们有三宫六院，岂会专爱一人？可在我国历史上，却就有这么一位"不爱江山爱美人"的皇帝，他专宠一人，并爱得缠绵深切，以至"天长地久有尽时，此恨绵绵无绝期"。这个皇帝是谁？他爱的是谁？他又是怎样爱的呢？这节课，我们继续来学习《长恨歌》。

二、朗诵诗歌中的精彩片段

1. 学生自由诵读自己喜欢的诗句。

2. 课堂比赛展示，教师及时点评修正。

师：唐玄宗和杨贵妃的爱情历来是文人喜欢的题材，像杜牧的《过华清宫绝句》、李商隐的《马嵬》、苏轼的《荔枝叹》、白朴的《唐明皇秋夜梧桐雨》、洪昇的《长生殿》等，都是写唐玄宗和杨贵妃的爱情的。众多文人对这一题材如此忠爱，可见它非常有价值。谁能给大家讲一讲唐玄宗和杨贵妃的爱情故事？

生：唐玄宗李隆基是开创"开元盛世"的一代明君，杨玉环是蜀州司户杨玄琰之女，嫁与玄宗的儿子寿王李瑁为妃，后为李隆基看中。李隆基早先励精图治，晚年逐渐松弛，得杨玉环后，更是沉湎酒色，荒废朝政，后杨玉环被封为贵妃。天宝十四年（755），手握重兵的范阳节度使安禄山打着"讨伐杨氏、以清君侧"的幌子，发动了叛乱，兵临长安。唐玄宗偕杨贵妃仓皇出奔，西行四川。至陕西马嵬驿，扈从禁军发难，求诛杨氏兄妹以谢天下。迫于情势，唐玄宗只得命高力士缢死杨贵妃。

师：原来唐玄宗与杨贵妃的爱情这么曲折，但是最终他们是以悲剧收场，诗人的题目就定为"长恨"，那么诗歌是不是一开始就在写"长恨"呢？我们来一起讨论。

三、探讨问题

教师展示问题，学生分组自由讨论，教师引导、点评。

1. 这首诗歌的题目是"长恨歌"，"恨"是什么意思，"长恨歌"应作何解释？

明确："长恨歌"，就是"歌长恨"。"长"是时间，是感情延绵的见证；"恨"是沉重的遗憾，代表了感情的深度和痛苦的沉重。"长恨"就是长久的遗憾。"恨"的含义可以根据主题定位的不同而不同，遗憾、悔恨、沉痛兼而有之。

2. 这首诗歌是谁在恨？恨的是什么呢？

明确：是唐玄宗和杨贵妃在恨，他们彼此相爱却不能在一起，最终杨贵妃身死，而唐玄宗退位。

3. 诗人的题目就定为"长恨"，那么诗歌是不是一开始就在写"长恨"呢？

明确：不是。全篇中心是歌"长恨"，但诗人从"重色"说起，并且极写杨贵妃之美艳和"汉皇重色思倾国"。

4. 除了描写杨贵妃之美和唐玄宗、杨贵妃的"蜜月生活"，诗歌还写到什么？

明确：还写到"安史之乱"爆发，杨贵妃身死，唐玄宗返回长安后对杨贵妃思念的种种表现，还有唐玄宗让道士去寻找杨贵妃的亡魂，以及在仙界与杨贵妃见面的情景。这里的恨不仅仅是遗憾，还因唐玄宗重美色而误国，杨贵妃迷惑君王而致"安史之乱"，而带有悔和痛的意思。

首先是唐玄宗、杨贵妃在恨，他们真心相爱，却不能生活在一起，落得生死两茫茫。还有诗人的恨、读者的恨，为唐玄宗、杨贵妃的爱情悲剧而遗憾、惋惜。诗人、读者不仅为爱情悲剧而恨，还为爱情悲剧引发的政治悲剧而遗憾。

教师总结：唐玄宗的荒淫误国，引出了政治上的悲剧，又导致了他和杨贵妃的爱情悲剧。悲剧的制造者最后成为悲剧的主人公，这是故事的特殊之处和曲折之处，也是诗中男女主人公之所以要"长恨"的原因。

在学生讨论的基础上，总结诗歌主题：（1）讽喻说；（2）爱情说；（3）双重主题说。

四、分析诗歌的艺术特点

这首诗最令你感动的是什么？白居易用了什么样的写作技巧使你感动？

学生选取自己感受最深的一点回答。

示例1：本诗采用七言歌行体，在继承汉代《孔雀东南飞》和"初唐四杰"七言古诗的基础上别创新调。在形式上采用平仄相调的律句，间用对偶，数句一转韵，音节随情节而曲折，依感情而顿挫，而多处顶针格的运用，如"后宫佳丽三千人，三千宠爱在一身"等，使音韵更和谐嘹亮、婉转动人。后人称之为"长庆体"。

示例2：故事情节生动曲折，既有现实情节和想象情节的结合，使诗歌富有传奇和浪漫的色彩，又运用了开合起伏的手法，使情节跌宕起伏、富有变化。

示例3：诗歌刻画人物细腻传神，如唐玄宗虽荒淫重色，但对爱情真诚执着；杨贵妃貌美且忠贞。

示例4：诗歌将叙事、抒情、写景熔于一炉。

结合诗句"骊宫高处入青云"至"魂魄不曾来入梦"分析诗歌中情与景的特点。

这是一首抒情成分很浓的叙事诗，诗人在叙述故事和塑造人物上采用了我国传统诗歌中常用的抒写手法，将叙事、写景和抒情和谐地结合在一起，形成诗歌抒情上回环往复的特点。诗人时而把人物的思想感情注入景物，用景物来烘托人物的心境；时而抓住人物周围富有特征性的景物、事物，通过人物对它们的感受来表现内心的感情，层层渲染，恰如其分地表达人物蕴蓄在内心深处的感情。

作为一首千古传唱的叙事诗，《长恨歌》在艺术上的成就是很高的。古往今来，许多人都肯定这首诗特殊的艺术魅力。《长恨歌》在艺术上以什么感染了读者呢？婉转动人，缠绵悱恻，恐怕是它最大的艺术个性，也是它能吸引千百年来的读者，使他们受感染的力量。

五、布置作业

1. 熟读这首诗，有感情地朗诵。

2. 摘出自己喜欢的诗句。

教育探骊

学校应以科学发展观为指导，贯彻落实新课程标准精神，进一步推进学校教学研究工作，以教学研究促进教学改革，创造性地实施新课程，全面落实课程改革目标；以课程改革为契机，以课题研究为抓手，以校本培训为依托，用课题研究解决课程改革中的实际问题，促进课题研究的不断深入，全面提高学生的语文素养，扎扎实实地提高语文教学质量。

《中学生个性化阅读与写作
实践研究》结题报告

　　《中学生个性化阅读与写作实践研究》课题被省教育科学研究所批准立项至今，本课题组全体成员围绕课题充分利用网络平台采取集体学习与个人研修相结合的方式认真学习了《国家中长期教育改革和发展规划纲要（2010—2020 年）》、朱永新的《书香，也醉人》等关于教育的文件、论著和 40 多篇关于阅读的文章，完成了 10 多门网络课程研修，聆听了李镇西老师的"幸福比优秀更重要"、魏书生老师的"教育与人生"等 4 场报告，从语文课程性质出发，围绕语文课程培养目标，根据阅读教学与写作教学自身的特点，以语文阅读教学、写作教学为根基，以提高学生的思维能力、写作能力等语文素养为根本目的，确定了本课题研究以语文课程改革理论、语文教学规律、心理学理论等为研究的理论基础，完成了开题报告。我们利用网络对教师和学生阅读与写作的现状进行了调研，撰写了调研报告，大胆创新，积极进行教育教学实践，课题组每位教师上了 1～2 节探究课，我们联合西安市王吾堂名师工作室、临潼区狄聪玲名师工作室，以及陕西省优秀教学能手工作站王毅军工作站、王春英工作站共同开展教研活动，先后开展了"高中语文低起点与高起点课堂教学对比""异文异构，长文短教""不同文体品味鉴赏"等听评课研讨活动 23 次，在学生中开展了"我为自己代言——学生作文杂志编写活动""我的一本课外书""诗情歌韵咏青春""与好书为友"等丰富多彩的读书活动，组织学生参加了第 21 届"叶圣陶杯"全国中学生新作文大赛，为学生做了"简单地说一说写作"学习方法指导讲座，架起了阅读与写作的桥梁，将中学生个性化阅读指导与写作能力提升有机结合，激发了学生的阅读兴趣，培养了学生良好的语文学习习惯和思维能力，14 名学生在第 21 届"叶圣陶杯"全国中学生新作文大赛中获奖，37 名学生的作品发表在校报上，学生的写作能力明显提高。由此我们总结出中学生个性化阅读与写作实践的策略，并将之在一定范围内推广，丰富了语文教育教学的内涵，促进了语文课堂教学的改革，提高了教师的专业素养，提高了语文课堂教学的效率，不仅为校园生活注入了活力，更提高了学校的教育教学质量。现已经完成了该课题的预定研究任务，具体汇报如下。

一、课题研究的背景与界定

1. 研究的背景

近些年，我们很多教师、学生都有一个共同的感受：付出了很多努力教语文、学语文，但是效果一直很不理想。而且，学生的语文素养出现了滑坡现象。不论教师如何加强写作训练，甚至一些学生为应试死记硬背套写范文，但学生作文依然思想僵化，缺乏个性，语言干瘪，内容单一，形式古板，读之无味。学生越来越不爱写作，语文成绩难以提高，教师无奈，学生的语文综合能力着实堪忧。北京大学资深教授钱理群先生说："学好语文有很多要素，但最核心、最根本的方式就是阅读。"可见读书之于写作、学好语文，就好比树根之于枝叶，源泉之于河流，基础之于大厦，灵魂之于生命。阅读产生写作的动力，是写好作文的重要因素。没有广泛的阅读，就没有思想深刻的作文；没有个性化的阅读，就更没有富有个性的写作。

个性化的写作能力还来自良好的个性化思维能力。没有个性化思维能力，就没有个性化写作。中学生的思维渐趋成熟，他们即将走入新的人生阶段，培养他们良好的思维能力会影响他们一生的发展。如今，借助互联网的搜索引擎，借助网络的各种课程，随时随地获取所需的知识已不是问题。当今语文教学对知识、技巧的记忆性分析、总结等的低层次内容已经不再是教学的重点，语文能力比语文知识更重要，而思维的方式、方法又决定了能力的高低。因此，学生应具有的审辨式思维能力的形成才是最值得期许的、最核心的教育成果。审辨式思维是创新型人才最重要的心理特征，是学生个性化作文的基础。我们期待着学生思想敏锐，富有探索精神和创新能力，对自然、社会和人生具有自己深刻的思考和认识，就不能不加强课外阅读活动，以发展他们的探究能力、审辨式思维能力。只有这样才能让学生深入挖掘语文教育的人文内涵，学会自我教育、自我成长，形成正确的人生观、价值观，自如地运用文字写作，学会准确表达，满足现今生活交流的需要，进而提高自身的创新能力和语文素养。

基于以上情况和认识，我们提出了"中学生个性化阅读与写作实践研究"这一课题。

2. 课题的界定

所谓"个性化"，是指与"大众化"相对的某事物的独立性、独特性和不可替代性。如果说创新是推动社会发展和文明进步的直接动力，那么个性则是孕育和形成创新能力的动力和心理依据。

所谓"个性化阅读"，就是学生在阅读文本的过程中，调动个人的生活体验，主动积极地思维，逐渐加深对文本的理解，有个人的感悟和思考，受到情感熏陶，获得思想启迪，享受审美乐趣的过程。它的内涵包括三点：①激发阅读的积极性和主动性；②独立思考，乐于探究；③受到美的熏陶，得到自己的收获。

所谓"个性化写作"，是指学生在写作的过程中，能根据个人特长和兴趣自主写作，力求有个性、有创意地表达自己的思想和真情实感，不说假话、空话、套话。它的内涵主要包括四点：①发挥写作的主动性；②倡导写作的个性化；③积累表达的个性化；④作文评价的个性化。

所谓"实践"，即实行、履行，指人们改造自然和社会的有意识的活动。

所以，"中学生个性化阅读和写作实践研究"就是指有意识地激发中学生阅读与写作的积极性和主动性，调动他们的已有体验，促进他们对文本深入思考并将所获得的知识与技能自觉运用到写作中，力求有个性、有创意地表达自己的思想和真情实感，提升他们的写作能力的活动研究，应包括活动中依据的相关理论、教学原则、教学方法、教学策略、教学模式、实施途径、教学设计、教学评价等方面的研究，涉及教师与学生两个方面。本课题立足于教师方面，重点放在以个性化阅读指导提升学生个性化写作能力的方法和策略的行动研究上。

二、课题研究的理论依据

1. 语文课程改革理论

高中语文课程标准提出，学生要学习鉴赏中外文学作品，具有积极的鉴赏态度，注重审美体验，陶冶性情，涵养心灵；要具有广泛的阅读兴趣，努力扩大阅读视野，学会正确、自主地选择阅读材料，读好书，读整本书，丰富自己的精神世界，提高文化品位；要学会多角度地观察生活，丰富生活经历和情感体验，对自然、社会和人生有自己的感受和思考；要力求有个性、有创意地表达，根据个人特长和兴趣自主写作，在生活和学习中多方面地积累素材，多想多写，做到有感而发。它既强调阅读和写作要相结合，又重视激发学生的阅读兴趣，使学生广泛地阅读，继而提高写作能力，这是语文教学的中心任务之一。

2. 心理学方面的观点

人的心理发展是一个由量变向质变发展的过程。而大量阅读、语言的积累必将潜移默化地促进学生写作能力的质变。中学生身心发展渐趋成熟，已具有一定的阅读表达能力和知识文化积累，促进他们思考探究能力的发展应成为使他们走出写作困境的路径。教师的激发、引导必然会对学生的终身发展起到积极作用。

3. 教育家有关阅读的论述

教育家们也发现，学生的阅读能力与未来的工作、生活能力及发展高度有密切的联系。朱永新认为，"一个人的阅读史就是一个人的精神发育史"。著名教育家苏霍姆林斯基认为，阅读对学校来说是至关重要的，因为学校教育时期是人的阅读习惯、能力、阅读兴趣形成最关键的时候。格林也提到，一个人在14岁以前所经历的东西、所阅读的东西、所看到的东西及所接触的东西，是他一生最关键的东西。可见阅读对一个人的思想品质形成、成长的重要性。

4. 语文教学的规律特点

语文教学必须要有大语文的观念，应该注意阅读与写作的结合、理解与运用的结合、课内与课外的结合、内修与外在的结合，不可急功近利、一蹴而就，必须循序渐进、稳扎稳打、长远打算。要在以人为本、以学生为主体的前提下，体现学生主动学习和教师主动指导相结合的师生互动。

三、课题研究的意义

"中学生个性化阅读与写作实践研究"这一课题，是在准确把握国际教育发展趋势和国家教育改革现状的基础上提出的具有国际性和前瞻性的课题，也是非常具有现实意义和可行性的课题。

1. 它顺应了当今教育的发展趋势

当代教育的发展趋势是教育终身化、教育民主化、教育个性化、教育信息化、教育国际化。教育贯穿于人一生中的各个阶段,是正规的学校教育和非正规教育的总和。教育机会越来越多,越来越注重人人均等,教育越来越人性化、人道化,越来越尊重人的个性,越来越突出学生在整个教育过程中的主体地位,越来越重视培养学生的主体意识和主体能力,越来越强调学校的特色发展。教育信息化程度更高,彻底打破地域、时空的限制,教育的交流、合作平台将更加广阔,跨国的教育活动和研究活动会越来越多。其中教育的个性化是核心,根本在于以人为本。纵观近二十年的世界教育改革,各国都不约而同地高举起个性化教育的旗帜,把人的个性化发展摆在了极其重要的位置。

2. 它符合我国新课程改革的要求

在世界多元化发展的今天,创新能力成为一个国家是否具有可持续发展动力的重要指标,国家创新能力的大小取决于创新人才的数量。高中是创新人才成长的重要时期,高中教育担当着培养创新人才初期教育的重任。语文作为人类思想交际的重要工具和文化传承的重要载体,决定了它在创新人才个体生命发展中的重要地位,阅读与写作作为构成语文能力的重要因素,在培养创新人才的创新能力方面具有独特的作用。《国家中长期教育改革和发展规划纲要(2010—2020年)》明确指出,要注重因材施教,关注学生的不同特点和个性差异,发展每一个学生的优势潜能。高中语文课程标准也对发展学生的独立阅读能力提出了明确要求,指出要注重个性化的阅读,充分调动自己的生活经验和知识积累,在主动积极的思维和情感活动中,获得独特的感受和体验,学习探究性阅读和创造性阅读,发展想象能力、思辨能力和批判能力。它还要求学生力求有个性、有创意地表达,根据个人特长和兴趣自主写作,在生活和学习中多方面地积累素材,多想多写,做到有感而发。因此要提升学生的想象能力、思辨能力和批判能力,提升学生的语文素养,培养创新型人才,必须将个性化阅读与写作相结合进行共同研究。

3. 它是学生个性发展的需要

每一个学生都是充满鲜明个性的鲜活的个体。不同学生家庭文化背景的差异决定了他们的经历、教养、性格、情趣、品格、视野、看问题的角度、观点、表达与交流的方式、合作沟通的能力等的差异，决定了他们阅读的兴趣、理解、思维、审美、态度等的个性差异，这些个性差异决定了学生阅读具有鲜明的个性化的特点。而这些个性化的阅读特点必将潜移默化地渗透于学生的写作之中，且阅读面越广泛，渗透力越强大，学生的写作个性化特点就越鲜明。学生的这种个性化阅读与写作的差异要求我们的作文教学要重视人的价值，重视个体的发展差异，更多地关注每一个学生的具体诉求。要因材施教，就必须对学生个性化阅读与写作进行研究。

4. 它是改变中学生阅读、写作现状的需要

目前中学生的阅读状况：量小、面窄，缺少深度阅读；课业负担重，生活单调，阅读时间无保证；重课本学习轻课外阅读，阅读的目的性不强，兴趣不浓；重应试轻积累，阅读方法不当；受网络干扰冲击，阅读品位不高。中学生的写作状况：由于生活单调，课业负担重，缺少必要的生活体验；不注意观察生活、感悟生活，素材积累少，写作时常常无话可说，习惯照搬应试范文；抄、凑、编是普遍现象，缺少真实独特的见解。这种现状越来越严重，若不彻底改变，语文教学效率将无从谈起。因此语文教学需要激发学生的阅读兴趣，指导学生进行个性化阅读，引导他们形成独特的语文视野，以一些具体的写作实例做参照来反省自身，真正提升他们的写作能力和技巧，进而提升他们的语文素养和语文能力，采用恰当的方法策略正确引导，已成为学生走出阅读与写作困境的突破口。

因此，通过个性化阅读与写作来提升中学生写作能力实践的策略研究必将促进学生积极主动地阅读大量的优秀文学作品，丰富他们的社会历史知识和现实生活知识，有利于提高他们独自观察生活、认识生活的能力和审辨式思维能力，进而提升他们的写作能力和语文素养，有利于培养他们高尚的思想情操和正确的审美观念，促进他们健康快乐地成长。

5. 国内研究现状述评及研究价值

从当前语文教育教学实际情况看，大家都非常重视学生阅读与写作能力的培养。阅读与写作是语文教学的核心环节，个性化阅读是个性化写作的前提和基础。只有经过广泛的个性化阅读和积累，才会有个性化写作，才能让写作具有真情实感，真正提升学生的写作能力和语文素养，使学生担当起传承民族文化的重任。很多专家学者非常重视课外阅读与写作的开展工作，对此进行了大量的研究，取得了一定的成果。但由于社会环境复

杂、不同学校学生的差异较大、大班额现象普遍、教学任务繁重等众多因素的影响，在个性化阅读指导、提升中学生写作能力方面一直没有有效、切合学生实际的成熟做法。因此，对中学生个性化阅读与写作实践的研究意义非凡。

本课题旨在探究通过指导学生个性化阅读，激发学生的阅读兴趣来培养学生独特的认知能力和审辨式思维能力，从而使他们掌握一定的写作策略和方法，达到培养学生阅读与写作的兴趣，提升学生认知社会生活的能力，使学生的阅读能力与写作水平相互促进、同步提升，进而形成良好的品德修养和健康的审美情趣，逐步养成良好的个性和健全的人格，成为身心健康、积极上进、全面发展的一代新人的目的。

四、课题研究的目标、主要内容、创新之处、思路和方法

1. 课题研究的目标

（1）引导学生理解生命、生活的真正意义，培养学生对终极信仰的追求，增强学生广泛阅读与独立写作的意识，使阅读与写作成为学生的生命需要，成为学生生命个体与外界社会交流的媒介。

（2）通过个性化阅读指导，开展多种形式的阅读、写作活动，提高学生的口语表达能力及写作能力，提升学生对文学作品的鉴赏能力，逐渐使学生掌握阅读与写作的方法与规律，从而广泛积累，提升学生的语文素养乃至文化素养。

（3）落实高中语文课程标准，探究个性化阅读与写作之间的教学联系点，突破学生个性化阅读与写作的困境，总结指导学生个性化阅读与写作实践的策略和方法。

（4）把课题研究的重点放在培养学生良好的课外阅读习惯方面。经过一定时期的研究与实践，努力把学生培养成"好读书、读好书"，有良好的阅读习惯，有较强的自主学习能力的"知书达理"的文明人，从而达到培养鲜活、健康的生命，促进学生健康发展的目标。

2. 课题研究的主要内容

通过研究，我们将解决以下问题。

（1）中学生在个性化阅读与写作方面存在的主要问题是什么？教师在个性化阅读与写作的教学指导上存在的主要误区有哪些？

（2）中学生个性化阅读有哪些特点？怎样激发学生个性化阅读的兴趣？教师的指导方法有哪些？应遵循怎样的规律和原则？

（3）这些方法的操作对教师、对学生的要求分别是什么？

（4）这些方法对提高学生写作能力的实际效果如何？这些方法是怎么引起学生的兴趣的？

（5）如何对中学生个性化写作进行评价？

3. 课题研究的创新之处

我们将努力把课内阅读与课外阅读相结合、个性化阅读与个性化写作相结合，以课内为主阵地，营造和谐、平等的阅读氛围，激发学生的阅读兴趣，充分发挥教师的主导作用和学生的主体作用，通过对学生个性化阅读指导方法和策略的研究，促进学生写作实践能力的提升。

4. 课题研究的思路

（1）课题负责人参与承担立项课题的主要研究任务，加强自身在课题研究方面的理论学习，拓展研究视野，提升研究能力。

（2）有针对性地收集、整理与课题相关的理论资料，组织课题组成员学习、讨论、交流，达成共识，共同提升课题研究的理论水平。

（3）开展丰富的读书活动，以读促写，为学生搭建交流平台，掀起读书与写作的热潮。

（4）开展课例研究、个案研究，以行动研究探究、指导学生个性化阅读与写作能力提升的策略和方法。

（5）科学分配、合理协调课题组成员的研究工作，扬长避短，加强交流与合作，及时解决他们存在的困难和问题，保证课题研究工作的顺利进行。

（6）积极与课题指导专家联系，加强专家对我们研究全过程的指导，以求少走弯路，高质、高效完成各项研究工作。

（7）课题研究与日常教学有机融合，课内阅读与课外阅读相结合，阅读与写作相结合，全面提升学生的语文能力和语文素养，提升教师的专业素养，教学相长，提高教育教学质量。同时做好各阶段记录、学习、活动、总结等过程性资料的收集、整理工作。

5. 课题研究的方法

主要采用的方法有调查法、理论研究法、行动研究法。

（1）调查法：对学生、教师采用问卷调查、访谈调查等方法，对目前中学生个性化阅读和教师阅读指导的现状进行调查、分析、归纳、整理，为课题研究提供事实依据。

（2）理论研究法：借鉴教育学、心理学等相关学科的理论，关注国内外阅读和作文教学研究的发展动态，收集相关文献资料，提高教师的理论水平。尝试探讨中学生个性化阅读与写作的认知特点以及影响中学生课外阅读与写作的因素，为行动研究明确方向。

（3）行动研究法：在调查分析的基础上，明确问题所在，在课堂教学中巧设问题，引发思维碰撞，积极探索培养学生审辨式思维的方法；课下开展丰富多彩的阅读、写作活动，培养学生的写作兴趣。在行动中研究，在研究中行动，不断反思、修正课题实施方案，归纳指导学生提高个性化阅读与写作能力的策略和方法。

五、研究的过程和步骤

（一）研究准备阶段：2014 年 11 月—2014 年 12 月

1. 课题准备

成立课题组，完成课题的申报以及课题实施方案、课题研究计划的制订工作。

2. 提升理论素养，奠定扎实基础

以工作坊、QQ 群、博客等为平台，采用集中学习与自主学习相结合、网络学习与报告培训相结合的方式，先后学习了《国家中长期教育改革和发展规划纲要（2010—2020 年)》，朱永新的《书香，也醉人》、卡尔维诺的《为什么读经典》等关于教育的文件和论著，以及与阅读和写作相关的40 多篇文章，聆听了李镇西老师的"幸福比优秀更重要"、魏书生老师的"教育与人生"、王满利老师的"2015 年高考冲刺策略""2015—2020 年度最有前景的教育技术"等报告，同时围绕课题学习了"如何进行一个专题的学习""高中议论文写作教学研究"等 10 多门网络研修课程，拓展了研究视野，提升了理论修养，明确了研究方向，确定了本课题的理论基础，完成了开题报告，为深入研究课题奠定了较扎实的基础。

3. 搭建网络平台，完成课题调研

我们利用"问卷星"的网络平台，精心设计调查问卷，调动课题组成员所在学校的教师和学生积极参加了《中学语文教师阅读与写作教学现状调查问卷》《中学生阅读与写作现状调查表》的问卷调查，收回 26 份教师、866 份学生的有效样本问卷，并统计了调查结果，完成了统计分析和调查报告。

存在问题及原因：

（1）中学语文阅读教学重课内轻课外，阅读功利化倾向比较严重。

（2）阅读心态浮躁，阅读信息碎片化倾向严重。

（3）对阅读和对写作实践的认识反差较大。

（4）影响阅读和写作的因素较多，教学指导有待改进。

提出了解决问题的对策：

（1）教与学要转变观念，倡导个性化阅读。

（2）推荐适合学生阅读的作品，积极搭建阅读平台。

（3）加强阅读指导，激发学生阅读和写作的兴趣。

（4）指导学生做读书笔记，逐步培养写作兴趣和写作能力。

调研让我们明确了现实中存在的问题，将研究工作重点落在纠正阅读偏差，注重深层理解和个性化解读，激发学生写作的积极性的策略研究上，为研究工作的展开明确了方向。

（二）深入研究阶段：2015 年 1 月—2015 年 7 月

1. 开展丰富的活动，架起阅读与写作的桥梁

我们按照高中语文课程标准提出的尊重学生在学习过程中的独特体验，应该让学生在广泛的语文实践中学语文、用语文，逐步掌握运用语言文字的规律的要求，根据教师、学生的不同特点开展了 8 项丰富多彩的课外阅读活动。我们不仅保留了传统的演讲、读书交流、诗会等活动，如"与书为伴，快乐成长"演讲比赛、"读书交流会"，还开展了"我的一本课外书""好书共欣赏"课前鉴读等学生喜闻乐见、别开生面的读书交流活动，还有赵海燕老师激发学生创造力的"我为自己代言——学生作文杂志编写活动"，学生将自己的作文编辑成册，插图、设计全部自己完成，锻炼了学生的动手能力，让学生品尝到成功的喜悦。刘跃红老师的"我喜爱的一本书（一篇文章）"课前演讲活动不仅要求学生读好文章，还要求学生品味鉴赏，提升了学生的鉴赏能力和文学素养。我们组织学生参加第 21 届"叶圣陶杯"全国中学生新作文大赛，更是对学生的阅读与写作能力

的综合检测，14 名学生荣获一、二、三等奖。这些活动架起了阅读与写作的桥梁，将个性化阅读指导与写作实践有机结合，拓宽了学生的学习视野，培养了学生良好的语文学习习惯。同时，这些活动促使学生学以致用，有效增强了学生的语文创新意识，培养了学生的审辨式思维能力和动手实践能力，学生的写作趣味更浓，读书自觉性更强，书香氤氲校园，成为校园文化亮丽的风景线。它们更丰富了语文教育教学的内涵，促进了语文课堂教学的改革，提高了语文教学的效率，提升了学校教育教学的质量。

开展学生活动一览表

序号	时间	活动名称、内容	负责人	活动参与者
1	2014.11	"我喜爱的一本书（一篇文章）"课前演讲活动	刘跃红	西安市第一中学高三学生
2	2014.12	第 21 届"叶圣陶杯"全国中学生新作文大赛	罗畅	西安市第一中学学生
3	2015.2	"与好书为友"寒假读书活动	郭柯	西安市第一中学高一学生
4	2015.2	"我为自己代言——学生作文杂志编写活动"	赵海燕	益新中学学生
5	2015.3 至今	"好书共欣赏"课前鉴读活动	郭柯	西安市第一中学高一学生
6	2015.5.6	诵读经典　弘扬文化　牢记历史　报效祖国	赵海燕	益新中学初一学生
7	2015.5.13.	"我的一本课外书"读书交流活动	李林梅	西安市第一中学高一学生
8	2015.9.29	"诗情歌韵咏青春"金秋诗歌朗诵会	罗畅	西安市第一中学高一学生

2. 广开教研资源，搭建交流平台，共享教学智慧

为了拓展研究视野，进一步提高课题组成员理论与实践相结合的能力，我们除了在课题组内开展听评课研讨活动之外，还与西安市王吾堂名师工作室、临潼区狄聪玲名师工作室，以及陕西省优秀教学能手工作站王毅军工作站、王春英工作站积极联系，带领课题组成员共同组织教研活动，前后组织大型教研活动 23 次。我们赴临潼铁路中学参加了"高考语文二轮复习的重点和方向"研讨活动，到西北大学附属中学参加了

"高中语文低起点与高起点课堂教学对比"研讨活动，到西安交通大学第二附属中学参加了"异文异构，长文短教"教学研讨活动，在西电中学与王春英工作站成员和庆安中学大学区全体语文教师开展了"语文学科如何说课"的教研活动，到西安市户县电厂中学参加了"赛教模式下的中学语文教师专业成长课题专题研讨"活动，到阎良区西飞第一中学参加了"高中语文翻转课堂教学观摩研讨"活动，到乾县花口初中参加了"审辨式高效课堂教学研讨活动"，刘跃红老师还两次参加了"送教下乡"活动，为西安市沣东新城、长安区教师进行了培训。大量的观课、评课活动，拓展了课题研究渠道，优化了教研资源，在更广的交流平台上互动，思维碰撞，切实发挥了联合教研的独特作用，创造了相互开放、优势互补、共同发展的教研环境，促进了各工作室之间的交流与合作，实现了课题研究工作的新跨越，进一步促进了教师的专业发展，提高了教师对课题的认知度。

课题组开展教研活动一览表

序号	时间	活动地点	活动名称、内容	活动参与者
1	2014.12.9	西安市第一中学	课题开题与研讨会	课题组全体成员
2	2014.11.26	西安市第一中学	罗畅老师做"关于教育教学资源开发与利用的思考"报告	西安市第一中学大学区教师、课题组部分成员
3	2014.12.23	西安市第一中学	课题理论学习、分工安排	课题组全体成员
4	2015.1.6	西安市第一中学	"打造精品教学设计，构建实施高效课堂"的主题教研	课题组全体成员
5	2015.1.8	西安市第一中学	刘跃红老师做"教师应有专业化发展的自觉"报告	西安市第一中学大学区教师、课题组全体成员
6	2015.2.2	临潼铁路中学	2015年高考二轮复习研讨会、课题工作碰头会	课题组全体成员、王吾堂名师工作室成员、狄聪玲名师工作室成员
7	2015.3.15	西安市长安区第二中学	李镇西的"幸福比优秀更重要"报告会	课题组部分成员

（续表）

序号	时间	活动地点	活动名称、内容	活动参与者
8	2015.3.23	西北大学附属中学	"高中语文低起点与高起点课堂教学对比"研讨活动	课题组全体成员、王吾堂名师工作室成员、狄聪玲名师工作室成员、王毅军工作站成员
9	2015.3.24	西安市第八十九中学	2015年高考冲刺策略报告会	课题组部分成员
10	2015.3.27	西安市碑林区大学南路小学	华南师范大学焦建利教授做"2015—2020年度最有前景的教育技术"报告	课题组部分成员
11	2015.4.2	西安市第一中学	刘跃红老师做《新人新事新亮点，议理论证胜昔篇——高考作文论据一材多用方法》听评课研讨、课题工作小结	课题组全体成员
12	2015.6.2	西电中学	刘跃红老师做"语文学科如何说课"报告	课题组全体成员、庆安中学大学区语文教师、王春英工作站成员
13	2015.6.2	西安市第一中学	课题中期工作研究	课题组全体成员
14	2015.6.3	西安交通大学第二附属中学	"异文异构，长文短教"教学研讨活动	课题组全体成员、王吾堂名师工作室成员、狄聪玲名师工作室成员、王毅军工作站成员
15	2015.10.20	西安市第三十三中学	刘跃红老师参加"名师送教大篷车"活动	课题组部分成员
16	2015.10.27	阎良区西飞第一中学	"'异课同模'翻转课堂"教学观摩研讨活动	课题组全体成员
17	2015.10.27	西安市第一中学	"高效作业"主题教研活动	课题组全体成员

(续表)

序号	时间	活动地点	活动名称、内容	活动参与者
18	2015.11.19	户县电厂中学	"赛教模式下中学语文教师专业成长"研讨活动	课题组部分成员
19	2015.12.4	庆安中学	陕西师范大学霍有明教授做"唐诗鉴赏方法及技巧"讲座	课题组部分成员
20	2015.12.7	建国饭店	"教育与人生"——魏书生教育教学思想专题报告会	课题组部分成员
21	2015.12.12	乾县花口初中	"审辨式高效课堂教学研讨活动"	课题组部分成员
22	2015.12.21	西安市第一中学	课题结题工作安排	课题组全体成员
23	2015.12.22	西安市长安区第二中学	刘跃红老师为长安区教师培训《如何说好语文课》	课题组部分成员

3. 骨干示范引领，立足课堂指导，辐射课外阅读

我们立足课堂，辐射课外，积极开展了行动研究，通过骨干教师专题讲座、上示范课、实践指导等形式，带动课题组全体成员积极学习、启发思考，推动了课题研究。课题组全体成员在研究中思考，在课堂中实践、成长。我们为教师、学生开展专题讲座，进行具体分类指导，针对不同文体指导如何品味鉴赏，结合学生作文的弊端，力争每次作文讲评突出 1 个重点，解决 1 个问题，带动学生阅读、写作。围绕课题，我们共上公开课12 节，其中包括网上晒课 3 节，全体成员平均听评课 36 节。

课题组公开课研讨一览表

序号	时间	报告或公开课题目	姓名	范围
1	2014.11.27	《氓》	郭柯	西安市第一中学
2	2014.12.23	《赤壁赋》电子白板教学展示	郭柯	西安市第一中学
3	2015.3	《登高》	刘跃红	网上晒课
4	2015.3	《知之为知之，不知为不知》	罗畅	网上晒课
5	2015.3	《项脊轩志》	郭柯	网上晒课

（续表）

序号	时间	报告或公开课题目	姓名	范围
6	2015.3.19	小说塑造人物的方法	李林梅	西安市第一中学
7	2015.3.23	《蜀道难》磨课	郭柯	西安市第一中学
8	2015.3.24	《蜀道难》校内省级能手推荐赛教活动	郭柯	西安市第一中学
9	2015.4.2	《新人新事新亮点，议理论证胜昔篇——高考作文论据一材多用方法》	刘跃红	西安市第一中学
10	2015.4.15	《新材料作文审题立意方法》	刘跃红	西安市第一中学
11	2015.4.21	《考场作文素材的调用》	罗畅	西安市第一中学
12	2015.9.9	《雨巷》	罗畅	西安市第一中学

4. 在研讨中发展，在反思中成长

课题研究的意义应在于教师在研究中主动学习探究，学会比较思考，积极大胆实践，自我反思，自我修正，使自我与教育教学对象共同成长。本课题组目前完成论文9篇、教学设计6篇、教学反思6篇，在《语文教学与研究》《中华活页文选》等国家级核心期刊、省级刊物上已发表论文5篇。在西安市教育科学研究所、西安市教育学会联合举办的成果评选活动中有2篇论文获一等奖，1篇论文获二等奖，1篇论文获三等奖。另外完成个人专著1部——《让教育走进灵魂深处——一位优秀教师的教育心语》。

课题论文获奖、发表、完成一览表

序号	姓名	教学论文	备注
1	刘跃红	《让经典影片引入作文教学》	发表在《中华活页文选》2014年第10期上
2	刘跃红	《从名师课堂实例看语文课堂提问设计的优化策略》	发表在《语文教学与研究》2015年4月期刊上
3	刘跃红	《把握文言文教学中少教多学的度》	发表在《中华活页文选》2015年第9期上，2015年5月在西安市教育科学研究所、西安市教育学会联合举办的成果评选活动中获一等奖
4	刘跃红	《慧眼精裁妙剪，巧用成就佳篇——高考作文论据一材多用方法探究》	

（续表）

序号	姓名	教学论文	备注
5	罗畅	《贯通古今　各司其职——提高文言文教学效率策略初探》	发表在《中华活页文选》2015年第7期上，2015年5月在西安市教育科学研究所、西安市教育学会联合举办的成果评选活动中获一等奖
6	罗畅	《透心的寂寞和无言的痛——柳宗元〈中夜起望西园值月上〉诗意漫谈》	发表在《中华活页文选》2015年第10期上，2015年5月在西安市教育科学研究所、西安市教育学会联合举办的成果评选活动中获三等奖
7	罗畅	《发现你的作文甘泉》	
8	郭柯	《问君哪得清如许，为有源头活水来——以多渠道阅读促写作能力提高》	2015年5月在西安市教育科学研究所、西安市教育学会联合举办的成果评选活动中获二等奖
9	马涛	《浅谈阅读教学中的整体感知》	

完成课题教学设计及反思一览表

序号	姓名	教学设计及教学反思
1	刘跃红	"捕捉时事亮点"教学设计及反思
2	罗畅	"作文素材的运用"教学设计及反思
3	薛艺香	锲而不舍，缘疑而进——《愚公移山》教学设计及反思
4	郭柯	《陈情表》教学设计及反思
5	马涛	《小狗包弟》教学设计及反思
6	马涛	"学会修改作文"教学设计及反思

5. 课题研究初见成效，成绩喜人

　　经过课题组全体成员的共同努力，课题研究初见成效，成绩喜人。我们组织学生参加了第21届"叶圣陶杯"全国中学生新作文大赛，14名学生喜获一、二、三等奖。学生习作上报率大幅增长，短短一年时间课题组教师就指导学生发表习作37篇，进一步鼓舞了学生的斗志。我们趁热打铁收集了学生活动中的优秀作文，编写了《中学生优秀作文集》1册。

西安市第一中学组织学生参加第 21 届"叶圣陶杯"全国中学生新作文大赛参赛获奖名单

序号	班级	学生	指导教师	题目	奖次
1	高二（1）班	黄佳琪	李翠萍	《茶根 乡根 心根》	一等奖
2	高一（1）班	韩思琪	李林梅	《古树里的文化》	一等奖
3	少30届1班	乌昕语	王勿妮	《寻文》	二等奖
4	高三（1）班	李昊龙	刘跃红	《大写的人生必有方圆》	二等奖
5	高二（8）班	司瑾	刘军旗	《根》	二等奖
6	高一（3）班	牛夏草	汪振婧	《方圆的诉说》	二等奖
7	高三（5）班	雷海婕	任年顺	《华夏之根 民族之根》	三等奖
8	少30届2班	姚柯羽	王勿妮	《打开心门》	三等奖
9	高二（3）班	瞿余成	吕海波	《根》	三等奖
10	高二（6）班	丁文姝	张创文	《这座城》	三等奖
11	高二（7）班	严艺航	刘军旗	《谈方圆》	三等奖
12	高二（7）班	上官月茜	刘军旗	《根》	三等奖
13	高一（1）班	孙秀男	李林梅	《石雕》	三等奖
14	高二（10）班	何畅	刘鹏周	《根》	三等奖

指导学生习作发表于西安市第一中学校报《晨风》一览表（2014.10—2015.4）

序号	校报期号	姓名	班级	作品	辅导教师
1	第 55 期	王甜	高三（8）班	《老师，我想对你说》	罗畅
2	第 55 期	李晶艺	高三（7）班	《聆听自己内心的声音》	罗畅
3	第 55 期	向晨宇	高三（6）班	《老师，我想对你说》	任年顺
4	第 55 期	职慧芯	高二（2）班	《星之芒》	李翠萍
5	第 55 期	章霈琦	高一（2）班	《一季青叶塑玉兰》	李林梅
6	第 56 期	岳培艺	高三（8）班	《伟大的失败者》	罗畅
7	第 56 期	史静文	高二（1）班	《带着你的亲人去远方》	李翠萍
8	第 57 期	王诚楷	高三（8）班	《与法同行》	罗畅
9	第 57 期	王嘉鑫	高二（2）班	《好老师 排位子》	李翠萍
10	第 57 期	穆雨新	高一（7）班	《军训随笔》	郭柯
11	第 58 期	孙紫荆	高三（8）班	《守住生命之根》	罗畅

（续表）

序号	校报期号	姓名	班级	作品	辅导教师
12	第 58 期	王嘉鑫	高二（2）班	《我的课堂展我风采》	李翠萍
13	第 58 期	赵婉伊	高二（2）班	《我的课堂我做主》	李翠萍
14	第 58 期	翟余成	高二（3）班	《我的边城》	吕海波
15	第 58 期	李杨格格	高一（7）班	《君若离时秋已半》	郭柯
16	第 59 期	王镇	高一（2）班	《一路有你》	李林梅
17	第 59 期	刘楠茜	高一（1）班	《择路人》	李林梅
18	第 59 期	杨雯竣	高一（8）班	《秦岭山脚下的迷彩天空》	郭柯
19	第 59 期	李佳美	高三（1）班	《此心安处是吾乡》	刘跃红
20	第 59 期	黄含含	高三（1）班	《方圆之美》	刘跃红
21	第 60 期	雷海婕	高三（5）班	《华夏之根　民族之根》	任年顺
22	第 60 期	黄佳欣	高二（3）班	《微青春》	吕海波
23	第 60 期	王苏嘉	高二（3）班	《阳光流过是感动》	吕海波
24	第 60 期	史静文	高二（1）班	《妈妈，你有没有超能力》	李翠萍
25	第 60 期	黄佳琪	高二（1）班	《观〈飞屋环游记〉有感》	李翠萍
26	第 61 期	何欣瑞	高三（1）班	《执着信仰　生命灿烂》	刘跃红
27	第 62 期	李晶艺	高三（7）班	《根》	罗畅
28	第 63 期	刘雨佳	高三（8）班	《月缺如诗》	罗畅
29	第 64 期	马恩鹏	高二（1）班	《天泪云伤》	李翠萍
30	第 65 期	何知非	高二（3）班	《寸心方圆》	吕海波
31	第 66 期	田雨薇	高三（1）班	《守旧也是传承》	刘跃红
32	第 66 期	苏志璇	高一（8）班	《军训！军训!》	罗畅
33	第 67 期	袁予初	高三（2）班	《老也要有尊严地活着》	刘跃红
34	第 67 期	陈朝宇	高三（2）班	《规划好我们的忙碌》	刘跃红
35	第 67 期	董一直	高一（8）班	《老屋》	罗畅
36	第 67 期	负少腾	高一（2）班	《成长是一种美丽的痛》	李翠萍
37	第 67 期	邱梦凡	高二（1）班	《太白之旅》	李林梅

6. 撰写并上报课题中期报告

根据课题研究工作进度情况及阶段性成果撰写书面材料。

（三）课题总结阶段：2015 年 8 月—2015 年 12 月

（1）对课题深入研究阶段的实践成果进行整理、分析，总结出中学生个性化阅读与写作实践的指导策略。

（2）对课题研究工作的成果进行分类整理，完成论文、教学设计及反思集子 1 册、《课题学习资料汇编》1 册、学生诵读资料 1 册。

（3）撰写结题申请和结题报告。

（4）整理研究的所有资料，做好相应的结题工作。

六、研究结果与成效

（一）对中学语文教师阅读与写作教学指导、中学生个性化阅读与写作的现状进行了调研和分析，明确了改进的目标

明确了学生阅读与写作上存在着中学语文阅读教学重课内轻课外、阅读功利化倾向比较严重、阅读心态浮躁、阅读信息碎片化倾向严重、对阅读和对写作实践的认识反差较大、教学指导有待改进等问题。提出了教与学首先要转变观念，教师要积极推荐适合学生阅读的作品，积极搭建阅读平台，倡导个性化阅读，加强个性化阅读指导，加强审辨式思维能力培养，激发学生阅读和写作的兴趣，逐步培养学生的写作兴趣，提升学生的写作能力的对策。

（二）对中学生个性化阅读与写作实践进行了研究、分析和思考

通过学习和研究，我们认为阅读和写作是语文教学的重要内容之一，要让学生有个性地表达，首先要让学生广泛地阅读，不断激发学生的阅读兴趣，拓宽学生的阅读渠道，拓展学生的阅读视野。其次要培养学生的审辨式思维能力。让学生进行个性化阅读和写作，进而提高语文素养，不是仅仅让学生读多少本书、写多少篇文章的问题，而是通过读书给了学生什么、能给学生什么、怎么给的问题，是有没有培养出学生独立思考的习惯和能力，学生是否具有审辨式思维能力的问题。有了审辨式思维能力，学生才会有个性化阅读和写作的能力。如今信息技术高速发展，互联网时代各类课程越来越多，学生足不出户，就可以不受时间、空间的限制，选择

最好的老师听课，随时随地、轻而易举地获取知识。但是教授一门课程更为重要的意义恰恰是为了使学生的思维能力得到发展。于漪老师说："思维就是力量。教育要转变思想，转变人的思维模式。"不懂得思维的学生只是高分低能的"搬砖者"，有审辨式思维能力的人才是推动社会前进、富于创造变革的创新者。创造力从根本上说是一种思维能力，它是指一个人能提出问题、解决问题、适应环境的能力。创造力体现在勤思考、常动手、常提问、敢质疑、不放弃等方面，因此教师在课堂教学中就应围绕这几个方面对学生进行指导，通过思辨读写，使中学生具备尊重、理解和包容的现代人格；培养学生合理、公正和创新的现代思维方式；通过文本阅读和写作活动，培养学生追求事实、逻辑、情理与表达相统一的思维能力。只有这样，学生的阅读才有深度、有个性，思想才有高度，才能促成学生写作的个性化，从而实现学生的自我教育，培养他们美好的德行，为他们的人生奠定坚实的基础。

学生阅读需要理性的指引，教师在学生读什么书、如何读书、如何表情达意的引导上担负着重要的职责。教师具有激发学生的阅读兴趣、创设与维护良好的阅读环境、树立学生正确的价值观、培养学生良好的思维方式与阅读习惯、提升学生的阅读能力、评价学生阅读效果的职责。教师帮助学生制订个性化阅读计划，对学生阅读的策略与方法进行指导，指导的内容应包含两个方面：一是激发学生阅读作品的兴趣，即激趣；二是培养学生的审辨式思维能力、文学鉴赏能力，使学生能感受形象，品味语言，领悟作品的丰富内涵，体会其艺术表现力，有自己独特的情感体验和思考，即得法。

经过近一年的研究，我们认为中学生个性化阅读与写作实践策略有以下几点。

1. 激发阅读兴趣，尊重个性和爱好

在阅读书目的推荐上遵循广泛性、自主性、差异性、课内辐射课外的原则，不强制，不越俎代庖。只要学生感兴趣的就可以读，读得越多越好。读来读去，学生便会发现自己的兴趣所在，同时能培养鉴别能力。此外，读书的形式是不拘一格的，有范读、默读、诵读、泛读、精读、跳读、选读、个读、齐读、反复读等。形式可以多种多样，教师不必求同，应尊重学生的个性和爱好。教师可以通过推荐阅读书目、开设阅读课、举办读书交流报告会、组织编写手抄报及电子小报、组建文学社、开展朗诵演讲活动、举办知识竞赛、开展读书节等活动，促进读写结合，以读促写，以写带读，激发学生兴趣，展示阅读成果，形成激励机制，推动阅读深入开展。

2. 培养阅读习惯，贵在长期坚持

教师在阅读过程中要注意培养学生动脑、动笔的良好阅读习惯。指导学生在阅读一个段落之后，学会用心去思考，自我提问：文中写了些什么？为什么这么写？写得怎么样？然后尽可能找出答案，并用圈点画线、摘抄、做卡片、批注、列提纲、写心得、写鉴赏评价等方法及时记录自己独特的感受，学生如能长期坚持，自然就能提高阅读能力，养成勤于动脑、动笔的习惯。这既避免了学生阅读时走马观花、浅尝辄止，又巩固了阅读的效果，丰富了语言积累，为写作奠定了很好的基础。

3. 授之以渔，重在思维引导

能力比方法重要，能力又来自思维方式、方法。中学生个性化的阅读和写作实践离不开教师课堂教学的指导。教师课堂教学的立足点应放在对学生审辨式思维方式、方法的培养上。所谓审辨式思维，就是不盲从、不人云亦云的逻辑清晰严密的思维，是"勤学之、慎思之、明辨之、笃行之"的理性判断后的行动。课堂上教师应以思维差异为资源，以多维对话为形式，为学生创设对话、争辩的机会，让学生各抒己见、发表自己不同的见解，努力实现学生与学生、学生与教师之间的多重"思维碰撞"，促成"思维方式和课堂文化"的变革。

点燃学生思维的导火索是"问题导向"。课堂要形成"思维碰撞"的关键是有能够挑起认知冲突和思想交锋的话题。我们认为，课堂活力不应是简单对话所形成的课堂喧嚣，而是学生的思维被激活后所形成的思想火花。课堂改造应该回归"思维"这一智能核心，组织"竞争、思辨、质疑、反馈"性的教学活动，归化到课堂活力的生命本质。

课堂"思维碰撞"还需要注意"产出导向"。美国学者埃德加·戴尔的"学习金字塔"理论认为：采用主动学习方式，学生可以记住90%的学习内容。如果让学生在收集、探究、展示、反馈的过程中构建知识、启迪思维、提升智慧、培养人格，并通过获得成果激发学生学习的内部动机，让学生体验到收获知识的成就感与解决问题的实践智慧，会大大提升课堂

效率。于是，交往与沟通就成为教学的核心，但交往与沟通必须以产出成果为目标，否则课堂活动就难以保证有效。产出即创造，产出即体验。以产出为导向的课堂教学，既可以让学生高效率地接受、内化现成的定论性知识，又可以引导学生探求知识，培养学生独立解决问题与预见未知的能力。我们在课堂上积极促成"思维碰撞"，使我们的课堂发生了较大的改变：教学过程从知识学习走向问题解决；教学评价关注到学生思维的方式、方法，不仅仅是知识正确与否，能力是否形成；课堂教学从浅层引导走向深度唤醒。

当然，学生个性化阅读与写作还离不开科学方法的引导。教师不仅要指导学生学会安排好阅读的时间，保持纯净、乐观、专一、渴求的良好心态、学会选择、利用工具书，针对不同的文体，根据不同的目标，采用相应的方法，还要引导学生理论联系实际，巩固阅读成果。一般而言，对于易懂的现代文，可以采用默读、扫描式、泛读的跳跃读法，以期快速地筛选有效信息，达到高效阅读的目的；对于一些精美的散文，可以采用精读、标记、批注、涵泳、反刍式的感悟阅读法，通过阅读体会文章的语言美、意境美、情感美、价值美等；对于经典诗歌，可以采用诵读、反复、多种感官协同的涵泳阅读法，重点体会诗歌的语言、形象、意境和感情；对于经典文言文，则采用理解文献注释、诵读、反刍、质疑的阅读方法，做到眼观其文，口读其声，耳听其音，脑思其义。

此外，学生阅读，要围绕既定目标刻苦努力，要善于追踪、扩展书本知识，对比分析，借鉴吸收，既能读进去，又能出得来，不拘泥，会变通，善于理论联系实际，只有这样才能读出味道，读出情趣，品出生活的真谛。

4. 提升教师素质，丰富文学素养

教师指导的水准与教师的教学能力、教学个性、教学风格、教学方法以及教师对课堂的把握能力、课堂教学的设计等因素密切相关，成败与否更取决于教师自身的文学素养。如果教师具有丰厚的文学素养，善于运用自己的教学智慧，善于创设恰当的教学情境，就会激发学生的阅读兴趣，使学生走进书籍，进而使学生在优秀文化的熏陶中，充分领略经典文化反思的力量和文化传承的价值，培养学生的人文素养，提升学生的思想素质。

5. 尊重个性体验，提倡个性解读

每一个生命个体都是有差异性的，学生的成长经历、家庭教育、思维方式、品行修养等因素决定了他们对作品的感悟力不同。教师不能以某种权威解读压制学生的个性解读，而应以真诚平等的态度带领学生共同研讨，积极搭建民主、科学、平等、和谐的交流平台，鼓励学生大胆质疑、探究、论辩。教师应放开手脚，要学会让学生自我成长。

6. 创设和谐民主的阅读环境，多渠道搭建交流平台

苏格拉底"产婆术"引申出的学习"产出观"认为：只有学生"思维产出"的知识，才可能成为学生自己的知识。在学习过程中，学生需要把知识变成自己的思想、见解、学识，并将其呈现出来。人的社会性，在于他有被同伴接受、肯定的心理需要。教师要为学生积极搭建充分交流的平台，这是个性化阅读与写作实践的需要，也是对成果检验的必要手段。课前美文欣赏、读书交流报告会、编写手抄报与电子小报、朗诵演讲活动、知识竞赛等交流形式，可以让学生的思想交汇碰撞，激发学生的灵感，触发学生的想象，挖掘学生的潜能，让学生体会到潜心研究某些问题的成功与快乐，可以多角度、多层次地调动学生思维的主动性，激发学生的创造性思维，调动起每一个人参与的积极性，促进每一个人的进步提高。这种和谐交流也能促进教师完善自己的阅读指导，促使教师自我反思，与学生共同成长。

7. 及时评价反馈，发挥激励作用

教师应善于运用学生自评、小组互评、教师评价、家长评价等多元评价方式，发挥教学评价的诊断、激励、调控等功能，帮助学生认识自我，树立自信，让每一个学生在原有基础上进步和发展。教师对学生的评价还应具有一定的前瞻性、及时性、全面性，不仅关注结果，更关注阅读的动态参与过程，对学生的阅读态度、阅读习惯、阅读方法、阅读思考、阅读结果都应做出评价，让学生在乐于阅读、乐于分享中获得成功的体验。

（三）积累了一些成功的经验，提升了教师的教学水平和专业素养

进行课题研究，不仅促使我们围绕课题阅读了多部教育论著，学习了10多门网络课程，还开展了23次较大的跨区域、优化教育资源、共享教学智慧的听评课研讨活动，并促使教师在课堂上大胆实践，上公开课12

节，做报告4场，人均听课36节，开阔了教师的教育教研视野，在学习、比较、分析、总结、实践的过程中提高了教师的专业素养，丰富了教师的学习生活，实现了实践水平的同步发展。课题组成员共完成论文9篇、教学设计6篇、教学反思6篇，在《语文教学与研究》《中华活页文选》等国家级核心期刊、省级刊物上已发表论文5篇，在西安市教育科学研究所、西安市教育学会联合举办的成果评选活动中有2篇论文获一等奖，1篇论文获二等奖，1篇论文获三等奖。另外完成个人专著1部——《让教育走进灵魂深处——一位优秀教师的教育心语》。它也促使我们以课堂教学和活动为突破口，致力于其他课堂教学艺术的研究，循序渐进、全面地提升自己的教学艺术水平，让我们在课堂上更加努力地创设和谐、民主、轻松的教学氛围，注意培养学生学习的主动性和创造性，恰当地选择运用灵活多样的教学方法指导学生的学习，提高了课堂教学效率。

（四）学生的语文素养在不断提升，成绩喜人，促进了学校教育教学质量的提升

"我的一本课外书"、"好书共欣赏"课前鉴读、"我为自己代言——学生作文杂志编写活动"等8项学生喜闻乐见、别开生面的读书交流活动，拓宽了学生的学习视野，激发了学生个性化阅读和写作的兴趣，培养了学生良好的语文学习习惯，促进了学生审辨式思维能力的提升。参加活动的学生数量日益增多，学生的写作能力有了明显提升。学生学得快乐，生活注入了活力，对他们的人生产生了积极的影响。14名学生在第21届"叶圣陶杯"全国中学生新作文大赛中荣获一、二、三等奖。课题开展至今，共有37篇学生习作发表，学生习作的上报率大幅上升。大量的阅读活动促使学生学以致用，有效增强了学生的创新意识，培养了学生的实践能力，全面提高了他们的语文素养。教师的听评课研讨，使教师与学生一起阅读、思考，带动了学校教育教学研究工作的开展，既促进了教师的成长，也促进了学校教育教学质量的提升。

七、课题研究需深化内容

我们的课题研究达到了预期的目的，但并不意味着结束。该课题值得进一步研究的问题主要有以下几个。

（1）因为时间紧促，研究内容需要进一步细化充实。如何再结合各年级学生的特点，读写结合，分类推进，形成科学化、序列化的指导活动，以此全面推进个性化阅读与写作实践策略的推广，这是今后的课堂实践中亟待解决的问题。

（2）由于学生的语文基础与学习能力在同一班级存在着客观的差异，如何使全体学生在原有基础上都得到最佳的发展，这是值得研究的课题。

（3）中学生个性化阅读与写作实践是积极促进语文教学高效的重要手段，本课题也是一个永恒的课题，需要不断完善、不断发展。我们将在取得成功经验的基础上进一步努力，争取在理论和实践上取得新的发展。

课题研究结果告诉我们，只要我们转变观念，勇于实践，对学生的阅读与写作进行正确的指导和鼓励，积极提供学生交流的平台，就会让语文课堂拥有鲜活丰富的内容，永远充满活力，就会让学生终身受益，拥有积极向上的人生。

八、课题成果

主件：课题鉴定申请书和课题鉴定书

附件：

（1）课题相关论文、教学设计、教学反思集 1 册。

（2）课题相关学生作文集 1 册。

（3）课题教师学习资料集 1 册、学生诵读资料集 1 册。

（4）学生参加全国作文大赛获奖证书复印件及名单、校报发表学生作品统计表。

（5）课题教师公开课、报告、联合研讨、听评课活动、学生活动等过程性资料、照片。

（6）课题的调查问卷、调研报告。

关于西安市第一中学
语文学科减负增效的调研报告

一、调研的基本情况

调研时间：2011 年 3 月 10 日—2011 年 3 月 15 日

调研主题：语文教学减负增效的有效途径

调研范围：西安市第一中学

调研对象：语文组全体教师，高一、高二部分学生

调研方式：问卷、访谈、座谈、听课案例分析

调研目的：调查新课程背景下语文教学低效症结之所在，积极探求以校本教研促进教师专业成长、以教师能力提升促进语文教学增值高效的有效途径，关注学生心理健康，以有效方式激发学生的学习兴趣，不断提升学生的语文能力和语文素养，提升学校教育教学质量。

调研情况说明：本次调研共发放教师问卷 15 份，回收 15 份；发放学生问卷 338 份，回收 338 份。学生问卷选取了高一、高二各三个班，每个年级选取了上、中、下三个层次的班级，较有代表性。教师问卷从教师负担、对减负增效的认识理解、对学生学习方法的指导、课堂教学方法与手段的运用、教学效果、知识的巩固、校本教研的有效途径等方面进行了设计。学生问卷从对减负增效的认识理解、学习的动力、学习阅读的习惯与方法、听课的效率、作业阅读量的多少、课余时间安排、提高学习效率的方法等方面进行了设计。我对所有问卷进行了编号，设计了统计表，将所有答案输入电脑，进行统计，得出了翔实的数据。教师访谈注意了业务能力、年龄差异、男女差异，对刘朋周、杨永、罗畅、唐艳、高美娟 5 位教师进行了访谈。学生座谈会选取了高二年级文理科三个层次的班级、每个班级抽取了不同层次的 18 位学生进行了座谈。为避免与问卷内容重复，在座谈会上偏重于方法问题、心理问题对学生学习负担的影响。听课案例分析选取了罗畅、唐艳、郝万平三位教师的课，意在探究教师运用减负增效策略的实际情况和效果。

二、调研的具体情况

（一）学生方面

1. 对减负增效的认识

60％以上的学生对减负增效认识正确，他们感受到语文学习对他们未来的升学、就业有较大影响，希望自己学得好。与对知识的掌握相比，他们更希望教师培养自己分析问题、解决问题的能力，使自己掌握解决问题的方法。大部分学生喜欢学习语文，认可教师的课，经常得到教师的鼓励，并从课堂上获得了美的体验，认为学习语文不难，其他方面的收获也较大，易于树立他们的自信心。有近40％的学生懂得减负增效不仅仅是教师的事，也要靠自身的行动来实现。近20％的学生关注到了教师层面，看到减负更要靠解放教师才能实现，这是极其可贵的。也有近一半的学生不喜欢死记硬背，感到学习效率太低，进步缓慢。

2. 学习的习惯、方法

约有40％的学生有预习的习惯，80％的学生有阅读习惯，大部分学生有一定的学习语文的方法，方法的获得60％来自教师传授，40％来自自我摸索。他们认为较有效的方法是多看书、多识记、多动笔、多摘抄。80％的学生懂得运用分类归纳、比较分析、概括总结的方法学习相关知识。但有一半的学生不预习，其中有20％的学生不懂得如何预习，课后也是边写作业边复习。阅读每周达到3小时以上的学生只占30％。近80％的学生认为课业负担较重，没有时间读书。

3. 学习的方式、课堂的效率

大部分学生喜欢课堂上开展的各类教学活动，喜欢教师课外的延伸，喜欢课堂上的师生互动研讨，希望课堂形式更活泼，教学方法更灵活。他们认为这些活动、内容激发了他们的兴趣，发散了他们的思维，锻炼了他们的能力，活跃了课堂气氛，使他们的注意力更加持久，课堂效率得以提高。70％的学生听课效率较高，听得懂、学得快，不用课下花时间复习，认为课堂上老师准确透彻地传授知识、指导学习的方法，师生共同研讨总结，自己上课认真听讲的学习效率最高。20％的学生听课较被动，效率较低。有60％的学生学得快忘得也快，需要进行知识巩固。约40％的学生希望有更多独立思考和自主学习的时间，他们需要有一定的时间在相互研讨中质疑、解疑。

4. 学习时的情绪、心理

绝大部分学生平日情绪较稳定，能认真对待自己的学习，遇到作业多、考试成绩不理想的情况时情绪会有波动，对作业也会出现应付的现象，此时学习效率最低。一天之中早晨、休息好后、晚上安静的学习环境中情绪最稳定，心情最好，学习效率最高，中午学习效率最低。大部分学生能采用适当休息、听音乐、运动、看课外书或者采用换科目学习等方式自我调整，少数学生靠意志力，个别学生消极对待。

5. 知识的巩固与课余安排

75％的学生认为老师留的作业难易适度，能巩固所学；一半的学生能在较短时间内完成；25％的学生认为作业量有点多，负担较重。近20％的学生不希望有作业，更希望通过看书去解决问题、拓展知识。64％的学生有意识在完成作业后巩固、拓展知识或积极参加学生社团，愿意参加各种有意义的活动，感受生活。35％的学生仅仅停留于完成作业，一半的学生业余时间更愿意上网。

6. 实现高效的途径

学生普遍认为语文学习实现高效的途径是上课认真听讲，多读书，多利用零星时间识记，多动脑归纳总结，丰富自己的生活体验，多动笔写作。

（二）教师方面

1. 对减负增效的认识

绝大部分教师看到减负增效是教育双方的连体行动，认识到只有教育制度的根本变革才能带来素质教育的彻底推进，认识到只有教师的业务素质不断提高，才能改进教学方法，提高教学效率，培养学生的能力，而且将对学生能力的培养放在了知识传授之上，注意知识的生成和学生的体验。希望在教学中达到学有所得、教有所获、教学相长的境界。他们追求上进，渴望提升自身的素质和能力。一半的教师较有危机感。

2. 教学方式、方法、学习指导

大多数教师能在新课程理念的指导下采用启发引导、合作交流、自主探究的方式组织教学，通过采用多媒体、创设优美的教学情境、积极鼓励评价、联系生活实际、有一定深度的拓展等方法调动学生学习的积极性和主动性，激发学生的学习兴趣，注意以多种学习活动培养学生的语文能力，注意对学生进行学前预习和学习方法的指导，收效显著。大部分教师并不盲目否认讲的传统，能认真设计自己的课堂教学环节，不玩花架子，务实而追求本真。绝大多数教师能够注意分层教学，因材施教，在设置教学环节和问题上有所偏重。也有33%的教师对计算机操作不熟练，甚至有33%的教师不会做课件。

3. 教学效果、知识巩固

90%以上的教师上课受学生欢迎，学生感兴趣，较投入。在减负增效的实践中，教育教学质量有所提高，教师的业务素质也有所提升。作业的布置较合理，一半的教师会留分层作业。他们对作业全批全改，还经常写些鼓励性的话，将作业本作为与学生心灵沟通的平台，对学生及时进行心理疏导，受到学生的喜爱。60%的教师下班后要备课、改作业，工作负担较重。

4. 提高课堂教学效率的途径

80%的教师认为减负增效的有效途径是教师不断修炼内功，大胆整合教学内容，准确地把握教材，合理设置教学环节，讲课做到少而精，把课上精彩，尽可能采用现代化教学手段，达成教学目标。60%的教师认为要给学生充分的时间和空间，让学生在活动中、在生活中提高能力。80%的教师害怕学生成绩下滑而不敢大胆实践，近一半的教师觉得自己还缺乏新的理念、新的方法。遇到问题时，100%的教师用各种方式去解决问题，采取了积极的态度。

5. 教研对教学增效的作用

近70%的教师认为参加各种业务培训对教学质量的提高最有益，近一半的教师认为专题报告、专家引领、观摩名师上课并及时反思研讨效果显著。两者的结合使他们不仅有理念，也有了实践的榜样。我校开展的"与名师为伴，促专业成长"的课例分析研讨活动、教师专业培训、"教研素质增值"主题教研活动等不仅开阔了教师的视野，给人一种全新的感受，而且激发了教师继续探究思考的热情，形成了较浓郁的教研氛围，成为我校教研的一个亮点。此外，提前设置好讨论话题的集体研讨、对一周教学内容的集体备课的活动也颇受青睐。

三、存在的问题

1. 负重前行，矛盾的两难抉择

语文学习在夹缝中求生存。学生懂得学习语文的重要性，懂得自己语文能力较低，语文素养不高，清楚地知道要加强自己的听说读写训练，加强自己的课外阅读和生活体验。但是，只要有时间，他们还是会把时间用在对数理化的学习中去。学生不是不爱语文，不是不爱阅读，而是其他学科的重负迫使他们必须忍痛割爱。

教师一方面渴望学习，渴望专业成长，希望提高自己的教学能力和教学水平，另一方面语文繁重的备课、作业批改等工作以及学校的各项工作琐事使他们难以为继，大部分语文教师还承担着班主任、教研组长、年级组长的工作，有的身兼多职，如果把专业学习放在日常的工作中，会让他们望而生畏，勉强培训，也难有效果。

【评析】不论是学生还是教师，都需要自主学习的空间和时间，需要一个宽松愉悦的学习环境。焦虑的心态之下产生的必然是浮躁，日久必然会使人丧失感受语文、感受生活之美的能力，更可怕的是会使人丧失追求学习乐趣的愿望。奥卡姆剃刀定律说："如无必要，勿增实体。"许多东西是有害无益的，我们正在被这些自己制造的麻烦压垮。我们自己受到煎熬，又在转嫁这些麻烦，使他人同样受到煎熬。我们的行政事务正不断膨胀，制度越来越烦琐，检查越来越多，但效率越来越低。随着社会、经济的发展，时间和精力成为人们的稀缺资源，现实迫使我们应该使用"奥卡姆剃刀"，化繁为简，将复杂的事物变简单。学生要从繁重的学习中解脱出来，教师要从繁重的事务中解脱出来，要回归生活，回归阅读与写作的自由空间，只有这样才可能拥有独立的思想、独立的人格、独立的精神，才可能拥有创新思维和创新能力。当人们真正有了生活的体验，感受到生活之美，才有与他人分享的冲动，才有写作的欲望，才能真正走出语文学习的困境。

各学科的学习是一个整体。木桶理论告诉我们：一只木桶盛水的多少，并不取决于桶壁上最长的那块木板，而恰恰取决于桶壁上最短的那块木板。语文能力的下降和丧失必然影响到其他学科能力的培养，最终决定了一个人的综合能力和素质。

2. 师生的阅读量小，阅读品位不高

学生陷入繁重的学业中，与社会隔绝，与生活隔绝，日益成为学习的机器、考试的机器。教师埋头于繁重的工作中，成为工作的机器、制造机器的机器。只有30%的学生每周阅读时间在3小时以上。学生阅读的内容往往是惊悚、动漫、推理类作品以及《读者》《意林》《格言》之类的杂志。教师的阅读往往停留在上学读书时期，专业方面的书读得较少。极少数人会挤时间读书，但阅读速度缓慢，平日以生活消遣性阅读为主。师生阅读的品位都不高。

【评析】整天与书本打交道的人竟然没有自由读书的时间，阅读量很小，阅读品位不高，这应该是读书人最大的悲哀，也是教育最大的悲哀。没有现实生活的深入，没有广泛的阅读，教学、学习就没有源头活水，没有了间接学习、感受生活的渠道。教师没有广读博取，就难以不断提高自己的知识水平和专业素养，难以给学生提供丰富的知识，就难以有鲜活的课堂、高效的课堂，就难以有驾驭课堂的能力。学生没有广泛的阅读，就难以有对生活的深刻认识和感受，难以有自己的思考和思想，就难以有素材的积累，就只能套用他人假大空的话，写作能力的提高就只能是空谈。语文的外延是生活，当繁重的学习和工作阻断了他们与生活的通道，就会使学习和课堂丧失鲜活的生命力。语文学习就只能是一潭死水，语文能力和语文素养的提高就只能是海市蜃楼。

3. 精品课堂缺失，亟须加强教师自身的"造血"功能

西安市第一中学在西安市范围内尚属教育教学质量中上等的学校，平日的教学中也有"点课""约课""磨课"制度，教研活动内容较充实，形式多样。但通过听课感到教师虽然有了新的理念，懂得减负增效的意义和途径，但自身实践中的常规课堂还缺少精心打造，亮点不够，没有特色，教师的教学水平参差不齐，更缺失充满个性的精品课堂。教师理想中的课堂与他们实践中的课堂还存在较大的差距。

【评析】教学是科研的起点，科研是教学的深化。科研成果最终要回归课堂，指导课堂教学实践。教师应边教学边研究，抛开功利性的狭隘观念，始终坚持自己的事业追求，只有这样才有可能成为学者型教师。学会研究并且具备发现问题、研究问题以及积极实践，不断修正自我的能力，

是教师专业成长的前提，是教师自身"造血"以保持课堂生命活力的前提，更是精品课堂、个性化课堂产生的前提。没有全体教师自觉的专业成长，就难以有学校教育教学质量的提高。所以，学校、教研部门要想方设法调动教师教育科研的积极性和主动性，营造良好的科研氛围，为教师的教育科研积极创造条件。学校及上级部门还应尽量减少各种事务对教师的干扰，还教育教学以清净，更应从政策、资金等方面积极扶持，创造条件，积极推动教师的专业学习，这样教师的成长才能落到实处。

四、调研后的思考建议

（1）继续加大教师培训力度。教研机构、学校要为教师的专业成长积极搭建更广阔的平台。多举办专题报告，专家引领是促进教师理念更新最有效的手段。

（2）充分挖掘名师资源，发挥名师的辐射效用，名师联手带动青年教师迅速成长。多举办名师观摩课，制订一堂好课、优质高效课的标准，为广大教师的课堂教学改革提供样本。这是教师自我反思、完善自我的捷径。

（3）制订新的课堂评价标准，减少教学内容，将教师从备课、批改作业等繁重的工作中解放出来，给教师自我研修的时间、自我发展创新的空间。

（4）关注学生的心理健康，把时间还给学生，加大阅读、写作的指导力度，加强与生活的联系，让学生真正走进生活，获得生活的体验，在读书中品味，在生活中提高认识，这样才能真正促进学生成为能独立思考、有自己思想、能流畅表达、真正具备语文能力和语文素养的人。

《中学语文阅读教学提问设计的
优化研究》结题报告

一、课题背景及界定

《美国教学创意手册》中有一句名言："教师的责任就是动用一切有创意的方法让学生被书本深深地吸引。"我认为教师的课堂提问就是让学生被深深地吸引，进而有所创造的最简易的方法。北宋文学家王安石在《书〈洪范传〉后》中说："其问之不切，则其听之不专；其思之不深，则其取之不固。"阅读教学是学生、教师、文本之间对话的过程，是在教师指导下的学生自主的阅读实践活动。学生在阅读活动中具有自主性、独立性，教师则起引导、点拨的作用。这并不是说教师的作用无足轻重，而是要求"他熠熠闪光的思想必须温柔地俯视不易调控的课堂"。它更需要教师吃透文本，对问题精心设计。

可在实际教学中我们常常看到，一些教师的课堂提问是毫无目的的满堂问，零碎单调不系统，层次混杂无情趣，课堂教学表面热热闹闹，实则徒劳、低效，教师上得吃力、失落，学生学得寡淡无味，一无所获。相反，名师的课堂提问往往是举重若轻，一问激起千层浪，不仅能激发学生的学习兴趣，更能抓住文本的灵魂，因此，学生学得主动，意兴盎然，教师教得轻松，效果奇佳。

看似寻常一问，结果为何这般悬殊？其原因就在于名师提问的背后是他们丰厚的学科积淀，是他们对所教文本的独特理解和感悟，是他们过人的技能、技巧及教学智慧。自然不同的个性和风格决定了他们提问设计的不同特点，不同的理念、不同的文本、不同的领悟、不同的学情、不同的教学环境等因素更决定了他们对提问设计的不同选择。虽然他们提问的方式千差万别，但其中的规律隐隐可循。研究众多名师课堂提问设计，尤其是"同课异构"的提问设计，必将有助于我们掌握课堂提问设计的规律，把握课堂提问设计的优化策略，优化我们自己的课堂提问设计，进而提高课堂教学效率，提升我们的专业素养。

中学语文阅读教学提问设计的优化研究是指在语文阅读教学中，教师根据课堂教学的目标和内容，采用某种策略，选取提问的最佳方式，努力创设良好的教育环境和氛围，精心设置问题情境，使提问有计划性、针对性、启发性，能激发学生主动参与的欲望，有助于进一步培养学生创造性思维的提问设计方面的研究。

二、理论依据及意义

阅读教学是学生、教师、文本之间对话的过程，是在教师指导下的学生自主的阅读实践活动。学生在阅读活动中具有自主性、独立性，教师则起引导、点拨的作用。这就意味着课程是教材、教师、学生、环境众因素的整合。不仅是知识，也是体验，是探究活动；不仅是师生共同探求新知识的过程，更是学生自我建构完善的过程。新课程倡导学生主动参与，乐于探究，勤于动手，培养学生收集和处理信息的能力、获取新知识的能力、分析和解决问题的能力以及交流与合作的能力。所以把学生从枯燥的教学中解放出来，培养和提高学生获取新知识的能力，分析、解决问题的能力和创新能力，提升教师的教学艺术水平，改善课堂教学，提高教学效率，就有必要开展中学语文阅读教学提问设计的优化研究。

三、研究的目标、内容、方法、步骤及过程

1. 研究的目标和内容

提问是教师授课中一种常见的教学手段，也是谈话法、讨论法、探究法等教学方法的基础。提问艺术是教师教学艺术的重要组成部分。精心设计的提问能优化课堂教学过程，提升学生的思维品质和语文素养，提高教师的教学艺术水平，提高课堂教学效率。

本课题的研究力图解决以下问题。

（1）减少课堂教学中的无效提问，解决课堂以课本为中心，以教师为中心，教师被动施教的问题，将课堂真正还给学生。

（2）探索教师课堂提问设计的优化策略，探索课堂提问设计的优化原则和方法，激活课堂，使学生自觉主动学习，深入思考，提升语文素养。

2. 研究方法

本课题研究采用了行动研究法、文献法、调查研究法、经验总结法、课例研究法等。

3. 研究的步骤和过程

第一阶段（2013 年 7 月—2013 年 9 月）：理论学习和实际调查研究阶段。

（1）完成开题报告，制订课题研究计划。

（2）我利用"问卷星"这个网络平台，在学生和教师中开展了"语文阅读教学提问设计"的问题调查，完成了调查分析报告，明确了语文阅读教学提问普遍存在的具体问题，特别是我个人存在的问题，如在课堂提问

设计上不够精心，没有围绕教学目标激活课堂；课堂提问的面不够广，对学困生关注不够；培养学生思维能力的方法不多、不活等，进而提出了继续加强学习，拓展认知视野，积极开展行动研究，加强对名师课例研究，大胆实践，改进课堂提问策略等措施。

（3）利用网络、图书、报刊等主动学习有关阅读教学提问的教育教学理论，如学习了高中语文课程标准等文件、余映潮老师的《这样教语文——余映潮创新教学设计40篇》一书和《课中提问的创新设计》等文章，并将部分学习资料上传到了博客。

第二阶段（2013年10月—2014年4月）：行动研究与理论研究相结合阶段。

（1）收集、整理了30多节名师课堂实录，重点研究了语文教育界最有个性、最有活力的王君、程少堂、程红兵、李镇西、程翔等人的经典课例16节，特别注意了对"同课异构"的研究，研究了王君的《我的叔叔于勒》和程红兵的《我的叔叔于勒》、程少堂的《荷花淀》和洪镇涛的《荷花淀》等课堂实录，边记录边研究边反思，写了4篇总结反思。

（2）反思自己的课堂，结合所教内容进行提问优化尝试性设计，并运用到教学实践中，针对《拟行路难》《春江花月夜》《扬州慢》《方山子传》《项羽之死》《伶官传序》等课文进行了提问设计。

（3）注意总结、反思，撰写论文《博观约取　厚积薄发——谈如何研究名师课例》，并发表在国家级核心期刊《中学语文教学参考》上。

（4）通过研究反思归纳，我看到优化、高效的课堂提的问题切入点往往选取巧妙，教师的课堂教学功力深厚与否决定了课堂提问设计的层次，这种功力需要长期的积累和磨砺才能养成。对文本审美解读的个体差异、教学目标的差异，都会造成阅读教学提问设计的差异，教学的个性差异会使教学提问设计与教学实际效果之间产生差异。尤其是教师往往受自身的知识经验、人生阅历和某些文章观点的影响，所设计的问题与学生角度的认知、思考也会有一定的距离。学生群体内部因个体的语文素养、审美经验等诸多差异性，会从另一个层面造成同一问题在课堂教学中的不同效果。

（5）完成了中期报告。

第三阶段（2014年4月—2014年5月）：总结、结题阶段。

（1）在前一阶段的基础上又收集、整理了10多节名师课堂实录，如窦桂梅的《牛郎织女》《圆明园的毁灭》《难忘的一课》《晏子使楚》，程翔的《伤仲永》，郭初阳的《装在套子里的人》《父母的心》等。

（2）继续进行了课例研究，加强了对"同课异构"的研究，如对李镇西的《装在套子里的人》与郭初阳的《装在套子里的人》进行了比较分析。完成了论文《课堂提问设计的优化策略》。

（3）继续加强学习，学习了余映潮的《余映潮阅读教学艺术50讲》一书和叶澜的《重建课堂教学价值观》《让课堂焕发出生命活力——论中小学教学改革的深化》等文章。以课例研究为引导，总结出了课堂提问设计的优化策略，并以课题为平台，以自己的课堂为阵地，不断提升自己的教学实践能力。

（4）完成了结题申请表和结题报告。

（5）整理所有的资料，做好相应的结题工作。

四、研究结果与成效

（一）对课堂教学中教师提问的现状进行了调研和分析，明确了改进的目标

通过调查分析，我明确了语文阅读教学提问普遍存在的具体问题：在课堂提问设计上不够精心，没有围绕教学目标激活课堂；课堂提问的面不够广，对学困生关注不够；培养学生思维能力的方法不多、不活等。对此，我提出了继续加强学习，拓展认知视野，积极开展行动研究，加强对名师课例研究，大胆实践，改进课堂提问策略等措施。

（二）对课堂提问的优化策略进行了研究、分析和思考

课堂提问是组织课堂教学的重要环节。课堂提问按对象分可分为教师提问和学生提问两种。教师的提问是"为学而导"的手段，学生的提问是"循导而学"的途径。现实教学中我们往往看到的是教师提问目的不明确，零碎不系统，单一没层次，肤浅无兴趣，表面热热闹闹，实则徒劳、低效的现状。要把学生从枯燥的教学中解放出来，培养和提高他们获取新知识的能力，分析、解决问题的能力和创新能力，就要改善教师的课堂教学，提高教学效率，提升教师的教学艺术水平。而对课堂提问设计进行优化就

是其中的一个重要举措。

通过一年的课题研究和对几十节名师课堂实例的比较分析，我认为课堂提问设计的优化策略有如下几条。

（1）提问要围绕教学目标，善于找准文章的切入点。

（2）提问要有整体性和层次性，做到问题明确，条理清晰，化大为小。

（3）提问要善于创设情境，激发学生学习语文的兴趣。

（4）要善于将提问的主体转移到学生身上，让学生自主去发现问题。

（5）要给学生提问和思考的时间和空间，利于师生交流。

（6）教师对学生回答的评价以启发、鼓励为原则，促使学生思维升华。

课堂提问的精彩设计有很多种形式，但大道至简。正如苏立康教授所说：教师只有把学生真正放在主体的地位上，才能从学生的实际出发来设计教学；教师只有真正认识到教学的过程是一个通过对话实现沟通与合作的过程，才能从这一理念出发来设计教学；教师只有把阅读过程看作每一个学生都要同文本进行对话的过程，才会去寻找课文内容的共鸣点，并且选择最能引发学生兴趣的方式来组织教学活动。这才是课堂提问设计优化策略的根本。

（三）积累了一些成功的经验，提升了教师的教学水平和专业素养

进行课题研究，不仅促使我围绕课题阅读了大量的文章和相关资料，也让我积累了大量的名师教学实例，对名师的"同课异构"课例的比较分析更让我获益匪浅。在学习、比较、分析、总结、实践、提升的过程中，我实现了理论素养和实践水平的同步发展，掌握了提问设计优化的原则和技巧，对教学问题的设计更加精心，提升了课堂教学艺术，丰富了专业素养。同时，我以课堂教学和活动为突破口，致力于对其他课堂教学艺术的研究，循序渐进、全面地提升自己的教学艺术水平，在课堂上更加努力创设和谐、民主、轻松的教学氛围，激发学生学习的主动性和创造性，恰当地选择运用灵活多样的教学方法、提问方法指导学生的学习，提高了课堂教学效率。

（四）激活了课堂，激发了学生的求知欲，充分张扬了学生的个性，形成了自主探究的学习氛围

研究前，课堂时有沉闷，活力不够，学生不喜欢回答问题，甚至不敢

回答问题，课堂张力不足。开展课题研究后，我精心设计提问，不断优化自己的课堂提问设计，充分调动了学生参与活动的积极性。学生在课堂上大胆参与，积极思考，情绪高涨，思维灵活，甚至不断地提出新的问题，培养了探究精神和良好的思维品质，提升了语文素养，充分张扬了个性。

五、存在的问题和不足

（1）研究的时间安排不合理，前松后紧。即使是课堂提问中的小问题，探究起来也觉得值得研究的东西很多，什么都想深入，面铺得较大，时间、精力不够，研究的深度不够。

（2）偏向于教师的课堂提问设计方面，对学生的活动研究较少，资料积累得不多。

（3）研究的效果还缺少衡量的具体办法。

主件：结题申请书和结题报告

附件：

（1）论文《博观约取　厚积薄发——谈如何研究名师课例》《课堂提问设计的优化策略》。

（2）《拟行路难》《春江花月夜》《扬州慢》《方山子传》《项羽之死》《伶官传序》等6篇课文的提问设计。

（3）"关于语文课堂提问的教师、学生调查问卷"、问卷统计、分析报告资料。

（4）名师课例研究的记录、分析、反思表格等，如王君的《我的叔叔于勒》、程红兵的《我的叔叔于勒》、王君的《纸船》《出师表》课堂实录研究记录等。

（5）收集、整理的名师优秀教学案例、"同课异构"课堂实录40多节。

（6）围绕课题研究收集整理的学习资料。如余映潮的《课中提问的创新设计》《这样教语文——余映潮创新教学设计40篇》《余映潮阅读教学艺术50讲》和叶澜的《重建课堂教学价值观》《让课堂焕发出生命活力——论中小学教学改革的深化》等。

西安市第一中学中学生素质拓展训练校本课程建设案例研究报告

一、中学生素质拓展训练校本课程的确立

1. 国家政策的支持，学校发展的需要

《普通高中课程方案（实验）》对高中课程内容提出了"时代性""基础性""选择性"的原则要求，它打破了国家课程"大一统"式管理，使学校拥有了一定的课程管理的自主权。《国家中长期教育改革和发展规划纲要（2010－2020年）》明确提出，要"推动普通高中多样化发展""鼓励普通高中办出特色"，将"开发特色课程"作为推进素质教育的重要内容。《陕西省贯彻〈国家中长期教育改革和发展规划纲要（2010－2020年）〉实施意见》提出，"鼓励普通高中在培养目标、课程设置、教学方法、培养模式等方面形成特色，满足不同潜质和志趣学生的发展需要"。这些方针政策为我校校本课程的研发及实施提供了制度保证。中学生素质拓展训练校本课程正是我校教育工作者审时度势，率先研究开发的一项具有地方特色和学校特色的校本课程，具有一定的时代特点和地域特点，并且它针对了学生心理健康、成长发展的需求，是对学校素质教育工作的有效补充，是省级示范学校深入发展的需要。

2. 当前中学生身心健康发展的需要

中学生处于心理从不成熟到逐步成熟的关键时期。由于自身特殊的生理、心理特点，他们身上常体现出独立性和依赖性、自觉性和幼稚性等错综复杂的矛盾。又由于学生学业负担较重，加上家庭教育目标不适当、教育方法不正确、父母身教缺失、经济贫困、家庭结构裂变、社会不良风气、网络不良信息等诸多因素的影响渗透，现在的中学生越来越多地出现自卑、逆反、孤独、嫉妒、惧怕、唯我独尊、贪图享乐、厌学等不正常心理状态。我校虽是一所省级示范学校，许多学生学习成绩较好，但体能、心理、意志力等素质严重下滑，上述八种心理问题同样存在，且学习压力较大，学生的心

理承受能力同比大幅下降。很多学生不能正确认识自身的能力，对自身的潜能开发不足，有的学生因为承受不了学业的压力、无法解决情感的困惑、无法克服人际交往的挫折等问题而迷失自我，抑郁自闭，心理问题日益突出。而现行的教材内容、教育体系设置，在一定程度上欠缺和滞后。为了促进学生身心健康成长，帮助学生顺利度过成长的危险期，我校领导和教师将问题作为课题，积极探究攻克教育"堡垒"的办法，结合学校实际，在整合原有野外生存训练的基础上，于 2009 年与北京大学钱永健教授合作，率先把中学生素质拓展训练引入中学校园，成为我校的特色课程。

二、中学生素质拓展训练课程设计

（一）中学生素质拓展训练课程的特点

中学生素质拓展训练课程是对当前德育和体育的有益补充，以体验式教学为主，针对学生存在的问题，通过创设各种情境和教育活动诱导学生实现心理活动干预，调适心理变化，达到教育目的。这一课程有以下三个特点。

（1）训练内容源于生活，基于生存，立于超越。

（2）训练目的在于培养团队协作精神，提高思想品质，打破常规思维，克服个体在学习和生活过程中的心理焦虑，实现自我突破和超越。

（3）训练过程以体验式教学为主，辅以活动中的分享回顾，达到内省。

（二）目前我校中学生素质拓展训练环境的开发

1. 依托秦岭构建自然训练场，用大自然的魅力感染学生

壮丽的秦岭和八百里秦川丰富的风土人情，为培养学生的审美情趣，进行野外生存训练提供了丰富的课程资源。每次出行，使学生的压力得到释放，内心归于平和，产生了较强的社会责任感，更对他们一生的成长产生了深刻的影响。

2. 依托关中和西安悠久的历史文化开发人文和城市生存训练场

西安是几千年中华民族文化底蕴积淀深厚的城市，作为西部经济发展的领头羊，其城市环境的发展为我们创造了城市生存训练的基本条件，是中学生素质拓展训练课程的天然课堂。我们将部分学生选修的素质拓展训练课程扩大为针对全体学生的课程，开展了"徒步城墙　激扬青春"体验

式教学活动，砺意志于无形之中，育英才于谈笑之间，强体魄于秦砖汉瓦之上，强化了学生潜在的关注人类自身发展的意识。

3. 依托名校开发校园训练场

学校坚持党的教育方针，秉持"幸福教师、快乐学生、卓越学校、和谐发展"的办学理念，以"出名师、育英才、树品牌、强特色、上水平"为办学目标，开拓创新，与时俱进，文化立校，锐意改革，走素质教育之路，迅速跻身省级示范高中之列。2010 年 10 月，云岭拓展训练中心的建成使用，整合了校内场地拓展和校外生存拓展训练，开设中学生素质拓展训练课程，成为我校素质教育多样化的里程碑，是对资优生教育手段研究探索的标志，更是超常教育与潜能开发的紧密结合。

4. 我校中学生素质拓展训练课程的开发历程

自 2006 年 5 月至今，我校已成功举行 40 多期素质拓展训练活动，参与人数近千人次，无一起安全事故。学校编印了校本教材《西安市第一中学中学生野外生存训练》。自 2009 年 10 月起，我校与北京大学和中国教育学会联合，建设了拓展训练场地，培训了专业的拓展训练教师，引进了丰富的拓展训练项目，使我校拓展训练教学开始逐步走向成熟。2010 年我校投资近 30 万元建成的云岭拓展训练中心投入使用，随后被中国教育学会授予阳光体育新课程资源研训基地，标志着我校素质拓展训练课程进入了全新的阶段。2007 年 10 月，陕西电视台教育频道对我校野外生存训练进行了跟踪报道；2011 年，西安教育电视台对我校"宏志班"的素质拓展训练进行了专题报道。此课程已成为我省影响深远的特色课程。

三、中学生素质拓展训练课程的实施

（一）中学生素质拓展训练的训练体系

	训练科目	基本项目	训练内容	预期目的
中学生素质拓展训练课程	校内场地拓展	身体基本能力训练	耐力、上肢力量、翻滚技术等	基础训练为后续训练活动做准备
		基本技术训练	帐篷、睡袋、营地的选择与搭建，气炉的使用，紧急救援，山地行走，野外用火及做饭等	

（续表）

	训练科目	基本项目	训练内容	预期目的
中学生素质拓展训练课程	校内场地拓展	高空项目	高空抓杠、天使之手、巨人梯、高空断桥等	克服心理焦虑，挑战自我，开发自身潜能
		平地项目	破冰、团队组建、团队台阶、同进共退、同心鼓、生日排队、雷区取水、电网、毕业墙、翻叶子、沟通造桥、女王圈、蜘蛛网等	沟通交流、组织与协调、创新思维训练、团队协作
		攀爬和速降技术	攀岩和岩壁速降、专业装备的使用和管理	掌握攀爬和速降技术，挑战身心极限
	校外生存训练	野外生存训练	负重越野	挑战生理和心理极限，提高生理和心理承受能力；突破自我，开发生命潜能；体验生命与自然的密切关系
			涉水	
			野外攀爬和速降	
			野炊、野生植物与菌类及动物的认识	
			水源的寻找与水质检测	
		城市生存训练	现有资源的开发与利用	掌握城市生存技能，掌握开发与利用现有资源的基本方法，初步树立创业的理念，提高社会适应能力和心理承受能力
			基本生活物资的分配与管理	
			与不同社会人群的沟通与交流	
			在寻找机会的过程中体验成功与失败	
			体验父母工作的压力和社会责任	
		徒步城墙	团队徒步13.7公里城墙，了解古城西安的文化与历史	通过团队之间的相互鼓励，磨炼意志，挑战自我，热爱民族传统文化，提升思想素养

（二）中学生素质拓展训练的目的与意义

中学生素质拓展训练是通过以较大强度的体力消耗和一定强度的心理

刺激为干预手段的体验式教学，可以在提高学生的体能和心理承受能力、培养学生坚强的意志力、培养学生的团队意识与合作精神、提高学生的学习效率、打破学生的常规思维、克服学生在学习和生活过程中的心理焦虑、培养学生健康的审美情趣、增强学生与自然和谐相处的意识、培养学生的人文素养等方面产生积极的作用。

1. 培养学生坚强的意志力

在野外生存训练中，具备坚强的意志力是学生参加素质拓展训练成功的关键，它必须在逐渐积累的过程中一步步形成。由于野外生存训练中的大任务是由若干小任务组成的，大目标是由若干小目标组成的，每一次小任务的完成和小目标的实现都能带给学生成就感和愉悦感，因此每一次成功也都会使学生的意志力有所增强。

2. 培养学生的团队意识和合作精神

团队意识和合作精神是现代社会生存的基本要求。在训练中，团队成员之间相互鼓励，互相理解与支持，不断刷新纪录。关爱弱者成为每一个成员的自觉行动。在这种"痛并快乐着"的艰苦环境中，团队成员更加团结、信任、宽容，增进了情谊。

3. 打破学生的常规思维，克服学生的心理焦虑

中学生素质拓展训练注重培养学生的创新思维，开发设计了相关教学内容，如雷区取水、生日排队、电网、女王圈以及高空项目等，都需要学生打破常规思维，克服心理焦虑，才能找到出路。

4. 培养学生健康的审美情趣，增强学生与自然和谐相处的意识

有健康的审美情趣的人，往往具有积极向上的人生态度。每当我们置身于秦岭美丽迷人的自然环境中，自然界的鬼斧神工，春夏秋冬的更迭，总会带给我们心灵的震撼与感动，自然之美会孕育心灵之美。

5. 提高学生的体能和心理承受能力

体能包括健康相关性体能和竞技运动相关性体能两类。中学生素质拓展训练具有综合性，兼顾了竞技运动相关性体能中的耐力和敏捷度的训练。我校校医和体育教师对参训学生的课堂观察、实测、长期跟踪检测表明：他们的心肺耐力、肌力和肌耐力、身体组合、身体柔韧性、神经肌肉松弛度比以前有了较大改善，长期保持着高于同龄学生的水平，学生的体

能水平有了大幅度提升。

四、中学生素质拓展训练课程评价体系的建立

（一）中学生素质拓展训练课程评价体系的指导思想

素质拓展训练课程要求以学生为主体，以学生综合素质的全面发展为出发点和归宿点，既要重视学生的主动性，也要重视学生的未完成性，以及多方面潜能的发展，注重学生的创新能力和实践能力的提高。在评价学生时，不分优劣等级，尊重学生的个体差异，只要学生在某一个方面有提高，就是收获，就要充分肯定，鼓励学生自我超越和突破。对学生的评价不仅要注重结果，更要注重发展和变化过程。

（二）中学生素质拓展训练课程评价管理工作小组

组　　长：校长
副组长：分管教学副校长、教务主任
组　　员：拓展培训师、学生代表、家长代表

（三）中学生素质拓展训练课程评价体系

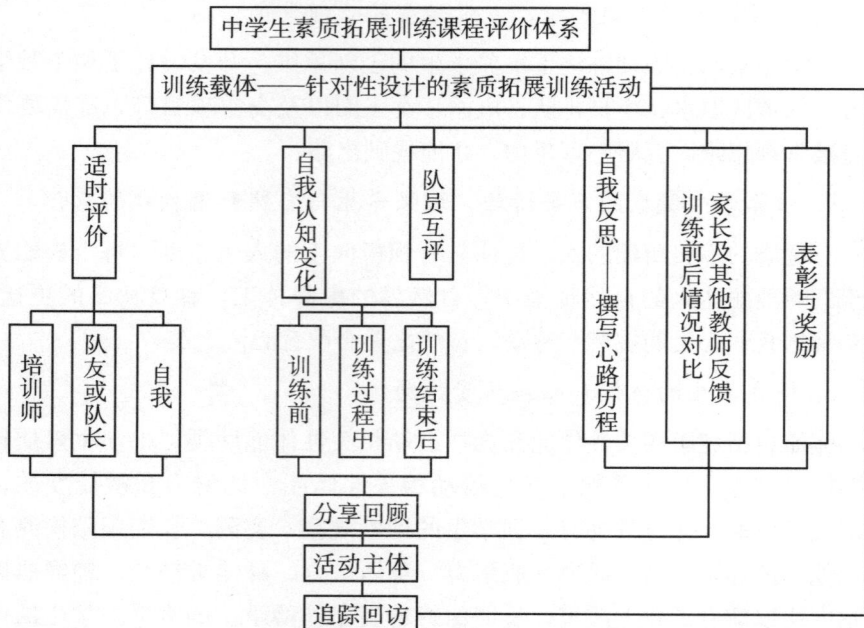

中学生素质拓展训练课程评价体系

训练载体——针对性设计的素质拓展训练活动

- 适时评价
  - 培训师
  - 队友或队长
  - 自我
- 自我认知变化
  - 训练前
  - 训练过程中
  - 训练结束后
- 队员互评
- 自我反思——撰写心路历程
- 家长及其他教师反馈
- 训练前后情况对比
- 表彰与奖励

分享回顾

活动主体

追踪回访

五、中学生素质拓展训练课程的发展

第一个阶段（2006 年 5 月—2006 年 7 月）：探索阶段。主要内容是通过长途跋涉、野外宿营、山地穿越和登山、攀岩、负重越野、漂流等，为活动的顺利开展积累了经验，迄今为止已经组织了 40 多期活动，有近千人参加。

第二个阶段（2006 年 10 月—2009 年 10 月）：野外生存规模化训练阶段。使活动内容融入学校教学计划，开展了针对学生心理、成长瓶颈的设计、组织和实施的主题活动，编写了校本教材。

第三个阶段（2009 年 10 月至今）：通过前两个阶段的发展，在学校领导的支持下，与北京大学素质拓展训练创始人钱永健教授合作，引进素质拓展训练内容并斥资修建了校内场地，其中包括场地拓展和高空拓展项目，并使其与我校原有的野外生存训练相结合，实现了校内训练与校外训练相结合，为构建完整的中学生素质拓展训练课程体系建立了实践模型。

第四个阶段：项目整合、挖掘开发，在目前开展的基础上拓展训练项目，由野外生存和场地拓展向更为贴近生活的城市生存过渡。

六、中学生素质拓展训练课程的保障

1. 我校中学生素质拓展训练的理论和技术支持

2009 年我校整理多年来的经验，研究收集资料，编写了校本教材《西安市第一中学中学生野外生存训练》，同时积极外派教师参与高水平培训，先后 5 人次参加了由中国教育学会和北京大学联合举办的素质拓展训练师培训，考取了资格证。北京大学钱永健教授还来我校指导拓展训练工作，并建立了稳定的合作关系。

2. 我校中学生素质拓展训练的政策和制度支持

学校为中学生素质拓展训练课程的实施制订了《野外生存训练小组章程》《中学生野外生存基本守则》《云岭拓展训练课安全常规》《云岭拓展中心岩壁管理条例》等一系列相关制度和保障措施，将该课程纳入学校教学计划，定期开展活动。

3. 我校中学生素质拓展训练的物资保障

学校陆续投资购买了相关理论学习资料、户外专用装备，投资修建了校内拓展训练场地，提供学生素质拓展训练的专项费用，确保了中学生素质拓展训练在我校落地生根。

中学生综合素质的培养和提升，关乎民族的未来。让学生的优秀潜力得到更大限度的挖掘，更加尊重生命，热爱生活，是当代教师义不容辞的责任。在"2007年海峡两岸中学生素质交流会"上，我校的素质拓展训练课程受到与会专家的一致好评。台湾的学者称，这是培养民族脊梁的一项活动。在2010年香港举办的"两岸十城智慧铁人大赛"中，我校获得了十个项目总分第一、六项冠军、一项亚军、一项季军的好成绩。

我校中学生素质拓展训练校本课程的开发，是新课程背景下校本课程研发的有益探索和实践，是我校普通高中新课程资源开发与利用的优秀教学成果，是对传统教育教学文化的有效补充。希望我们的努力与实践能给广大教育同人提供借鉴与参考，更希望能借此为学生综合素质的提高做出我们应有的努力与贡献。

（刘跃红　强小强）

精心组织　　稳步推进
突出实效　　特色发展

——西安市第一中学教研工作总结

高中新课改实施以来，我校围绕新课程下的高考适应性研究课题，开展了以"课堂教学效益年""教学质量提升年"和"师生共同成长年"为主题的学年度系列活动，教育教学质量不断提高，社会声誉不断提升。现将新课改实施以来的工作总结如下。

一、加强新课程理论研讨，促进教师专业成长

1. 加强学习，广泛宣传

从2007年秋季开始，学校有计划、有步骤地开展了一系列新课程学习、培训和交流研讨活动。将培训作为教师最大的福利，拓宽培训渠道，

让全体教师接受培训，更新理念，适应新课改。创造一切条件选派教师到课改实验省参观、学习，到兄弟学校观摩、交流。选派一定数量的教师参加国家、省、市、区等各级骨干教师培训。每年暑期都会组织教师参加市里组织的新课程培训。培训投资额逐年递增，平均每年投入资金达20多万元，培训人数达80人次以上。

2. 搭建平台，深入研讨

2007年4月，我校创办了课改专刊《课改风铃》，目前已出版28期，为教师提供学习研究和交流的平台。同时利用校园广播站、校报《晨风》、校园网、宣传专栏等多种形式做好课改宣传和理论研讨。

我们还探索网上教研，拓宽教研思路。2009年11月25日，学校数学组全体教师参加了海南省"新数学教育交流站"网上研讨活动。学校语文组全体教师观摩了上海市闵行中学付雅辉的《小溪巴赫》课堂实录及北京市日坛中学刘云达的《国殇》课堂实录，教师们自由发表看法与见解，进行网上研讨，与远在海南、上海、北京的课题组专家以及全国各地的教师进行交流。这一举措打破了时空限制，拓展了教研的空间。

3. 专家引领，提升素养

学校聘请专家做报告，与教师零距离地沟通交流，开展听课、评课、研讨、座谈活动。学校两次聘请北京师范大学肖川教授分别做了题为"有效教学的策略"和"教师的幸福人生与专业成长"的高端报告，先后聘请陕西师范大学的陈晓端教授、张迎春教授、罗增儒教授等专家为教师做新课改报告；省教育科学研究所的地理、外语、语文、历史、信息技术等学科的教研员和省电化教育馆课程资源中心的10多位专家来校听课并指导；学校信息组教师多次为全校教师进行计算机专业技能培训。中国科协"大手拉小手——科普报告希望行"演讲团曾任中国科学院空间科学与应用总体部副主任兼载人航天工程应用系统副总指挥的潘厚任教授为我们做了题为"太空人的衣食住行"的报告，吴瑞华教授做了心理学方面的精彩报告。科学家们的报告激发了我校教师以科学严谨的态度钻研教学的饱满热情及在自己岗位上无私奉献、积极创新的斗志，激发了学生发奋学习、立志成才报国的壮志豪情。

学校还开展了集体备课，上好"三课"（点课、约课、磨课），"同课异构"，教学沙龙等活动，达到了震撼心灵与启迪思想的效果。

4. 案例教研，探索高效课堂

学校坚持每个备课组每周一节公开课，每个教研组每月一次新课程研讨课。通过名师孵化工程、青蓝工程，青年教师汇报课、新课程教学研讨课、骨干教师示范课，点课、约课、磨课等多种形式提高课堂教学的有效性。2010 年 5 月，西安市普通高中新课程优质课评选活动在我校举行；同年 7 月，陕西省高中理化生教师实验操作技能竞赛在我校举行，为我校教师提供了优质的教研案例。

在莲湖教育科研年活动中，我校教师杨星照、屈胜利、周慧敏上的新课改示范课受到了参会教师的好评；张军民、高莹、李龙强老师在陕西省第五届中小学新课程资源应用与学科整合展示交流会上的课均荣获一等奖。

5. 课题研究，带动科研

我校积极组织教师参加各级课题研究，以项目研究带动教研活动。先后承担和参与了教育部"十一五"规划课题《信息技术条件下新课程教学方式实验研究》、陕西省基础教育科研课题《普通高中课程资源开发与利用研究》等国家、省、市级课题共 20 项之多，其中结题的有 6 项，其余 14 项在研。其中，《普通高中课程资源开发与利用研究》获阶段成果一等奖，《"三年教育，终生受益"责任感教育分年级实施方案》获"十一五"科研规划重点课题——学校文化建设与策划科研成果一等奖。

课题研究带动教师们积极撰写论文，近三年来，在市级以上报刊上发表的论文就达 120 篇，获奖论文多达 200 多篇。部分骨干教师参与编写的有关教材和辅导书达十余本。各项教研工作的开展得到了上级的充分肯定。2009 年 11 月，我校被授予"国家教师教育创新平台项目实验基地学校"称号；2010 年 3 月，我校荣获"陕西省教科研先进单位""陕西省科研兴校明星学校"称号，并被中国教育教学研究会授予"教育科研先进单位"称号。

6. 提升经验，样本示范

阎春喜校长在我市新课程教学校长培训班、西安市校长岗位培训班上分别做了题为"新课程背景下的校园文化建设""新课程背景下的校园文化建设校长自觉"的报告。2010 年 4 月，阎春喜校长在西安市首届高中校长论坛上做了题为"创新校本研训模式，促进教师专业发展"的报告。

作为课改样本校，近两年，香港灵粮堂刘梅轩中学师生、甘肃省临夏回族自治州教育局、湖北省15所重点中学（省级示范高中）校长、山东省胶州市教育体育局、陕西省宁强县教育局、澳门公职教育协会内地教学交流团、武汉市教育信息化考察团等省内外多家代表团来我校参观交流。近日，中国台北高中体育总会访问团一行16人在教育部学生体协国际合作与交流部徐辉和陕西省教育厅体育卫生与艺术教育处严公建老师的陪同下，到我校就体育工作情况与我校进行了深入交流和研讨。德国校长师生考察团、英国校长也来我校进行了较深入的调研。

《陕西素质教育》《华商报》《西部教育导刊》《西安晚报》《三秦都市报》及西安教育电视台等多家媒体对我校新课程实施情况进行了多次报道。2010年6月，美国加州大学世界领袖学院将我校列为"美国加州大学直通车项目学校"。我校还成为美国密苏里大学的生源基地学校以及荷兰斯坦尼斯拉斯学院等学校的姊妹学校。

二、挖掘课程文化内涵，建设特色学校文化

1. 广泛开展社团活动，培养学生特长发展

学校现有运动类、才艺类、器乐类、服务类、学术类、科技类六类十六个学生社团（青石文学社、大同器乐社、云岭野外拓展训练小组、绿荫联盟足球俱乐部、爱无疆志愿服务队、Sola动漫社、轩英象棋社、沙漠之鹰多米诺队、欣语播音爱好小组、娜嬛师生读书会、飞鸿健美操队、风行篮球俱乐部、极速轮滑队等），学生参与人数多，积极性高。飞鸿健美操队在全国第十届中学生运动会上，参赛三个项目均获金奖；在陕西省2010年中小学生健美操比赛中，我校荣获三个项目单人操第一名，双人操、三人操第一名，荣获初中组团体总分第一名，高中组团体总分第一名，我校还荣获了本次比赛的特殊贡献奖。极速轮滑队在第24届"宝狮莱"杯全国速度轮滑锦标赛中获得两个一等奖，在第25届"宝狮莱"杯全国速度轮滑锦标赛中获得第三、第四名，在第九届"创程地产·奥得赛"杯全国公路轮滑锦标赛中荣获第三、第四、第五名的好成绩。近日在西安市中小学生轮滑比赛中，我校代表队获得团体总分第一名，个人项目获得多个第一。2010年3月21日，在西安市高中生创意大赛中，我校沙漠之鹰多米诺队获得最佳实用奖，并被中央电视台等多家媒体报道。赵文轩同学参加首届

中国校园电视节暨第六届全国中小学校园电视主持人大赛，荣获第一名。学生自办的杂志《唯一》也于近期出版。大同器乐社成功举办了2010年迎新音乐会。

2. 开展主题实践活动，彰显学校文化特色

每年一届的"育桢杯"校园文化艺术节、"欢乐戏剧节""金秋诗会""纪念一二·九"运动歌咏比赛等活动，使校园到处洋溢着生机。学校组织学生参加"秦岭因我而美丽"中美学生联合义务绿色环保活动，"徒步城墙，宣传世园"活动，"低碳经济与可持续发展"主题辩论会，西安城墙国际马拉松赛全民健身与奥运同行万人健康跑，环曲江公路越野赛，高雅艺术进校园，国学进校园，以"学习雷锋精神，传承社会美德"为主题的社会实践活动，寒暑期城乡同校同龄同学携手"走进农村，感受多彩生活"社会实践活动，与郊县学校"手拉手"联谊活动等。我校的志愿者服务活动受到西安市委表彰，获优秀组织奖。学校在团市委组织的"舞动青春，智赢天下"活动中获"先锋组织奖"。

3. 学生参与管理，评价多样化

学校创造更多的机会让学生参与学校管理，加强了师生间的交流，在管理中使学生得到锻炼和提高，培养了他们的自我管理能力。2009年6月，学生会主席郑秦和其他5名学生干部分别被学校聘任为校长助理、主任助理，此举得到了媒体的广泛宣传和市教育学会许建国会长等教育专家的好评。目前，此项活动已规范化、常规化。在2010年春季田径运动会上，由24名学生参与裁判工作，通过培训，他们分别承担了径赛的起点、终点以及计时裁判等工作；另有24名同学自愿报名青年志愿者，承担了运动会的服务工作。这些举措激发了学生的爱校热情，增强了学生的责任感和成功体验，是我校新课改实践、学校管理工作的深化和发展。

4. 开展社区服务，传递人间真爱

社区服务是新课改不可或缺的一部分。我校社区服务采取周末和寒暑假结合、个人和小组结合等方式有序进行。如为我校退休教师义务服务、为铁塔寺社区"阳光家园"智障人士托管中心义务服务、为社区扫雪、帮助孤寡老人、到敬老院做义工、为社区办板报、为邻居照看小孩、做文明小警察等活动，不仅提高了学生的实践能力，增强了学生的社会责任感，而且让人间真爱得以传递。

教育探骊

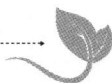

校园文化建设的广泛开展，使学生的各方面素质得到了长足的发展。得到了社会各界的好评，学校获得"全国文化建设先进单位"称号，阎春喜校长也先后获得"全国校园文化建设先进个人""陕西省校园文化建设创新人物"等荣誉称号。

三、积极建设课程资源，全面落实课程方案

1. 关注必修课程，开足开齐国家课程

课程实施是新课程的主体，按照国家课程方案，以及省、市有关课程设置与编排指导意见的要求，结合我校实际，我们制订了"开好必修，开足必修，重视必修，逐步开设选修课"的基本思路，努力做好学科整合，彰显学校特色，提高教育教学质量。

2. 发掘校本资源，彰显学校特色

立足学校，整合校本资源，树立人人都是课程资源的思想，加强基础性、实践性和综合性学习研究，积极开发，努力形成具有我校特色的校本课程。目前，"今日世界""野外拓展生存训练""汽车模拟驾驶""家用电器常识""影视鉴赏""机器人制作与程序设计"等特色校本课程已相继开设。

在科技方面，学校于 2009 年投资 40 多万元建立了高档次、高品位、高标准、综合化、特色化的科教实践基地——通用技术教育实验室，学生作品展示室以及物理、化学、生物探究实验室；每年举办科技周、科技月活动，举办报告会，小制作、小发明展示活动；成立了科技活动小组，建立了机器人教室、野外拓展训练室、科技活动室；举办以低碳经济与可持续发展为主题的陈述与答辩会，举行全校性的科普知识竞赛活动，组织学生参观西安科技馆等。学校组织学生多次参加机器人大赛和平面设计等信息技术大赛，荣获多个奖项。云岭野外拓展训练小组自 2006 年 5 月成立以来，先后完成野外生存活动 15 次，参与人数达 400 余人次。学校科普作品展示室陈列了近年来学生发明创造的 600 多件作品。2010 年 9 月 25 日，学校获得了市级"青少年科技教育示范校"的荣誉称号。

在体育与健康课程方面，学校开设了篮球、足球、排球、乒乓球、羽毛球、健美操、武术、田径等选修课，教师帮助学生制订个性化的运动方案，尊重学生的个性，有利于学生健康成长，在全省走在了前列。目前学

183

校正积极努力成立西安市中学生健美操、田径、轮滑学生运动队，积极申报争取成为陕西省中小学生健美操基地。

3. 加强综合实践，提高学生素质

学校制订了《西安市第一中学社会实践、社区服务课程实施方案》，建好三类基地（爱国主义基础、国防教育基础、社会实践基础），做好四个结合（课内与课外相结合、校内与校外相结合、集中与分散相结合、计划性与灵活性相结合），搞好五种类型（考察型、劳务型、智力型、兴趣型、艺术型）的社会实践活动，努力构建具有西安市第一中学特色的学生社会实践模式。学校开展了军训，参观爱国主义教育基地以及"走进农村，感受农村多彩生活""走进社区，宣传世园，我为世园做贡献""欢乐关怀"等丰富多彩的社会实践活动。其中"欢乐关怀"项目打造了一个由教育专家、新闻媒体、社区代表、大学生实习团队、家长代表、学校师生等各种教育资源共同参与合作探究的教育学术实践共同体，成为我校教育的一大特色。它以主题论坛、社区实践、深度分析调研、参与式培训等为主要表现形式，成为学生管理、学生参与、学生设计、学生受益，而专家、教师、家长只提供建议的学生成长平台，满足了学生多方面发展的需要。目前，此项活动已经逐步演变为"育桢书院"的重要主题活动。这是我校在新课程理念下的创新探索，更是营造适合学生成长的教育环境、提高中学生综合素质、促进学生人格健全发展，为国家和民族培育杰出人才的一次大胆的尝试，也是我校培养模式多样化的一项创新举措，得到了省、市级领导和教育专家的充分肯定。《大公报》《陕西日报》等媒体对此也进行了相关报道。

另外，学校还积极探索实践，不断拓宽研究性学习的新路子。2007秋季以来，在上级教育行政部门、教育科研部门的指导下，我校在高中新课程改革的稳步推进和校本化方面做了积极探索。今后，我们将不断总结经验，从提高教学有效性着手，聚焦课堂教学，提高教学质量；从校本课程多样化入手，发展学校特色。我们有信心、有能力在今后的新课程改革实践中做得更好！

高度决定视野

——窦桂梅《我的教育视界》读后感

《我的教育视界》记录了全国著名特级教师窦桂梅几年来游学多国的见闻和思考，既展示了诸多国家的教育现状，也展示了窦桂梅老师对中外教育对比的思考，还让我们感受到她充满灵动、温暖的文字，坦诚、质朴的教育情怀，值得我们每一位教师细细品味。

视界有多大，世界就有多大

记得有一句广告语：心有多大，舞台就有多大。窦桂梅老师告诉我们：视界有多大，世界就有多大。每个人看见的外在世界，都是自己内在心灵的折射。埋头在校内的三尺讲台，视野必然是狭隘的。不管教师如何勤勉，如何精心教书育人，也会不可避免地屡犯低级错误而不自知，自以为是，屡做无用之功，令小我滋生暗长，产生职业倦怠而不思进取。人只有通过读万卷书、行万里路，站在教育的制高点上，对教育有自己独到而深刻的认识，才能打开一个广阔的世界，看到别人看不到的世界。窦桂梅老师正是因为有了自己独特的思考和关注，才有了对中外教育对比的思考，才有了自己在教育教学过程中的深入实践。回想自己走过的教育之路，新课程培训、省级骨干教师培训、市级教研引领者培训、教师专业发展自主选修培训、省级学科带头人培训、省级特级教师后备人选培训等，每一次培训、每一次听评课、每一次教学研讨活动，甚至每一次评委工作，不同层次、一个比一个高的平台都为我打开了一个比一个敞亮的窗口，给了我全新的视角，让我看到了更加广阔的世界。群体不同，平台不同，视界不同，让我不断地审视自己的教学，发现自己的短板，关注在日常教育教学中之前没有注意到的细节，更给了我追求梦想、不断前行的勇气和力量。学然后知不足，教然后知困。的确，我们站立的高度决定了我们的视野。

教师是生产力的基石

一所学校的教育教学质量取决于教师队伍的质量。优秀教师所占的比例决定了一所学校在当地教育界的层次。教师是生产力的基石，优秀教师是一所学校的立足之本，能积极推动学校快速发展。优秀教师来自哪里？首先来自优秀的毕业生，更多的来自入职后的培训。《我的教育视界》一书中还介绍了英国"六阶段培训模式"——对教师有目标、针对一线教师自身需求的培训，非常切合实际。培训的内容包括课程学习与编制、学科会议、专业讲座、研讨会、示范课例、展览活动、参观等。教师的工资制度里甚至有鼓励教师参加在职进修的津贴。所有参加研究生教育证书课程的人员，学习期间还享有全年6000英镑的培训工资。这不仅让教师们知道如何在教育教学实际中应用，更充满了自信和快乐。对比我们的培训，时间短，任务重，有的培训不接地气，远离中学教学实际，甚至有经济上的损失，大大影响了教师的积极性，培训的效果也因此打了折扣。

"让好老师留在课堂上"是学校教育教学质量的保证。好老师的产生离不了培训，好老师的背后是政府的政策与经济的支持和鼓励，是各级领导高瞻远瞩的决策的开放。当前教育教学的各类培训经费越来越多，培训形式也越来越多样，真诚地期待着教师在职培训的环境越来越好，教师培训越来越具有成长专业发展的自觉。因为教师们快乐地播种与耕耘，不仅收获着学生们的成长，也有我们自身和谐相生的教育幸福。

文苑撷英

　　阅读是一种精神的跋涉，能丰富一个人的学识，开阔一个人的视野，净化一个人的心灵。阅读，使我们的精神不再贫乏，人生不再孤独。阅读，使我们成为品格高尚、气质优雅的人。阅读，使我们懂得互助、勇敢、忠诚等人类社会的基本准则，使我们体悟到母爱、爱情、友情等人类最美好的情感。阅读，能够潜移默化地影响我们的心灵，帮助我们树立起健康的审美观、道德观和人生观。

人间大爱，始于细微

——读《美丽的微笑与爱》

"怀大爱心，做小事情"，这是著名的慈善工作者特蕾莎修女的行为准则，她是这样说的，也是这样做的。

1979 年，当诺贝尔奖评委会宣布把年度的诺贝尔和平奖授予特雷莎修女时，她似乎感到了某种困惑，因为她从没想过获奖，而且她做梦都没有想过自己有一天会突然成为富翁。她本能地迟疑着，想拒绝这个奖项和这笔让她一夜之间成为富翁的奖金。但是评委会的颁奖理由让她发现了自己应该领这个奖和使用这笔巨额奖金的理由。诺贝尔评选委员会认为，"她的事业有一个重要特点：尊重人的个性，尊重人的天赋价值。那些最孤独的人、处境最悲惨的人，得到了她真诚的关怀和照料。这种情操发自她对人的尊重，完全没有居高施舍的姿态。她个人成功地弥合了富国与穷国之间的鸿沟，她以尊重人类尊严的观念在两者之间建设了一座桥梁"。

读这篇演讲词，我们会透过它朴实无华的语言看到特雷莎修女及她的同伴们对每一个最孤独的人、处境最悲惨的人的尊重，看到她朴素的衣着下蕴含的一颗大爱之心，看到她美丽的微笑、慈爱的眼神中闪耀的人性的光辉。"谁道平实无深意，浅易更需细思量。"这篇演讲词所描述的都是平常的事情，感情真挚，语言朴素，没有长篇大论，没有空洞的口号，而是从平常的生活和人最细微的感情出发，阐述她自己所坚持的信念："穷人们是伟大的。""爱的源头出自家庭。""我们不需要用暴力换取和平，我们只需要团结起来，相互爱戴，用爱心为我们带来和平，带来欢乐，带来相互鼓舞的力量。只有这样，我们才能战胜世上的邪恶。"正是这种平常中蕴含的不同寻常的情感力量，让我们感受到平凡中孕育伟大，发自内心的真情才更动人。它使我们不断审视自己，洗去心灵的尘埃，促使我们走向高尚。

附：

美丽的微笑与爱

特蕾莎修女

我永远也不会忘记曾经访问过的一家养老院。这家养老院里的老人都是儿女将他们送来的。尽管这里的生活用品一应俱全，甚至还有点奢华，但是这些老人都坐在院子里，眼睛盯着大门看。他们的脸上没有一丝笑容。我转向一位老姐姐，问她："这是怎么回事？为什么这些衣食不愁的人总是望着大门？为什么他们的脸上没有笑容？"

我已经太习惯看到人们脸上的笑容，甚至那些挂在垂死的人脸上的笑容。但是在这里，我看到的是一种对爱心的期盼。那位老姐姐对我说："这里几乎天天都是如此，他们每天都在期盼着，盼望他们的儿女来看望他们。他们的心受到了极大的伤害，因为他们是被遗忘的人。"瞧，这就是世上存在的另一种贫乏——被爱心遗忘的贫乏。也许这样的贫乏已经悄悄来到我们的身边和我们的家庭中。也许就在我们自己的家庭中，已经有成员感到孤独。也许他们的心已经受到伤害，或许他们处于某种焦虑不安的状态。如果有这样的事情发生，可能我们家庭中的其他成员或多或少都会有些烦恼。类似的事情是否已经存在于我们的家庭呢？如果是，我们又如何来包容那些心里感到孤独的家庭成员呢？假如你是母亲的话，你是否能宽容自己的孩子呢？

穷人们是伟大的。他们能教给我们许多美好的习惯。有一天，一些穷人找到我们，向我们表示感谢。他们说："你们搞慈善的人是最好的人。你们帮我们制订家庭计划，教我们开展计划，因为再没有比自我约束、互相友爱更重要的事了。"他们淳朴的话是最美丽、最生动的语言。也许这些人缺吃少穿，甚至没有一个固定的家，但是他们都是伟大的人。

穷人是非常可爱的人。有一天，我们从街上收容了四个无家可归的人，其中一个人看起来情况非常糟糕。我对修女们说："你们去照顾那三个人，我来看护这个病人。"我用全部爱心和所能做到的一切去抚慰这个可怜的人。我扶着她躺在床上。她的脸上露出了美丽的笑容。她紧紧拉着我的手，感激地说了一句话："谢谢你。"然后闭上眼睛死去了。

我在她面前禁不住对自己反思。我问自己："如果把我换成她，我会说什么呢？"我可能会说"我很饿，我快要死了""我很冷，我浑身都在疼"，或者其他什么话。然而她的话教给了我很多很多，她给了我崇高的爱。她带着安详的微笑死去了。再举一个例子：一天，我们从阴沟里救起一个人。当时他的半个身体都被蛆虫吃掉了。我们把他带到救济所，他说："我在街上过着猪狗不如的生活，但是我将像一个天使一样死去，去接受上帝的爱和呵护。"一个穷人能说出这样的话，足以体现他内心的伟大，他的品德是非常令人感动的。他临死前并没有诅咒任何人，没有说别人的坏话，也没有去和其他任何人攀比，他就像一个纯洁的天使。这就是我们人民的伟大之处。

我认为，我们不是真正的社会工作者，也许我们只是做着一些社会工作。但我们是这个世界上真正具有深刻思想的人，因为我们每天二十四小时都和基督在一起，和他交流。你和我，我们大家都要将基督带到自己的家中，因为我们和家人一同生活，也应该共同祈祷。我认为，我们不需要用暴力换取和平，我们只需要团结起来，相互爱戴，用爱心为我们带来和平，带来欢乐，带来相互鼓舞的力量。只有这样，我们才能战胜世上的邪恶。

我在这里要对你们讲，你们要在这里发现贫乏，发现你们家中的贫乏，然后将爱灌输到贫乏之处，从灌输爱心做起。请把这个喜讯带到你们家人那里，带到你们的邻居中去，去真正认识他们。我曾经结识了一个印度家庭，这个家庭有八个孩子。从和这个家庭的接触中，我有一些非常感人的收获。一天，一位先生来到我们的住处，他说："特蕾莎嬷嬷，一个有八个孩子的家庭已经断炊好几天了，请帮帮他们。"听了他的话，我马上给这个家庭送去了一些大米。孩子们看到大米时眼睛都睁得大大的，眼神中还闪着兴奋的光。我不知道你们是否见过饥饿的人的眼睛，但是我太熟悉这些眼睛了。那位母亲接过大米后，立即把它分成两份，然后就出去了。当她回来后，我问她："你去了哪里？做什么去了呢？"她简单地回答说："他们也在挨饿。"原来她的邻居是一个穆斯林家庭，这个家庭也正在忍受着饥饿的煎熬。所以她把我送给她的米分了一半出去。这件事深深地感动了我。但我没有给那个穆斯林家庭另外送过米，因为我想让他们分享相互帮助的快乐和美好。

家庭中的孩子们从母亲那里得到快乐，他们和母亲共同享受着生活的乐趣，因为他们有母亲的爱。你瞧，这就是爱的发源地，爱的源头出自家庭。我们都应该为我们这个世界上有这样的人感到欢乐。

今天的世界上仍有如此多的苦难存在……当我从街上带回一个饥肠辘

辘的人时，给他一盘米饭、一片面包，我就能使他心满意足了，我就能驱除他的饥饿。但是，如果一个人露宿街头，感到不为人所要，不为人所爱，惶恐不安，被社会抛弃——这样的贫困让人心痛，如此令人无法忍受。因此，让我们总是微笑相见，因为微笑就是爱的开端，一旦我们开始彼此自然地相爱，我们就会想着为对方做点什么了。

请你们为我们祈祷，将我们所开展的事业的喜讯传到各个地方。我们需要你们这样做。你们应该在自己的国家里逐渐了解贫困和贫乏的人，也许我们在座的各位并不为生活发愁，但是如果我们审视一下自己的家庭生活，我们就会发现，有时家人之间相互微笑也是件不容易的事。那么，就让我们从相互微笑来开始我们爱的传播吧。

（此文选入时有改动）

西点军校上空的号角

——读《责任、荣誉、国家》

与其说这是一篇热情洋溢的演讲稿，不如说这是一支响彻西点军校上空激动人心的号角。这是一个有着50多年军龄的老兵对自己军旅生活的经验总结，是一位有着传奇色彩的将军对世人的钢铁般的誓言，是一位兄长对刚刚走入军旅生涯的兄弟们的殷殷期待，是一位军人行为和品德的最高准则。

"责任、荣誉、国家"是西点军校的校训，是西点精神的精髓，是西点军人引以为傲的座右铭，它培养了学员们坚定的意志，让他们在丧失勇气时鼓起勇气，没有理由相信时重建信念，几乎绝望时产生希望，坚强地认清自己的懦弱，勇敢地面对自己的胆怯，失败时懂得自尊、不屈不挠，胜利时懂得谦和、不贪图安逸舒适，勇敢地面对困难、重压和挑战，巍然屹立于风浪之中。它告诉学员们什么是真正伟大的纯朴、真正智慧的虚心、真正强大的温顺。它挖掘学员们生命的潜力，激发他们舍弃安逸而偏爱冒险的欲望，打造出一个个防御能力强、攻击迅速而准确、富有牺牲精神的军人。麦克阿瑟将军以充满激情的语言对"责任、荣誉、国家"神圣的内涵进行了丰富而深刻的阐述，为我们描绘了一幅幅波澜壮阔的感人画

· 192 ·

卷——属于军人的责任、荣誉的画卷，并对责任、荣誉、国家三者之间的关系进行了辩证的论述，将"军人的荣誉是承担责任，保卫国家"的主题阐释得透辟又深邃，意蕴博大精深，意味深长幽远。

麦克阿瑟将军站在这既是他军人生涯的起点又即将是他军旅生涯的终点的地方，告别西点军校，告别他的军旅生活，在这里我们感受到的不是空洞的说教与训斥，我们真切地感受到的是一个老人内心深处的情感波澜，对往事的追忆、不舍和怅惘。对西点军校的深厚感情，化为一个老兵的自豪、执着，对未来军人的期待、激励，对军人价值的理解。麦克阿瑟将军浓烈、朴素而真挚的感情深深地打动了我们，他绚丽多彩、气势磅礴、充满诗意的语言深深地感染了我们，我们相信"责任—荣誉—国家"这嘹亮的号角会始终萦绕在人们的耳畔，在西点军校的上空久久地回荡、回荡……

附：

责任、荣誉、国家
麦克阿瑟

今天早晨，当我走出旅馆时，看门人问道："将军，您上哪儿去？"一听说我要去西点军校，他说："那是个好地方，您从前去过吗？"

这样的荣誉是没有人不深受感动的。长期以来，我从事这个职业，又如此热爱这个民族，能获得这样的荣誉简直使我无法表达我的感情。然而，这种奖赏并不意味着对个人的尊崇，而是象征一个伟大的道德准则——捍卫这块可爱土地上的文化与古老传统的那些人的行为与品质的准则，这就是这个大奖章的意义。无论现在还是将来，它都是美国军人道德标准的一种体现。我一定要遵循这个标准，结合崇高的理想，唤起自豪感，同时始终保持谦虚……

责任、荣誉、国家，这三个神圣的名词庄严地提醒你应该成为怎样的人，可能成为怎样的人，一定要成为怎样的人。它们将使你精神振奋，在你似乎丧失勇气时鼓起勇气，似乎没有理由相信时重建信念，几乎绝望时产生希望。遗憾得很，我既没有雄辩的辞令、诗意的想象，也没有华丽的隐喻向你们说明它们的意义。怀疑者一定要说它们只不过是几个名词、一句口号、一个空洞的短语。每一个迂腐的学究，每一个蛊惑人心的政客，每一个玩世不恭的人，每一个伪君子，每一个惹是生非之徒，很遗憾，还有其他个性不甚正常的人，一定企图贬低它们，甚至对它们进行愚弄和嘲笑。

但这些名词确能做到：塑造你的基本特性，使你将来成为国防卫士；使你坚强起来，认清自己的懦弱，并勇敢地面对自己的胆怯。它们教导你在失败时要自尊，要不屈不挠；胜利时要谦和，不要以言语代替行动，不要贪图舒适；要面对重压和困难，勇敢地接受挑战；要学会巍然屹立于风浪之中，但对遇难者要寄予同情；要先律己而后律人；要有纯洁的心灵和崇高的目标；要学会笑，但不要忘记怎么哭；要向往未来，但不可忽略过去；要为人持重，但不可过于严肃；要谦虚，铭记真正伟大的纯朴、真正智慧的虚心、真正强大的温顺。它们赋予你意志的韧性、想象的质量、感情的活力，从生命的深处焕发精神，以勇敢的姿态克服胆怯，甘于冒险而不贪图安逸。它们在你们心中创造奇妙的意想不到的希望，以及生命的灵感与欢乐。它们就是以这种方式教导你们成为军人和绅士。

你所率领的是哪一类士兵？他们可靠吗？勇敢吗？他们有能力赢得胜利吗？他们的故事你全都熟悉，那是一个美国士兵的故事。我对他的评价是多年前在战场上形成的，至今没有改变。那时，我把他看作世界上最高尚的人；现在，我仍然这样看他。他不仅是一个军事品德最优秀的人，而且是一个最纯洁的人。他的名字与威望是每一个美国公民的骄傲。在青壮年时期，他献出了一切人类所赋予的爱情与忠贞。他不需要我及其他人的颂扬，因为他已用自己的鲜血在敌人的胸前谱写了自传。可是，当我想到他在灾难中的坚忍、在战火里的勇气、在胜利时的谦虚，我满怀的赞美之情不禁油然而生。他在历史上已成为一位成功爱国者的伟大典范；他在未来将成为子孙认识解放与自由的教导者；现在，他把美德与成就献给我们。在数十次战役中，在上百个战场上，在成千堆营火旁，我目睹他坚韧不拔的不朽精神，热爱祖国的自我克制以及不可战胜的坚定决心，这些已经把他的形象铭刻在他的人民心中。从世界的这一端到另一端，他已经深深地为那勇敢的美酒所陶醉。

当我听到合唱队唱的这些歌曲时，我记忆的目光看到第一次世界大战中步履蹒跚的小分队，从湿淋淋的黄昏到细雨蒙蒙的黎明，在透湿的背包的重负下疲惫不堪地行军，沉重的双脚深深地踏在炮弹轰震过的泥泞路上，与敌人进行你死我活的战斗。他们嘴唇发青，浑身污泥，在风雨中颤抖着，从家里被赶到敌人面前，许多人还被赶到上帝的审判席上。我不了解他们生得高贵，可我知道他们死得光荣。他们从不犹豫，毫无怨恨，满怀信心，嘴边叨念着继续战斗，直到看到胜利的希望才合上双眼。这一切都是为了它们——责任、荣誉、国家。当我们蹒跚在寻找光明与真理的道路上时，他们一直在流血、挥汗、洒泪。

20年以后，在世界的另一边，他们又面对着黑黝黝肮脏的散兵坑、阴森森恶臭的战壕、湿淋淋污浊的坑道，还有那酷热的火辣辣的阳光、疾风狂暴的倾盆大雨、荒无人烟的丛林小道。他们忍受着与亲人长期分离的痛苦煎熬、热带疾病的猖獗蔓延、军事险要地区的恐怖情景。他们坚定果敢的防御，他们迅速准确的攻击，他们不屈不挠的目的，他们全面彻底的胜利——永恒的胜利——永远伴随着他们最后在血泊中的战斗。在战斗中，那些苍白憔悴的人们的目光始终庄严地跟随着"责任、荣誉、国家"的口号。

这几个名词包含着最高的道德准则，并将经受任何为提高人类道德水准而传播的伦理或哲学的检验。它所提倡的是正确的事物，它所制止的是谬误的东西。高于众人之上的战士要履行宗教修炼的最伟大行为——牺牲。在战斗中，面对着危险与死亡，他显示出造物主按照自己意愿创造人类时所赋予的品质。只有神明能帮助他、支持他，这是任何肉体的勇敢与动物的本能都代替不了的。无论战争如何恐怖，召之即来的战士准备为国捐躯是人类最崇高的进化。

现在，你们面临着一个新世界——一个变革中的世界。人造卫星进入星际空间，卫星与导弹标志着人类漫长的历史进入了另一个时代——太空时代。自然科学告诉我们：在50亿年或更长的时期中，地球形成了；在300万年或更长的时期中，人类形成了；人类历史还不曾有过一次更巨大、更令人惊讶的进化。我们不单要从现在这个世界，而且要从无法估算的距离，从神秘莫测的宇宙来论述事物。我们正在认识一个崭新的无边无际的世界，我们谈论着不可思议的话题：控制宇宙的能源；让风力与潮汐为我们所用；创造空前的合成物质以补充甚至代替古老的基本物质；净化海水，以供我们饮用；开发海底，以作为财富与食品的新基地；预防疾病，以使寿命延长几百岁；调节空气，以使冷热、晴雨分布均衡；登月宇宙飞船；战争中的主要目标不仅限于敌人的武装力量，也包括其平民；团结起来的人类与某些星系行星的恶势力的最根本矛盾；使生命成为有史以来最扣人心弦的那些梦境与幻想。

为了迎接所有这些巨大的变化与发展，你们的任务将变得更加坚定而不可侵犯，那就是赢得我们战争的胜利。你们的职业要求你们在这个生死关头勇于献身，此外，别无所求。其余的一切公共目的、公共计划、公共需求，无论大小，都可以寻找其他办法去完成；而你们就是受训参加战斗的，你们的职业就是战斗——决心取胜。在战争中最明确的目标就是为了胜利，这是任何东西都代替不了的。假如你失败了，国家就要遭到破坏，因此，你的职业唯一要遵循的就是"责任、荣誉、国家"。其他人将纠缠于分散人们思想的国内外问题的争论，可是你们将安详、宁静地屹立在远处，作为国家的卫士，作为国际矛盾怒潮中的救生员，作为硝烟弥漫的竞技场上的格斗士。一个半世纪以来，你们曾经防御、守卫、保护着解放与自由、权利与正义的神圣传统。让平民百姓去辩论我们政府的功过：我们的国力是否因长期财政赤字而衰竭，联邦的家长式传统是否势力过大，权力集团是否过于骄横自大，政治是否过于腐败，犯罪是否过于猖獗，道德标准是否降得太低，捐税是否提得太高，极端分子是否过于偏激，我们个人的自由是否像应有的那样完全彻底。这些重大的国家问题与你们的职业毫不相干，也无须使用军事手段来解决。你们的路标——责任、荣誉、国家，比夜里的灯塔要亮十倍。

你们是联系我国防御系统全部机构的纽带。当战争警钟敲响时，从你们的队伍中将涌现出手操国家命运的伟大军官。还从来没有人打败过我们。假如你也是这样，上百万身穿橄榄色、棕色、蓝色和灰色制服的灵魂将从他们的白色十字架下站起来，以雷霆般的声音喊出那神奇的口号——责任、荣誉、国家。

这并不意味着你们是战争贩子。相反，高于众人之上的战士祈求和平，因为他忍受着战争最深刻的伤痛与疮疤。可是，我们的耳边经常响起那位大智大慧的哲学之父柏拉图的警世之言："只有死者才能看到战争的终结。"

我的生命已近黄昏，暮色已经降临，我昔日的风采和荣誉已经消失。它们随着对昔日事业的憧憬，带着那余晖消失了。昔日的记忆奇妙而美好，浸透了眼泪和昨日微笑的安慰和抚爱。我尽力但徒然地倾听，渴望听到军号吹奏起那微弱而迷人的旋律，以及远处战鼓急促敲击的动人节奏。

我在梦幻中依稀又听到了大炮在轰鸣，又听到了滑膛枪在鸣放，又听到了战场上那陌生、哀愁的呻吟。

然而，晚年的回忆经常将我带回到西点军校。我的耳旁回响着，反复回响着——责任、荣誉、国家。

今天是我对你们进行的最后一次点名。但我希望你们知道，当我死去时，我最后自然想到的是你们这支部队——这支部队——这支部队。

我向你们告别了。

（此文选入时有改动）

英雄末路的一曲挽歌

——读《史记·项羽本纪》

垓下之围是一曲英雄末路的挽歌，项羽则是悲剧英雄群像中的绝代典型。从来没有一个文学人物能像项羽这样，一经诞生，就在历史的长河中激起千层浪花，在群山万壑中回荡着经久不绝的震响，让无数读者掩卷而思、拍案而起，让无数仁人志士荡气回肠、扼腕慨叹。这真可以称得上是一个奇迹。

我想，项羽之所以光彩夺目，是在于作者带着强烈的主观感情色彩，以前所未有的才力和千钧笔力去打造这一形象，是在于项羽这个叱咤风云的人物身上有着太多的悲剧性格，令作者及读者惋惜不已。悲剧就是将有价值的东西摧毁给人看，悲剧就是悲剧人物身上的悲剧性格不可遏止地将英雄推向毁灭的过程。项羽骁勇善战，令敌人闻风丧胆，但也使他麻痹轻敌，目空一切，刚愎自用，甚至有时丧失理性，嗜杀成性；他相信自己的能力，身先士卒，常一击而振军威，但也使他孤芳自赏，难与他人共事，以致为渊驱鱼，为丛驱雀，视忠为奸，认奸为亲，不能知人善任，终至孤掌难鸣；他重情重义，爱兵如子，对英雄惺惺相惜，但也因一时妇人之仁而错失良机，放虎归山；他坦率真诚，光明磊落，从不施展小人伎俩，这种坦荡、这种高贵、这种君子风范，让人仰视，但也注定了他在复杂的政治斗争旋涡中无帝王之志而少韬略，胸无城府而目光短浅，机要处优柔寡断，而最终走向穷途末路。

司马迁巧妙地把项羽性格中矛盾的各个侧面有机地统一于这一鸿篇巨制之中，善于构造矛盾冲突和戏剧性的情节、场面，从而使人物形象在故事化、戏剧性的情节和矛盾冲突中展示出来。他将人物个性化的语言、行动、细节等客观展示，虚实结合，揭示了项羽一生成败的根本原因，揭示

· 197 ·

了英雄悲剧的全过程。文中虽然不乏深刻的挞伐，但更多的是由衷的惋惜和同情。他善于用寥寥几笔抓住点睛之处，工笔细描，表现人物的细微情态、精神个性。四面楚歌的悲剧气氛的纵笔渲染，乌江自刎时神态的精雕细刻，都给人以身临其境之感和无尽的驰骋想象的空间，把一个顶天立地、铁骨铮铮的八尺大汉展现在读者眼前。

陈郁《藏一话腴》中说："写其形，必传其神；传其神，必写其心。"司马迁正是成功地挖掘了人物的精神世界，成功地合成了人物的矛盾性格，才成功地塑造了项羽这位具有悲剧色彩的传奇英雄形象。岁月的长河悠然流淌，无情地打磨着世间万物，而项羽这一英雄形象必会更加熠熠生辉、光彩照人。

老臣一片用心苦，一言一语总关情

——读《触龙说赵太后》

爱孩子是女人的天性。没有了儿子，就没有了自己的下半生，没有了自己的精神寄托，国家对于一个年事渐高的女人来说又有何意义？大敌当前，国家的危急存亡系于长安君一身，国家与儿子孰轻孰重，精明能干的赵太后不是不懂，只是心里不忍，割舍不下，一个"情"字让她难以取舍。她恼怒异常，连"唾其面"这种最无赖的武器都用上了，足见其内心的矛盾、焦虑之深。众大臣不解太后的心病，自然屡屡碰壁。触龙深谙太后这种百般无奈的心理，推己及人，循循善诱，采用三步法：一拉近距离，缓和气氛；二借年老托子，道出"父母之爱子，则为之计深远"的大道理；三摆事实讲道理，进一步提出"一旦山陵崩，长安君何以自托于赵"的问题，直揭赵太后心中痛处、忧虑所在。触龙用历史的、现实的例子证明了赵太后眼下的做法"虽曰爱之，其实害之"，对爱做出了另一番诠释，自然句句切中要害，药到病除，打消了太后的疑虑，使她心悦诚服，做出让长安君去齐国做人质的决断。

触龙步步诱导，旁敲侧击，动之以情，晓之以理，全部对话无一字涉及人质，但又句句不离人质，迂回曲折之中尽显语言奥妙，循循善诱之余凸显事情必然，真可谓老臣一片用心苦，一言一语总关情。

不朽的灵魂

——读《巴尔扎克葬词》

这是一个文学天才对另一个先行离开的文学天才的盖棺定论。面对巴尔扎克的死亡，演说者没有用低沉的语调、哀伤的言辞去述说死者的生平和病逝，而是用高亢的语调、诗化和哲理性的语言表达了对死者的无尽悼念之情，高度评价了巴尔扎克的伟大贡献。在巴尔扎克的墓前，雨果对这位文学巨匠穷尽了溢美之词，但丝毫没有给人夸大虚饰之感。"从今以后，众目仰望的将不是统治者，而是思想家。""在最伟大的人物中间，巴尔扎克是名列前茅者；在最优秀的人物中间，巴尔扎克是佼佼者之一。他才华卓著，至善至美，但他的成就不是眼下说得尽的。他的所有作品仅仅形成了一部书，一部有生命的、光亮的、深刻的书，我们在这里看见我们的整个现代文明的走向，带着我们说不清楚的、同现实打成一片的惊惶与恐怖。"这种赞美是建立在雨果对巴尔扎克完全而透彻的理解基础之上的，是一个伟大灵魂对另一个伟大灵魂的感悟。雨果认为巴尔扎克的著作是"一部了不起的书""有一切的形式和一切的风格"，是"一部既是观察又是想象的书"。雨果不愧是浪漫主义的天才人物，他敏锐的洞察力使他在巴尔扎克的葬礼上迅速地捕捉了时代变化的脉搏，预言了巴尔扎克作品的伟大意义和深远影响，感情由悲壮到激越再上升为景仰。更为可贵的是，雨果还借巴尔扎克之死表达了自己的生死观，体现了自己的哲理性思考："死亡是伟大的平等，也是伟大的自由。""生前凡是天才的人，死后就不可能不化作灵魂！"读着这篇极具爆发力和诗性智慧的充满激情的散文，我们仿佛已站在当年的拉雪兹神父公墓前，连飘飘细雨也浑然不觉，心中充满了崇高伟大的力量。

　　附：

巴尔扎克葬词

雨　果

各位先生：

　　现在被葬入坟墓的这个人，举国哀悼他。对我们来说，一切虚构都消失了。从今以后，众目仰望的将不是统治者，而是思想家。一位思想家不存在了，举国为之震惊，今天，人民哀悼一位天才之死，国家哀悼一位天才之死。

诸位先生，巴尔扎克这个名字将长留于我们这一时代，也将流传于后世的光辉业绩之中。巴尔扎克先生属于19世纪拿破仑之后的强有力的作家之列，正如17世纪一群显赫的作家，涌现在黎塞留之后一样——就像文明发展中，出现了一种规律，促使武力统治者之后出现精神统治者一样。

在最伟大的人物中间，巴尔扎克是名列前茅者；在最优秀的人物中间，巴尔扎克是佼佼者之一。他才华卓著，至善至美，但他的成就不是眼下说得尽的。他的所有作品仅仅形成了一部书，一部有生命的、光亮的、深刻的书，我们在这里看见我们的整个现代文明的走向，带着我们说不清楚的、同现实打成一片的惊惶与恐怖。一部了不起的书，他题作"喜剧"，其实就是题作"历史"也没有什么，这里有一切的形式和一切的风格，超过塔西陀，上溯到苏埃通，越过博马舍，直达拉伯雷；一部既是观察又是想象的书，这里有大量的真实、亲切、家常、琐碎、粗鄙。但是有时通过突然撕破表面、充分揭示形形色色的现实，让人马上看到最阴沉和最悲壮的理想。

愿意也罢，不愿意也罢，同意也罢，不同意也罢，这部庞大而又奇特的作品的作者，不自觉地加入了革命作家的强大行列。巴尔扎克笔直地奔向目标，抓住了现代社会进行肉搏。他从各方面揪过来一些东西，有虚像，有希望，有呼喊，有假面具。他发掘内心，解剖激情。他探索人、灵魂、心、脏腑、头脑和各个人的深渊，巴尔扎克由于他自由的天赋和强壮的本性，由于他具有我们时代的聪明才智，身经革命，更看出了什么是人类的末日，也更了解什么是天意，于是面带微笑，泰然自若，进行了令人生畏的研究，但仍然游刃有余。他的这种研究不像莫里哀那样陷入忧郁，也不像卢梭那样愤世嫉俗。

这就是他在我们中间的工作。这就是他给我们留下来的作品，崇高而又扎实的作品，金刚岩层堆积起来的雄伟的纪念碑！从今以后，他的声名在作品的顶尖熠熠发光。伟人们为自己建造了底座，未来负起安放雕像的责任。

他的去世惊呆了巴黎。他回到法兰西有几个月了。他觉得自己不久于人世，希望再看一眼他的祖国，就像一个人出门远行之前，再来拥抱一下自己的母亲一样。

他的一生是短促的，然而也是饱满的，作品比岁月还多。

唉！这位惊人的、不知疲倦的作家，这位哲学家，这位思想家，这位诗人，这位天才，在同我们一起旅居在这世上的期间，经历了充满风暴和斗争的生活，这是一切伟大人物的共同命运。今天，他安息了。他走出了冲突与仇恨。在他进入坟墓的这一天，他同时也步入了荣誉的宫殿。从今以后，他将和祖国的星星一起，熠熠闪耀于我们上空的云层之上。

站在这里的诸位先生，你们心里不羡慕他吗？

各位先生，面对着这样一种损失，不管我们怎样悲痛，就忍受一下这样的重大打击吧。打击再伤心，再严重，也先接受下来再说吧。在我们这样一个时代里，一个伟人的逝世，不时地使那些疑虑重重受怀疑论折磨的人对宗教产生动摇。这也许是一桩好事，这也许是必要的。上天在让人民面对崇高的奥秘，并对死亡加以思考的时候，知道自己做的是什么；死亡是伟大的平等，也是伟大的自由。

上天知道自己做的是什么，因为这是最高的教训。当一个崇高的英灵庄严地走进另一世界的时候，当一个人张开他的有目共睹的天才的翅膀，久久飞翔在群众的上空，忽而展开另外的看不见的翅膀，消失在未知之乡的时候，我们的心中只能充满严肃和诚挚。

不，那不是未知之乡！我在另一个沉痛的场合已经说过，现在我也永不厌烦地还要再说——这不是黑夜，而是光明！这不是结束，而是开始！这不是虚无，而是永恒！我说的难道不是真话吗，听我说话的诸位先生？这样的坟墓，就是不朽的明证！面对某些鼎鼎大名的与世长辞的人物，人们更清晰地感到这个睿智的人的神圣使命，他经历人世是为了受苦和净化，大家称他为大丈夫，而且心想，生前凡是天才的人，死后就不可能不化作灵魂！

深味悲凉的呐喊

——读《灯下漫笔（节选）》

安永兴在《走向鲁迅的初级阶段》中这样说："在中国没有谁能像鲁迅那样，对几千年的封建宗法制度和根深蒂固的传统观念有那么清醒、透彻的了解；也没有谁能像鲁迅那样，对专制和愚昧揭露得那么深刻和全面；更没有谁能像鲁迅那样，对渗透到中国人思想基因中的'劣根性'痛下针砭，无情地撕下罩在中国人脸上的形形色色的'假面'。没有鲁迅，也许我们至今仍然对与世俗人情融为一体的虚伪习焉不察，深陷于'瞒'和'骗'的泥淖大泽而不能自拔。"正因为此，鲁迅的文章充满了血性，体现了他对国家、民族的赤子丹心。在"世人皆醉我独醒"的年代，作为少数觉醒的先驱者之一，鲁迅已开始大声呐喊，以唤醒"铁屋子"里沉睡的人们，并开始荷戟奋战，要"肩住了黑暗的闸门，放他们到宽阔光明的地方去"（鲁迅《我们现在怎样做父亲》）。《灯下漫笔》正是这样有血性的代表作之一。

本文由钞票兑换现银的一件小事谈起：为了方便，他把银元换成钞票。因钞票贬值，心中惶恐，又千方百计再打折换银元，虽被欺骗，被愚弄，却心安、高兴。这就使作者突然起了另一思想：我们极容易变成奴隶，而且变了之后，还万分喜欢。作者在深刻冷静地剖析中国历史、中国社会的基础上，得出一个充满理性、前无古人的结论：中国几千年的封建社会只有两个时代，一是老百姓想做奴隶而不得的时代，一是老百姓暂时做稳了奴隶的时代；前一时代是天下大乱的时代，后一时代是天下暂时太平的时代；中国社会就在这"一治一乱"中循环反复，老百姓则在这两种时代中挣扎沉浮。鲁迅把批判的矛头指向中国的老百姓，既"哀其不幸"，又"怒其不争"，尖锐地批判了国民的奴性人格和奴才传统。而通过剖析国民的奴性人格和奴才传统正是几千年中国封建社会的统治得以延续的原因，从而提出了一部中国国民的人生史就是一部奴隶史的大胆见解。面对这样的国民，鲁迅无法掩饰内心的绝望与悲凉，最后终于发出震天一吼——创造这中国历史上未曾有过的第三样时代，则是现在的青年的使命！这是何等的勇气和洞察力，它将千百年来神圣得不容置疑的正史观点摧而毁之。这是鲁迅在深味国家和民族多舛的命运后发出的血性的呐喊。他不仅一针见血地揭示了封建社会的本质，而且在对中国历史的深刻剖析中，在对国民命运的高度概括中，在对未来时代的深切期盼中，充满了沉痛而炽热的情感，充满了昂扬的战斗激情。

鲁迅在写作上采用叙议结合的方法，文笔自由灵动，连贯紧密，采用了以小见大的手法。先从自身感受起笔，然后以大量的日常生活事件、历史事实和文献典籍为论据，多方进行论证，对中国历史做出深刻的剖析，最后推导出文章的中心论点。本文联想丰富，引据广博；环环相扣，逻辑严密；论述由表及里，层层深入，使文章既蕴含了深厚饱满的思想力量，又具有很强的知识性和可读性。

附：

灯下漫笔（节选）

鲁　迅

有一时，就是民国二三年时候，北京的几个国家银行的钞票，信用日见其好了，真所谓蒸蒸日上。听说连一向执迷于现银的乡下人，也知道这既便当，又可靠，很乐意收受，行使了。至于稍明事理的人，则不必是"特殊知识阶级"，也早不将沉重累坠的银元装在怀中，来自讨无谓的苦吃。想来，除了多少对于银子有特别嗜好和爱情的人物之外，所有的怕大都是钞票了罢，而且多是本国的。但可惜后来忽然受了一个不小的打击。

就是袁世凯想做皇帝的那一年，蔡松坡先生溜出北京，到云南去起义。这边所受的影响之一，是中国和交通银行的停止兑现。虽然停止兑现，政府勒令商民照旧行用的威力却还有的；商民也自有商民的老本领，不说不要，却道找不出零钱。假如拿几十几百的钞票去买东西，我不知道怎样，但倘使只要买一枝笔，一盒烟卷呢，难道就付给一元钞票么？不但不甘心，也没有这许多票。那么，换铜元，少换几个罢，又都说没有铜元。那么，到亲戚朋友那里借现钱去罢，怎么会有？于是降格以求，不讲爱国了，要外国银行的钞票。但外国银行的钞票这时就等于现银，他如果借给你这钞票，也就借给你真的银元了。

我还记得那时我怀中还有三四十元的中交票，可是忽而变了一个穷人，几乎要绝食，很有些恐慌。俄国革命以后的藏着纸卢布的富翁的心情，恐怕也就这样的罢；至多，不过更深更大罢了。我只得探听，钞票可能折价换到现银呢？说是没有行市。幸而终于，暗暗地有了行市了：六折几。我非常高兴，赶紧去卖了一半。后来又涨到七折了，我更非常高兴，全去换了现银，沉垫垫地坠在怀中，似乎这就是我的性命的斤两。倘在平时，钱铺子如果少给我一个铜元，我是决不答应的。

但我当一包现银塞在怀中，沉垫垫地觉得安心，喜欢的时候，却突然起了另一思想，就是：我们极容易变成奴隶，而且变了之后，还万分喜欢。

假如有一种暴力，"将人不当人"，不但不当人，还不及牛马，不算什么东西；待到人们羡慕牛马，发生"乱离人，不及太平犬"的叹息的时候，然后给与他略等于牛马的价格，有如元朝定律，打死别人的奴隶，赔一头牛，则人们便要心悦诚服，恭颂太平的盛世。为什么呢？因为他虽不算人，究竟已等于牛马了。

我们不必恭读《钦定二十四史》，或者入研究室，审察精神文明的高超。只要一翻孩子所读的《鉴略》，——还嫌烦重，则看《历代纪元编》，就知道"三千余年古国古"的中华，历来所闹的就不过是这一个小玩艺。但在新近编纂的所谓"历史教科书"一流东西里，却不大看得明白了，只仿佛说：咱们向来就很好的。

但实际上，中国人向来就没有争到过"人"的价格，至多不过是奴隶，到现在还如此，然而下于奴隶的时候，却是数见不鲜的。中国的百姓是中立的，战时连自己也不知道属于哪一面，但又属于无论哪一面。强盗来了，就属于官，当然该被杀掠；官兵既到，该是自家人了罢，但仍然要被杀掠，仿佛又属于强盗似的。这时候，百姓就希望有一个一定的主子，拿他们去做百姓，——不敢，是拿他们去做牛马，情愿自己寻草吃，只求他决定他们怎样跑。

假使真有谁能够替他们决定，定下什么奴隶规则来，自然就"皇恩浩荡"了。可惜的是往往暂时没有谁能定。举其大者，则如五胡十六国的时候，黄巢的时候，五代时候，宋末元末时候，除了老例的服役纳粮以外，都还要受意外的灾殃。张献忠的脾气更古怪了，不服役纳粮的要杀，服役纳粮的也要杀，敌他的要杀，降他的也要杀：将奴隶规则毁得粉碎。这时候，百姓就希望来一个另外的主子，较为顾及他们的奴隶规则的，无论仍旧，或者新颁，总之是有一种规则，使他们可上奴隶的轨道。

"时日曷丧，予及汝偕亡！"愤言而已，决心实行的不多见。实际上大概是群盗如麻，纷乱至极之后，就有一个较强，或较聪明，或较狡猾，或是外族的人物出来，较有秩序地收拾了天下。厘定规则：怎样服役，怎样纳粮，怎样磕头，怎样颂圣。而且这规则是不像现在那样朝三暮四的。于是便"万姓胪欢"了；用成语来说，就叫作"天下太平"。

任凭你爱排场的学者们怎样铺张，修史时候设些什么"汉族发祥时代""汉族发达时代""汉族中兴时代"的好题目，好意诚然是可感的，但措辞太绕湾子了。有更其直捷了当的说法在这里——

一、想做奴隶而不得的时代；

二、暂时做稳了奴隶的时代。

这一种循环，也就是"先儒"之所谓"一治一乱"；那些作乱人物，从后日的"臣民"看来，是给"主子"清道辟路的，所以说："为圣天子驱除云尔。"

现在入了哪一时代，我也不了然。但看国学家的崇奉国粹，文学家的赞叹固有文明，道学家的热心复古，可见于现状都已不满了。然而我们究竟正向着哪一条路走呢？百姓是一遇到莫名其妙的战争，稍富的迁进租界，妇孺则避入教堂里去了，因为那些地方都比较的"稳"，暂不至于想做奴隶而不得。总而言之，复古的，避难的，无智愚贤不肖，似乎都已神往于三百年前的太平盛世，就是"暂时做稳了奴隶的时代"了。

但我们也就都像古人一样，永久满足于"古已有之"的时代么？都像复古家一样，不满于现在，就神往于三百年前的太平盛世么？

自然，也不满于现在的，但是，无须反顾，因为前面还有道路在。而创造这中国历史上未曾有过的第三样时代，则是现在的青年的使命！

蒙羞飘荡的灵魂

——读《汉书·李陵传》

两千多年来，李广、李陵的命运使历代读史者嗟叹不已。对于李广，人们多数是同情；对于李陵，人们则是褒贬不一、感慨颇多。世代通行的法则是"文死谏，武死战"，这两种死法可成全大丈夫的名节，即所谓"义"。而李陵冒天下之大不韪，违背了这个法则。李陵兵败投降了匈奴，他在匈奴生活了约二十年，最后死在那里。汉朝杀了他的家人，匈奴人最后埋葬了他，为他哭泣。他是一个蒙羞的灵魂，一个有家不能回、飘荡在外的灵魂。

李陵是一位悲剧人物，传记有条不紊地叙述了不利的外界条件把他一步步推向绝境的过程。起先李陵不甘心永远只做运送辎重的小角色，主动请战带步兵出击，竟取得武帝的应允，并被许诺后继将有援军相助。然而后来的事情则把李陵推入了败亡的深渊。五千步兵对抗匈奴十几万骑兵，先是没有物资保障，再是路博德拒绝派兵接应，没有了后援，又在经历了几场大战令匈奴丢盔卸甲、损兵折将到数千人之后，自己也"五十万矢皆尽"，伤亡惨重。偏偏又逢管敢因被校尉所辱而投降匈奴，泄漏了军中机密，导致被匈奴单于大军围攻，陷入重围，孤军奋战的李陵确是回天无力啊！李陵兵败投降匈奴也的确是迫不得已。即使这样，他还"尽斩旌旗，及珍宝埋地中"，以图来日。班固对李陵饱含同情，不吝笔墨详写李陵孤军深入、浴血奋战的场面，并对李陵的悲剧结局客观叙述，同时深入地刻画出这位悲剧人物的矛盾心理和行动上的摇摆犹豫。兵败被困时，他先是决心以死报国，可是，在生死抉择的关键时刻，他投降了匈奴。他在匈奴地域会见汉朝使者时有心归汉，又害怕再遭困辱，下不了决心。他受匈奴单于的指派去劝降苏武，遭到苏武拒绝后又自责自省，认为自己罪孽深重。他先后两次为苏武置酒，一次是劝降，一次是饯行，李陵或是"泣下沾襟"，或是"泣下数行"，每次都悲痛欲绝。李陵有着太多的纠结和遗憾，他的悲剧结局既是客观形势所迫，又是性格因素使然。作者对李陵不溢美，不掩过，既对他的不幸遭遇报以同情，又对他的失节投降匈奴有批评之意。

这篇传记对于事情的来龙去脉清晰地加以叙述，对于那些带有起始性质的事件，都特别加以强调，以引起读者的注意，而且在平铺直叙的过程中寓含褒贬、预示吉凶，笔法极其精密。总之，这篇传记写得酣畅淋漓，悲剧气氛很重，不愧为《汉书》中的名篇。

苦难锤炼艺术才华

——读《柳敬亭传》

柳敬亭是明末清初著名的说书艺人，以说书技艺精湛而久负盛名，具有民族气节和"热肠侠骨"。现在流传下来的关于他的传记就有吴伟业的《柳敬亭传》、周容的《杂忆七传·柳敬亭》和黄宗羲的《柳敬亭传》等，吴、周、黄三人都是他同时代的著名文人和学者，而黄作是在吴作的基础上改写而成的。对于柳敬亭说书的情况，一些文人诗词更是描写得十分生动。如当时的词人曹贞吉就曾描写他的说书是"舌下涛飞山走，似易水歌声听久"；汪懋麟也曾描写他说南明兴亡事"令四座，唏嘘良久"。可见他说书的思想性、艺术性之高，感染力之强。黄宗羲写的这篇传记记叙了柳敬亭卓越的说书技艺和他的生活经历，揭示了他达到这种出神入化境界的原因。

艺术离不开生活，生活是艺术的源泉。清代王国维在《人间词话》中论及文学大家时说："大家之作，其言情也必沁人心脾，其写景也必豁人耳目。其辞脱口而出，无矫揉妆束之态。以其所见者真，所知者深也。"此话用来评价柳敬亭再恰当不过了。柳敬亭一生处于明王朝灭亡的动荡不安的岁月，生活经历坎坷、曲折而复杂，一篇短小的传记是不能将其一生写全面的，作者避繁就简，抓住了三个方面进行揭示：一是他作为一个犯法当死的无赖在学艺之时表现出惊人的专心致志、勤学苦练、精益求精的精神；二是他作为一个地位低贱的说书艺人竟能在从军从政中名噪一时、身价百倍、富贵显赫、倾动朝野；三是国破家亡的惨痛离乱的生活更历练了他高超的技艺。这三个方面各自独立又密切相关，他勤学苦练的说书技艺是他日后从军从政大获成功的基础，而国破家亡，重操旧业时，说书技艺炉火纯青，又得益于身经变乱、见多识广的生活体验。这三个方面是柳敬亭传奇人生的亮点，作者选材精妙，泼墨集中，组材别具匠心，结构严谨。写情状物，绘声绘色，历历如现，使人如闻其声、如见其人、如临其境。作者将柳敬亭说书技艺的高妙，衬托渲染到无与伦比、令人惊叹倾倒的地步。

门的哲思

——读《门》

门是人们生活中最常见的事物之一，是进出的通道，是遮风挡雨的屏障。开门和关门是日常生活中人们几乎每天都会做的最为平常的动作。但是莫利正是从这司空见惯的事物、动作中发现了隐藏在其中的奥秘。《门》就是这样一篇极富智慧和哲理的散文。

"开门和关门是人生中含意最深的动作。"这里所谓的"门"不只是指进出的通道，更是指"心扉"——心灵的"门"和人生的"门"。作者在这里张扬一种对未知世界、未来生活永远充满好奇、求索的热情。门是通向外部世界和未来生活的通道。开启一扇门，就意味着你与他人的沟通、理解、行动、接纳、惊喜、友谊、温暖、爱与亲情，也意味着新的生活在展开、延伸和继续。只有门开着，你才能投入生活和开拓新的人生境界，因而才存在着相遇、希望、未来和可能性，才能有对未知世界的探索，有新奇、激动与成功。即使遭逢的是厄运和失败，你也能在与它们的搏击中获得生命飞扬的喜悦。一段人生的展开就像一扇门的开启，前途未卜，但吸引着我们追寻下去。

作者认为"每一扇门的关闭就意味着一个结束"，这就体现出某种程度的悲观，是作者一种软弱的自白。人们总是不断地怀着希望开门，又绝望地把门关上——也许他对人生的理解过于悲观了。人们对自己的过去进行总结，忘记成绩、忧伤、积怨、仇恨等，又何尝不是关门？又何尝不是令人欣慰的事？即便是门的开启，如同生命中希望之花的绽放，门的关闭，象征了生命的枯萎，这本是自然界亘古不变的规律，又何必哀伤？我们只需要在历史长河中留下我们的一点星光，在那扇生命之门缓缓关闭之前，绽放出最绚烂的光芒，做到"生如夏花之灿烂，死如秋叶之静美"，也就足够了。

这篇文章以"门"作为立足点，种种人生感悟都由门，由开门、关门的动作及其意义生发出来，最终又都归结到门上。作者纵谈人生感悟，既能做到细密精微、曲尽其致，又能落到实处；既能铺陈开去，又能收拢得来，舒卷开阖，轻松自如。整篇文章显得严整、紧凑，给人以"秩序感"。

附：

门

（美）克里斯托弗·莫利

开门和关门是人生中含意最深的动作。在一扇扇门内，隐藏着什么样的奥秘！

没有人知道，当他打开一扇门时，有什么在等待着他，即使那是最熟悉的屋子。时钟滴答响着，天已傍晚，炉火正旺，也可能隐藏着令人惊讶的事情。也许是修管子的工人就在你外出之时已经来过，把漏水的龙头修好了。也许是女厨的忧郁症突然发作，向你要求得到保障。聪明的人总是怀着谦逊和容忍的精神来打开他的前门。

门有各种各样的。有旅馆、商店和公共建筑的转门，它们是喧闹的现代生活方式的象征。还有古怪的吱吱作响的小门，它们依然在变相的酒吧间外面晃动，只有从肩膀到膝盖那样高。更有活板门、滑门、双层门、后台门、监狱门、玻璃门……然而一扇门的象征和奥秘在于它那隐秘的性质。玻璃门根本不是门，而是一扇窗户。门的意义就是把隐藏在它内部的事物加以掩盖，给心灵造成悬念。

开门的方式也是多种多样的。当侍者用托盘端给你晚餐时，他欢快地用肘部推开厨房的门。当你面对上门推销的书商或者小贩时，你把门打开了，但又带着猜疑和犹豫退回了门内。彬彬有礼、小心翼翼的仆役向后退着，敞开了属于大人物的壁垒般的橡木门。牙医的那位富于同情心而深深沉默的女助手，打开通往手术室的门，不说一句话，只是暗示你：医生已为你做好了准备。一大清早，一扇门猛然打开，护士走了进来："是个男孩！"

门是隐秘、回避的象征，是心灵躲进极乐的静谧或与悲伤的秘密搏斗的象征。没有门的屋子不是屋子，而是走廊。无论一个人在哪儿，只要他在一扇关着的门的后面，他就能使自己不受拘束。在关着的门内，脑力工作最为有效。人不是在一起牧放的马群。

开门是一个神秘的动作：它包容着某种未知的情趣、某种进入新的时刻的感知和人类烦琐仪式的一种新的形式。它包含着人间至乐的最高闪现：重聚，和解，久别的恋人们的极大喜悦。即使在悲伤之际，一扇门的开启也许会带来安慰：它改变并重新分配人类的力量。然而，门的关闭要可怕得多，它是最终判决的表白。每一扇门的关闭就意味着一个结束。在门的关闭中有着不同程度的悲伤。一扇门猛然关上是一种软弱的自白。一扇门轻轻关上常常是生活中最具悲剧性的动作。每一个人都知道把门关上之后接踵而来的揪心之痛，尤其是当所爱的人音容犹在，而人已远去之时。

开门和关门是生命之严峻流动的一部分。生命不会静止不动并听任我们孤寂无为。我们总是不断地怀着希望开门，又绝望地把门关上。生命并不像一斗烟丝那样持续很久，而命运把我们像烟灰一样敲落。

一扇门的关闭是无可挽回的。至于另一扇门是不存在的。门一关上，就永远关上了，通往消逝了的时间脉搏的另一个入口是不存在的。

（此文选入时有改动）

破碎中蕴含的美丽

——读《破碎的美丽》

读人如读书，却比读书更难。也许有的人表面对你赤诚、关爱有加，内心却潜藏着一股污浊的暗流；也许有的人外表华贵，而内心深处充满了空虚，举手投足充斥着无知和愚昧；也许有的人做事谈条件、讲回报，在突发事件中却置生死于度外，抛开了自己的一切，展现出令你惊诧的另一面。读人需要许多的技巧，甚至需要花费一辈子的时间去学习。

乔叶所写的《破碎的美丽》就给我们提供了读人的独特的视角。作者执着地相信"只有破碎的东西才是美丽的""破碎的东西比完整的东西更为真实，更为深刻""破碎的灵魂才最美丽"，她喜欢破败的、陈旧的、萧条的事物，甚至喜欢看人痛哭失声，喜欢听人狂声怒吼，这并不是一种变态心理，而是作者人生经验的总结。她抓住了生活中人们常常忽视的细节，道破读人的天机：人们在最薄弱最不设防的时候流露出的那部分东西，才能体现一个人最真实的内心。能够破碎的人必定真正地活过。读着这些破碎的灵魂，就是汲取人生的梦想和真谛，就是读着人生的美好，分享着别致的幸福和欢乐。层层迷雾散去，呈现出作者敏锐的眼光、睿智的思考。我们的疑虑消除，也不由得想到：读别人，何尝不是在读自己？读人，正是从对他人的观照中懂得自己怎样做人啊！

附：

破碎的美丽

乔 叶

有时候，我甚至相信：只有破碎的东西才是美丽的。

我喜欢断树残枝、枯枝萎叶，喜欢旧寺锈钟、破门颓墙，喜欢庭院深深、一蓬秋草，喜欢石阶倾斜、玉栏折裂，喜欢云重雾冷、星陨月缺、根竭茎衰、柳败花残。我喜欢一个沉默的老人穿着褪色的衣裳走街串巷捡拾破烂，喜欢一个小女孩瘦弱的双肩背着花布块拼成的旧书包上学，甚至喜欢一个缺了口的啤酒瓶或一只被踩扁的易拉罐在地上默默地滚动，然后静止。每当我看到这些零星琐屑的人情事物时，我总是很专注地凝视着他们，直到把他们望到很远很远的境界中去。

我不知道自己是不是出于一种变态心理，但我确实深深相信：破碎的东西比完整的东西更为真实，更为深刻，虽然他们是那么平常，那么清淡，那么落魄，甚至那么狼狈。他们从光艳十足、无可挑剔的巅峰骤然落地，或是慢慢地坠下、慢慢地沉淀、慢慢地变形，然后破碎，然后走进我的视线中，走到辉煌已让位给别人的今天。

我不知道他们曾经怎样美丽过，所以我无法想象他们的美丽。因此，我深深沉醉于这种不可想象、不可求源的美丽之中，挖掘着他们绚丽的往昔，然后，蓦然回首，将这两种生命形态拉至眼前，黯然泪下。这不可解释的一切蕴含着多少难以诉说的风花雪月、悲欢离合，蕴含着多少沧桑世事中永恒的感伤和无垠的苍凉啊！破碎的事物就这样印满了重重叠叠的生命的影迹，那么厚重，那么绰约，却那么美丽。

同样，很残忍的，我相信破碎的灵魂才最美丽。

我喜欢看人痛哭失声，喜欢听人狂声怒吼，喜欢人酒后失态吐出一些埋在心底发酵的往事，喜欢看一个单相思的人于心爱者的新婚之夜在雨中持伞默立。我喜欢素日沉静安然的人喋喋不休地诉说苦难，一向喜悦满足的人忽然会沮丧和失落，苍老的人忆起发黄的青春，孤傲的人忏悔错过的爱情。我喜欢明星失宠后凄然一笑，英雄暮年时忍痛回首，官场失意者独品清茶，红颜逝去的佳丽对镜哀思。我喜欢人们在最薄弱最不设防的时候挖出自己最痛最疼的那一部分东西，然后颤抖，然后哭泣，然后让心灵流出血来。

每当这时候，哪怕我对眼前的人一无所知，我也一定会相信：这个人拥有一个曾经非常美好现在依然美好的灵魂，他经历的辛酸和苦难以及那些难以触怀的心事和情绪是他生命中最深的印记和最珍爱的储藏。只有等他破碎的时候，他才会放出这些幽居已久的鸽子，并且启窗露出自己最真实的容颜。我知道：只要他的窗子曾经打开过——哪怕仅打开一秒钟，他就不会是一间老死的石屋了。

能够破碎的人，必定真正地活过。林黛玉的破碎，在于她有刻骨铭心的爱情；三毛的破碎，源于她历尽沧桑后一刹那的明彻和超脱；凡·高的破碎，是太阳用金黄的刀子让他在光明中不断产生剧痛；贝多芬的破碎，则是灵性至极的黑白键撞击生命的悲壮乐章。如果说那些平凡者的破碎泄露的是人性最纯最美的光点，那么这些优秀灵魂的破碎则如银色的礼花开满了我们头顶的天空。我们从中汲取了多少人生的梦想和真谛啊！

我不得不喜欢这些能把眼睛剜出血来的破碎的美丽，这些悲哀而持久的美丽。他们直接触动我心灵中最柔软的部分，让我随他们流泪、欢笑、叹息或者沉默——那是一种多么令人心悸的快感啊！而此时，我知道：没有多少人能像我一样享受这种别致的幸福和欢乐，没有多少人知道这种破碎的美丽是如何细细密密地铺满我们门前的田野和草场，如同今夜细细密密的月光。

是谁说过：一朵花的美丽，就在于她的绽放。而绽放其实正是花心的破碎啊！

（此文选入时有改动）

用微小的颗粒感悟人生

——读《沙漠》

如果涉足于好山好水是生活的一种享受，那么到沙漠中去又是一种什么样的生活感受呢？提到沙漠，人们便自然会想到浩瀚无垠的沙丘。很多历经生活磨炼的人，心中会涌起沉重和荒凉，很少有欢快跳跃的情绪，也少有浪漫丰富的想象，但法国作家纪德在他的散文《沙漠》里唱了一曲悦耳、激昂的大漠之歌。从歌声中，你能听出作者热情赞颂大漠的激昂旋律，对自然界变化无常、令人思绪万千的惆怅，对百无聊赖的生存境遇的感叹，以及敢于向生命挑战的勇气。

以博大的情怀纵观宇宙，用微小的颗粒感悟人生，正是作者超强生活能力的体现。

《沙漠》一文真可称得上是一幅精心绘制的精美图画，作者在文章中感叹"苦难的沙漠、辉煌的沙漠"之时，就用丰富的意象勾勒出了大漠的雄浑、悲壮和凄凉，大漠中的海市蜃楼、风暴中的飞沙走石、荒凉路上的累累白骨、寂寥无声的凄凄荒地。对有生命和无生命的大漠实景的描述、作者在大漠中的所思所想及幻想中抒发的情感，使作品达到了一种高品位的境界。

文章用诗一般的语言直抒情怀，表现出作者热爱沙漠、热爱大自然的强烈情感，给人留下了深刻的印象。他用黎明、霞光、绿洲、棕榈来表现对自然的神往，把强烈的爱延伸到"光源"中，尽管这里是"不毛之地、冷酷无情之地"，但那狂热的爱紧紧追随着大漠之魂。这优美的旋律来自作者心灵的低吟浅唱，在物质日益丰富、精神日渐贫乏的今天，这种慷慨激昂的旋律似乎离我们很遥远了，在某些人的生活里甚至消失殆尽，为什么那个时代的人会有如此强烈的爱，甚至对荒凉的大漠也会一往情深？难道真的是生活的快节奏、生存的重压才让我们的这种情感消失得无影无踪？难道时代的情感真的会随着社会的变迁而改变？如果我们的生活没有了强大的精神支柱的支撑，如果我们的社会缺少了昂扬的主旋律，我们的生活还有什么意义呢？

诗意的生活，来自心存美好。人生在世，其实不就活的是一种心态吗？

附：

沙 漠

（法）安德烈·纪德

啊！多少次黎明即起，面向霞光万道、比光轮还明灿的东方——多少次走向绿洲的边缘，那里的最后几棵棕榈枯萎了，生命再也战胜不了沙漠——多少次啊，我把自己的欲望伸向你，沐浴在阳光中的酷热的大漠，正如俯向这无比强烈的耀眼的光源……何等激动的瞻仰、何等强烈的爱恋，才能战胜这沙漠的灼热呢？

不毛之地、冷酷无情之地、热烈赤诚之地、先知神往之地——啊！苦难的沙漠、辉煌的沙漠，我曾狂热地爱过你。

在那时时出现海市蜃楼的北非盐湖上，我看见犹如水面一样的白茫茫的盐层。我知道，湖面上映照着碧空——盐湖湛蓝得好似大海，但是为什么会有一簇簇灯芯草，稍远处还会矗立着正在崩坍的页岩峭壁？为什么会有漂浮的船只和远处宫殿的幻象？所有这些变了形的景物，悬浮在这片臆想的深水之上。（盐湖岸边的气味令人作呕，岸边是可怕的泥灰岩，吸饱了盐分，暑气熏蒸。）

我曾见在朝阳的斜照中，阿马尔卡杜山变成玫瑰色，好像是一种燃烧的物质。

我曾见天边狂风怒吼，飞沙走石，令绿洲气喘吁吁，像一只遭受暴风雨袭击而惊慌失措的航船，绿洲被狂风掀翻。而在小村庄的街道上，瘦骨嶙峋的男人赤身裸体，蜷缩着身子，忍受着炙热焦渴的折磨。

我曾见荒凉的旅途上，骆驼的白骨蔽野。那些骆驼因过度疲顿，再难赶路，被商人遗弃了；随后尸体腐烂，叮满苍蝇，散发出恶臭。

我也曾见过这种黄昏：除了鸣虫的尖叫，再也听不到任何歌声。

我还想谈谈沙漠。

生长细茎针茅的荒漠，游蛇遍地，绿色的原野随风起伏。

乱石的荒漠，不毛之地。页岩熠熠闪光，小虫飞来舞去，灯芯草干枯了。在烈日的曝晒下，一切景物都发出噼噼啪啪的声音。

黏土的荒漠，只要有一场雨，万物就会充满生机。虽然土地过于干旱，难得露出一丝笑容，但雨后簇生的青草似乎比别处更嫩更香。由于害怕未待结实就被烈日晒枯，青草都急急忙忙地开花、授粉、播香，它们的爱情是急促短暂的。太阳又出来了，大地龟裂、风化，水从各个裂缝里逃遁。大地龟裂得面目全非，尽管大雨滂沱，激流涌进沟里，冲刷着大地，但大地无力挽留住水，依然干涸而绝望。

黄沙漫漫的荒漠，宛如海浪的流沙，在远处像金字塔一样指引着商队。登上一座沙丘，便可望见天边另一沙丘的顶端。

刮起狂风时，商队停下，赶骆驼的人便在骆驼的身边躲避。这里生命灭绝，唯有风与热的搏动。阴天下雨，沙漠犹如天鹅绒一般柔软，夕照中，像燃烧的火焰；而到清晨，又似化为灰烬。沙丘间是白色的谷壑，我们骑马而过，每个足迹都立即被尘沙所覆盖。由于疲惫不堪，每到一座沙丘，我们总感到难以跨越了。

黄沙漫漫的荒漠啊，我早就应当狂热地爱你，但愿你最小的尘粒在它微小的空间也能映现宇宙的整体。微尘啊！你是从何种爱情中分离出来的？微尘也想得到人类的赞颂。

我的灵魂，你曾在黄沙上看到什么？

白骨——空的贝壳……

一天早上，我们来到一座座高高的沙丘脚下躲避日光。我们坐下，那里还算阴凉，悄然长着灯芯草。

至于黑夜，茫茫黑夜，我能谈些什么呢？

海浪输却沙丘三分蓝，胜似天空一片光。

我熟悉这样的夜晚，似乎觉得一颗颗明星格外璀璨。

（此文选入时有改动）

风云变幻中的百态众生

——读《左传·秦晋殽之战》

在我国灿若星河的文学作品中，字字珠玑、句句生辉者不在少数，而《左传》则可称得上是其中的珍品。《秦晋殽之战》是《左传》中的名篇。文学批评家金圣叹评《秦晋殽之战》："读原轸语，读破栾枝语，读文嬴语，读先轸怒语，读孟明谢阳处父语，读秦伯哭师语，逐段细细读，逐段如画。"金圣叹此语道出了《秦晋殽之战》两个显著的特点：一是文字简洁，简笔快言中纷繁交错的若干事件清晰呈现，内中风云变幻之色展露无遗；一是人物语言描写精彩纷呈，众多人物，无一重复，个个性格张扬，鲜活饱满。

《秦晋殽之战》包含了蹇叔哭师、王孙满观师、弦高犒师、皇武子辞客、先轸论战、文嬴放三帅、穆公哭师七个精彩的故事。国与国的交锋，人与人的争执，父子亲情，君臣大义，对国家的忠诚，对亲人的眷恋，秦、晋、郑三国内部主张间的龃龉，外交中轻重远近利益的取舍，时代的风云变幻，战争的冷酷严峻，内容不可谓不丰富，头绪不可谓不繁多。但作者以蹇叔论战为纲，渐次展开故事，粗笔写事，工笔绘神，于是事件的大小急缓、人物的疏离亲密被作者三言两语交代得一清二楚。简笔快言之美尽现于此。

《秦晋殽之战》中的人物语言描写也很能代表《左传》的语言魅力：弦高犒师的语言，彬彬有礼中是有虚有实、软中带硬；皇武子辞客的语言，谦卑致歉的客套中是旁敲侧击，婉转却不乏严厉地揭露了秦国的阴谋，下达了逐客之令；孟明辞谢的语言，感恩戴德中是今日侥幸生还的得意、来日报仇雪恨的快意，话中有话，绵里藏针。语言是文学创作的第一要素，人的精神世界有多丰富，语言的表现就有多丰富。尼古拉耶娃说："借助语言可以表现运动和发展中的人的全部丰富的精神生活。"于是，当我们打开《秦晋殽之战》，贪婪骄横、利令智昏的秦穆公，料事如神、敢于直谏的蹇叔，性情刚烈、忠心耿耿的原轸，沉着冷静、随机应变的爱国商人弦高等众多的人物便跨越千年，生动鲜活地站在了我们面前。经典之美，令人拍案叫绝，让人回味不尽。

借文学评论之慧眼，入艺术作品之雅堂

我们经常会接触到一些名著，接触到一些音乐，接触到芭蕾舞等高雅艺术，但我们又常常感到困惑：这些经典为何被称为经典？它们美在何处？我们会被经典震撼，但我们只能笼统地说它们太美了，而无法用更为具体准确的语言描述出来。每当此时，我们内心就会有一种热切的渴望，情不自禁地呼唤：借我一双慧眼吧，让我学会辨析艺术之美！那么有没有什么捷径能让我们快速达到一个较高的审美境界，用一双慧眼去深切地感受艺术之美呢？有，这捷径就是文学评论。那么什么是文学评论呢？

文学评论是运用文学理论对文学现象进行研究，探讨、揭示文学的发展规律，以指导文学创作的实践活动。文学评论广泛地涉及小说、诗歌、散文、戏剧、绘画、影视等方面，包括诗歌评论、小说评论、散文评论、戏剧评论、影视评论等。评论的目的是通过对文艺作品的思想内容、创作风格、艺术特点等方面议论、评价，来提高读者阅读、鉴赏的水平，来促进文学作品的创作和繁荣。因而我们通过广泛阅读优秀的文学评论就能较快地提高我们的鉴赏能力，领略艺术之美。

文学评论为什么具有这样的魔力？

（一）文学评论是评论者外视内省，揭示作品奥秘的理性思考的结晶

因为文学评论是评论者因某一文学作品触动了自身的某一种体验、某一种认识后，利用自己深厚的文化积淀，将自己丰富的人生体验、人格智慧、深沉博大的情怀和智者的理性精神融合在一起，凝聚而成的理性的思考，将至真至性的情思与艺术交融时迸发出来智慧的火花。因为它抽象出作品哲理性的思想内涵，才散发出一种能启人心智的理性光辉，照耀着探索美的心灵；才能够给人历史的、现实的借鉴与启迪；才促使人对美进行更加深入广泛的思考和探求，具有启人心智的力量。

如余秋雨做过题为"文学创作中的未知结构"的讲座，他的关于艺术作品中的未知结构和两难结构的观点让人耳目一新，大有醍醐灌顶之功

效。他让我们懂得了经典的永恒魅力之所在，教会我们进行更深入的思考。他揭示了文学大师们思想的深邃性，带我们跨越了时空的阻隔，进入更高的审美境界。他让我们懂得了海明威的《老人与海》、关汉卿的《窦娥冤》、王实甫的《西厢记》等一部部生动感人的名著中蕴含着的无限深意。他启发我们，不仅要把握作品的内容，还要积极思考、努力探究作品背后潜藏的未知结构、两难结构——这正是伟大作品、伟大作家之所以伟大的原因，这就是艺术的未知结构和两难结构带给作品的艺术魅力。如果我们能够做到这一点，我们的审美就有了质的飞跃。

又如，余光中写过一篇文学评论——《散文的知性与感性》，余光中认为文章应知性与感性并重——即作家论述人情事理时固应明白透彻，而在景物描绘、情节叙述方面亦应鲜活生动，不能一味生硬刻板或露骨地推理，失之于硬；也不能写成纯感性的美文，失之于软。一位真正的散文家，必须兼有心肠与头脑，笔下才能兼具知性与感性之美，才能"软硬兼施"，让文章具有理趣和情趣。学者的散文当然也要具有知性与感性，更需出入情理之间。只有在感性方面拥有深厚的功力，才算得上是本色的作家。而明了这个道理，我们的写作就会在注意理性的思考的同时注重情感的抒发。

不同作家对不同事物有着不同的感受；即使是同一事物，不同的人看法也会不同；甚至面对同一事物，同一作家在不同时期的看法也会有所不同。古人所谓"仁者见仁，智者见智"，讲的就是这样一种鉴赏规律。当我们阅读了大量的评论后，经过比较鉴别，我们就会获得多方位、多层面的思考，天长日久，我们就会练就一双具有辨别力的火眼和一个会思考的大脑，能够自己去领略艺术之美。

（二）文学评论能使读者感受艺术之美，并自觉提高艺术修养

1. 有助于拓展读者的审美视野

广泛阅读文学评论有助于拓展读者的审美视野。一般读者在阅读评论之前就已经具备一些条件，如文学艺术方面的肤浅知识，独特的人生经历和阅读经验，在生活中形成的人生观、价值观等。这些都会融入对作品的理解中。不同的社会阅历会有不同的价值取向，不同的价值取向会构成不同的审美视野，不同的审美视野会制约鉴赏活动过程中的审美评判和审美创造。读者没有足够的生活阅历，没有形成正确的价值观、审美观，就不

可能走近作者、走近文学艺术，就不可能对作品进行深刻的解读，也就更不可能对作品进行再创造，进而获得审美的愉悦和享受。丰富的人生经验有利于开阔读者的审美视野，作品中的观点也会加深读者对社会生活的认识，使读者获得间接的人生社会经验。

2. 有助于促进读者自觉提高文学艺术修养

如果你想得到艺术享受，你就必须是一个有艺术修养的人。你想在鉴赏中获得理智的启迪、情感的陶冶、怡神快意的艺术享受，你就得具备相应的有关不同艺术的多方面的知识修养和艺术素养。只有具备了这些修养，你才能发现、判别艺术作品的特色、艺术价值、思想价值，才能准确地把握艺术作品的思想内涵和艺术内涵。所以，广泛阅读文学评论，有利于促进我们自觉提高知识文化水平和文学艺术修养。

3. 有助于发挥文学评论的社会功效

文学评论包含着评论者的真情，体现了评论者的精神追求和对美的思考。读文学评论就是解读品味人类自身，包括文中的作者，也包括我们读者。当评论文章被我们的情感与认知赞同时，我们就与它们产生感情的共鸣，进而接受作者的观点。"其入人心也深，其化人也速。"当它们获得众多人的认同时，就具有了特殊的教育功能，就会发挥更大的社会功效。

总之，文学评论承载着的是评论者对人生、对社会、对自然的一种独特的审美发现和深刻体认，是具有美学价值的思想和智慧的闪光，或如苏联诗人马雅可夫斯基所说，是作者们"从朦胧的火星中吹出来的明亮的思想"（《诗歌创作美学》）。让我们抓住这火星，把它燃烧成熊熊烈火，借此照亮我们探寻美的征程。多读文学评论吧，让我们借助这智者的慧眼，察言体物，达到审美的极高境界，享受生命的快乐与崇高。

滔天浊浪排空来，翻江倒海山可摧

——说说演讲稿的欣赏及写作

一场成功的演讲，似一支生花的妙笔，能化平淡为神奇；似一把削铁如泥的利剑，能化艰难为平易。一场成功的演讲，就是一只激励心志的号角、一面感召人心的大旗。而成功的演讲，首先取决于成功的演讲稿。演讲稿是演讲进行的依据，是对演讲的内容和形式的规范和提示，它体现着演讲的目的和手段，是演讲获得成功的基本保证。

若说散文之美如幽径漫步，在于作者对"一沙一世界"的独特感悟与思考，在于作者对纷繁社会人生的冷静观照，在于作者对人们司空见惯、熟视无睹的细微之美的挖掘；那么演讲稿之美则如钱塘观潮，滔天浊浪排空而来之时让观者情不能自已，它能即时地、强烈地震撼听者，最大程度调动听者的情感，使听者心潮起伏、血脉贲张，产生共鸣，进而有所行动。"云驱蛟蜃雷霆斗，水击鲲鹏渤澥空"，演讲稿应感情色彩浓烈，极富鼓动性和感召力。马丁·路德·金的《我有一个梦想》的演说，作者的情感如出膛之弹，似喷井之油，如江海汹涌，似疾风扫云，语言铿锵有力、掷地有声、豪气冲天，向世人发出了对种族隔离政策的战斗宣言，热切呼唤平等自由的到来，表达了黑人兄弟斗争的坚强决心，大大鼓舞了人们的斗志，起到了号召黑人为实现自由与平等、为争取公民权利而共同斗争的积极作用，加快了美国的自由民主进程。

演讲稿之美还在于有的放矢，具有鲜明的针对性。演讲者往往针对人们普遍关注的某种有意义的事物或问题，面对一定场合的听众，通过口头语言直接发表自己的意见和看法。问题不同，场合不同，对象层次不同，则演讲稿的内容不同，选择的形式不同，运用的语言也不同。《巴尔扎克葬词》就是雨果在参加自己的好友——法国批判现实主义大师、文学巨匠巴尔扎克的葬礼时发表的悼词，他高度评价了巴尔扎克在文学上的伟大贡献，也谈及了自己的生死观。《在马克思墓前的讲话》是恩格斯为马克思写的悼词，他高度赞扬了马克思在科学领域和无产阶级革命中的伟大贡献。两篇文章的体裁相同，都是悼词，但悼念的人物不同，内容与风格完全不同。

演讲稿之美还在于它的语言"上口入耳"。所谓"上口入耳"，指一篇好的演讲稿对演众来说要易说能讲，对听众来说应好听易懂。因此演讲稿的语言要求生活化、口语化、大众化。如《美丽的微笑与爱》，特雷莎修女从平常的生活和人最细微的感情出发，阐述她自己所坚持的信念，感情真挚。她所描述的都是平常的事情，语言非常朴素平易，"穷人们是伟大的""爱的源头出自家庭""我们不需要用暴力换取和平，我们只需要团结起来，相互爱戴，用爱心为我们带来和平，带来欢乐，带来相互鼓舞的力量。只有这样，我们才能战胜世上的邪恶"……就像一位慈爱的长者与你面对面地谈话。正是这种平易朴素的语言，传达出一种蕴含于平常中的不同寻常的情感力量，震撼我们的心灵，让我们感受到孕育于平凡中的伟大。

当然，演讲稿之美也离不开鲜活的思想、巧妙的形式和演讲者的激情。演讲是用于公众场合的一种宣传形式，它要用思想、感情、事例等来晓喻听众、打动听众、征服听众。一篇优秀的演讲稿必然有鲜明的观点、精辟的见解、深刻的思想，有严密的逻辑、灵活的形式、精彩的语言，也必然有演讲者燃烧的激情，这样才能打动听众，让听众能对所宣讲的观点心悦诚服地接受，也才能让演讲起到应有的社会效果，达到演讲的目的。

一篇演讲稿通常包括开场白、主干、结束语三大部分。

开场白是演讲稿的开头。犹如戏曲舞台上的演员亮相，演讲稿开场白的好坏在很大程度上决定了演讲的成败。有经验的演讲者都十分重视并精心设计演讲稿的开场白，千方百计地使它像"凤头"一样光彩照人，像"爆竹"一样振聋发聩。演讲者一般在开场白部分就要亮出演讲的精彩主题。开场白有多种多样的形式，如开篇入题、借题发挥、提问设问、引用比兴警语等。万变不离其宗，无论用哪一种开场白，都要有吸引力，有较强的鼓动性，总原则是能切题和镇场。如麦克阿瑟的《责任、荣誉、国家》，作者以一个看门人平常的问话，点出西点军校在普通人心中的地位，说明它拥有至高无上的荣誉，唤起了学员们的自豪感、荣誉感，自然而然地引导到演讲的题目——"责任、荣誉、国家"上来，为后文揭示军人要担当责任，勇于牺牲，保卫国家的主题奠定了基础。

主干是演讲稿的主体、正文。演讲稿的主体部分必须围绕主题安排结构、确立标题、组织材料、完善修辞。它要求主旨鲜明、材料充实、有血有肉，要求结构层次清晰，具有严密的逻辑性，各层次之间要注意过渡、连接。它的结构有比较式、并列式、递进式。它要求内容感情充沛，具有强烈的感染力、说服力，能把演讲推向高潮。如《在马克思墓前的讲话》第2自然段中"这个人的逝世，对于欧美战斗的无产阶级，对于历史科学，都是不可估量的损失"一句，将马克思逝世这一事件放在国际工人运动和社会科学发展的广阔背景中来考察，从理论和实践两个方面评价马克思的伟大贡献，是全文的总纲。后文分为两个大的方面，以翔实的材料谈马克思的伟大贡献：一是他对无产阶级革命实践的伟大指导作用，二是他在社会科学理论上的伟大创建。整篇演讲稿脉络清晰，逻辑严密，唤起了人们对马克思的无限敬仰之情。

结束语往往是对演讲的主要内容进行小结或提出希望，要求简洁有力、耐人寻味，能引起听众的联想和思索，有余音绕梁之感。这样的结尾能够使听众精神振奋，并促使听众不断地思考和回味。演讲者可以采用归纳法、引用诗句、比喻、呼唤等方法结尾。美国作家约翰·沃尔夫说："演讲最好在听众兴趣到高潮时果断收束，未尽时戛然而止。"这是演讲稿结尾最为有效的方法。在演讲处于高潮的时候，听众大脑皮层高度兴奋，注意力和情绪都由此而达到最佳状态，如果在这种状态中突然收束演讲，那么保留在听众大脑中的最后印象就特别深刻。下面是麦克阿瑟的《责任、荣誉、国家》的结尾。

我的生命已近黄昏，暮色已经降临，我昔日的风采和荣誉已经消失。它们随着对昔日事业的憧憬，带着那余晖消失了。昔日的记忆奇妙而美好，浸透了眼泪和昨日微笑的安慰和抚爱。我尽力但徒然地倾听，渴望听到军号吹奏起那微弱而迷人的旋律，以及远处战鼓急促敲击的动人节奏。

我在梦幻中依稀又听到了大炮在轰鸣，又听到了滑膛枪在鸣放，又听到了战场上那陌生、哀愁的呻吟。

然而，晚年的回忆经常将我带回到西点军校。我的耳旁回响着，反复回响着——责任、荣誉、国家。

今天是我对你们进行的最后一次点名。但我希望你们知道，当我死去时，我最后自然想到的一定是你们这支部队——这支部队——这支部队。

我向你们告别了。

从这段结束语中，我们真切地感受到了一位身经百战的老将军内心深处的情感波澜：往日战斗中的辉煌、风采，对军旅生涯的恋恋不舍，人生迟暮的怅惘，对西点军校的深厚感情等。这是一个老兵的自豪、执着，是他对未来军人的期待、激励，是他对军人价值的理解。他铿锵有力的话语如余音绕梁，三日不绝，浓烈、朴素而真挚的感情令人回味无穷。

总之，演讲稿是文学作品百花园中的一朵奇葩，感情充沛，文辞优美，感召力强。在多元化、信息化的今天，学习演讲稿这种文体，将有利于展示自我的风采，有利于增进人与人之间的沟通和交流，使我们的社会生活更加和谐美好。

振叶以寻根，观澜而索源

——传记文学的鉴赏方法

灵魂是有声音的，经过作者的记录与传递，数千年前的声音得以保存到今天，又经过我们的解读融进我们的灵魂里，成为我们人生道路上的灯。这就是传记文学独有的魅力。杜甫说"读书破万卷"，这"破"就是指要读懂文章。刘勰在《文心雕龙·序志第五十》中说："振叶以寻根，观澜而索源。"这里的"根"和"源"就是指文章的主旨和中心，他所说的"振"和"观"就是对文章进行全方位、多层次的探究。"振叶""观澜"的目的是"寻根""索源"，因此，我们要读"破"传记文学，必须在"振"和"观"上下功夫。"振"和"观"就是要知道"叶"为何物，"澜"有何特色，只有把握准确，方能探到"根"与"源"。

一、什么是传记文学

人们一般将记载人物经历的作品称为传记，其中文学性较强的作品即传记文学。传记文学一般采用散文的形式和创作手法，有的作品和小说接近。这种文体在中国有着悠久的传统。古代传记文学大体上包括两类：一类是历史传记文学，即史传文学；一类是杂体传记文学，即杂传文学。司马迁是第一位史传作家，他的《史记》中的"本纪""世家""列传"，几乎都是优秀的传记文学作品，其中一些历史人物传记具有强大的艺术魅力。司马迁开创的以人物描写为中心的"纪传体"，成为以后历代正史编写的标准参考文体。班固的《汉书》、陈寿的《三国志》、范晔的《后汉书》、沈约的《宋书》、李延寿的《南史》《北史》、欧阳修的《新唐书》等，都包含一些较出色的史传文学篇章。杂体传记文学包括史传之外的一切具有传记性质的作品，如碑诔、传状、自传等。秦汉时期即已出现这类作品，但它的发达兴盛，主要在唐代以后，至明清尤盛。杂传作家有韩愈、柳宗元、欧阳修、王安石、宋濂、顾炎武、黄宗羲、戴名世、全祖望等。杂传作品往往能道正史所不能道的内容，作家的感情和立场倾向也更鲜明强烈，历代留传下许多优秀篇章，专门成集的有《列女传》《圣贤高士传》《高僧传》《明儒学案》《国寿录》等，更多的作品则被编入各家的文集中。

二、传记文学的基本特征

1. 人物的真实性

传记文学是以历史上或现实生活中的人物为描写对象，所写的主要人物和事件必须符合史实，不允许虚构。在局部细节和次要人物描写上则可以运用想象或夸张的手法，进行一定的艺术加工，但这种加工也必须符合人物性格和生活的特定逻辑。在这一点上，它有别于以虚构为主的小说。在我国几千年的历史变革中，出现过许多不同类型的人物，其中既有推动历史向前发展的伟人，也有逆历史激流而上的罪人，人物也有出身、地位、经历、思想、性格等方面的不同。这些人物在历史上起过一定作用，有过一定影响，所以在历史上留下了他们的影子。作者为这些人树碑立传的目的就是要抑恶扬善，"表彰以劝世道，贬斥以戒人心"。两千多年以来，传记作者把崇高的荣誉给予那些热爱祖国、不畏强暴、视死如归的英雄，同时对奸臣逆子也进行了无情的鞭挞。一切优秀的人物传记在内容表达上都力求真实，忠于历史，忠于事实，并且是非明断，褒贬准确。

2. 人物的时代性

优秀的传记作者由于做到了"其文直，其事核，不虚美，不隐恶"，所以留在传记中的人物都具有时代的特色。例如，同是处于封建社会中的知识分子，由于生活的时代不同，传记中所表现出的特点也是不相一致的。《五柳先生传》中的五柳先生（即陶渊明）"不戚戚于贫贱，不汲汲于富贵"的精神，与他那个时代知识分子的特点——尚清谈和以清高自愉是相一致的；而袁宏道的《徐文长传》则是一篇记录奇人的传记作品。尽人皆知，明代社会黑暗，特务横行，文字狱大兴，知识分子"动辄得疯"，所以徐文长的一生只能是从不得志到疯，从疯到坐牢至死。他的悲剧是社会造成的，是时代的悲剧。以上二例，传记的主人公同是文人，但由于时代不同，他们的性格不同，遭遇也不一样。

3. 高度的艺术性

传记文学要运用多种多样的艺术手法来刻画人物，人物塑造力求个性化、形象化。传记文学主要是写人的，所以它要求刻画出人物鲜明的个性，塑造栩栩如生的人物形象，它常用白描等手法刻画人物。读优秀的人物传记，犹如参观罗汉堂，众多泥塑面目不一，神态各异。一些传记作品之所以达到这么高的水平，是由于作者懂得和善于处理人物的共性与个性的辩证关系。《史记》之所以备受历代文人墨客的推崇，主要原因就是它运用了多种多样的艺术手法，刻画了许多感人至深的人物形象。

4. 记事的概括性、完整性

在传记文学中，人物的生平经历一般都较完整，便于读者从总体上把握人物（如《史记》）。但一些小传（如"逸事"等）由于受材料、篇幅的限制，不可能表现人物一生完整的经历、事迹，往往通过典型的事例，以小见大，较概括地来表现人物性格的某一方面或某几个方面的特征。在这一点上，它有别于只写人物一事或数事、突出人物某一方面性格的报告文学、人物特写等。

5. 通俗性

传记一般要求作者在形式表达方面写得简明易懂，容易被读者接受。语言风格要多样化，如介绍科学成就的，语言可以简明、平实、朴素；描述人物多种才能与生活情趣的，语言可以生动活泼、文雅诙谐，富于文学色彩。

三、如何鉴赏传记文学

1. 整体把握的原则

阅读传记时，首先要从整体出发，弄清文本大意，明白中心主旨，把握传记主人公的特点。第一步，整体领会文本内容，理清作品陈述的基本事实，弄清文段写了传记主人公哪些事，体现了人物的什么性格、品质特点；第二步，区分出作者评论的成分，弄清作者的主要观点和基本倾向是什么；第三步，弄清作品是按什么顺序组织材料的，传记主人公的生活经历是如何贯穿起来的，把握文本的结构思路。

2. 客观评价的原则

理解传记主人公与时代、与他人的联系是理解传记的经纬。要准确地把握人物的个性特点，就要遵循知世论人、知人论事、事中见人的原则。

首先要关注传记主人公所处的时代背景、社会背景、家庭生活背景等众多因素，这样才能更深刻、更全面地理解传记主人公。其次，要理解人物关系网中的传记主人公，因为传记主人公的人际交往是影响他也是组成他人生经历的重要方面，通过传记主人公与他人的关系去理解传记主人公，是阅读传记的一条通道。再次，理解传记主人公要结合具体的事实，传记本身的特征之一就是真实性，思考分析传记时必须坚持实事求是的原则，在分析人物性格或评价判断是非时，都必须在文本中找到相关的事实作为依据，用事实说话，不能凭空妄下判断或凭臆想做出推断。

3. 掌握相关知识、冷静分析的原则

阅读传记作品要求有一定的文言文功底，具备初步的赏析、评价一篇文章的能力。读完一篇传记，我们要知道如下问题。

（1）这篇传记的主人公什么是形象？这个形象有什么个性特点？塑造这一典型形象意义何在？

（2）在塑造人物形象方面，作者用了什么技巧（包括表达方式、表现手法、修辞手法和人称使用等）？人物的动作、语言、心理有什么特点？是否通过对比互衬、明暗交错的手法刻画了人物？细节描写是否细腻逼真？

① 记叙方面：倒叙、顺序、插叙、补叙等。

② 描写方面 ┤ 按描写的对象分：人物描写、环境描写、细节描写 / 按描写角度分：正面描写、侧面描写 / 按笔法繁简分：白描、细描

③ 抒情方面 ┤ 直接抒情（直抒胸臆）/ 间接抒情(情景交融、寓情于景)、托物言志、寓情于事、寓情于理

④ 布局谋篇方面：起承转合、过渡照应、衔接、详略、繁简、主次、线索、顺序、点面结合、以小见大等。

⑤ 修辞手法：比喻、排比、比拟、借代、夸张、对偶、反问、反复、顶针、设问等。

⑥ 表现手法：想象、联想、铺垫、衬托、类比、象征、幽默讽刺、欲扬先抑等。

（3）文章在结构上有什么特点？选材上有什么特点，是否前后照应，详略得当？情节是否曲折生动，对表现人物有何作用？

（4）语言表达上风格如何？表达效果如何？

以上分析，就是"振叶""索源"的过程，这是读懂文章的前提。牢记刘勰"振叶以寻根，观澜而索源"的阅读秘诀，反复诵读、品味、思考，形成良好习惯，才会对作品有深入的思考和准确的判断能力。

东辉西映，各有千秋

——中西方小说阅读鉴赏

一、中西方小说的发展概说

中国的小说在魏晋南北朝时还是以"野史杂传"的面目出现，内容多以志人志怪为主，是中国古代小说的雏形。唐代经济繁荣，文化得以蓬勃发展，文人的思想也开阔起来，生活的稳定、富裕也使人们产生了消遣的兴趣，这时传奇小说应运而生，如李朝威的《柳毅传》、陈鸿的《长恨歌传》等，中国古代小说由此走向成熟。宋代兴起了话本小说，经过文人加工后，许多传说就变成了话本小说和演义小说，如元末明初成书的《三国演义》《水浒传》等。明时文人的独立创作出现了，其代表作是《金瓶梅》，它开始了中国小说写平凡人和平凡生活的道路，体现了现实主义的倾向。清代的《红楼梦》更是中国古代小说达到顶峰的标志。"五四"时的中国小说家继承了我国小说创作的优良传统，又借鉴了西方小说的写法，为小说创作开辟了新的道路。

西方的小说最初也是与历史紧密相连的，如古希腊的《荷马史诗》《伊索寓言》，已具有讲求虚构的特点，但仍不是独立的创作。西方小说在中世纪时，发展近乎停滞。文艺复兴带给了西方小说发展的契机，当时的人文主义小说既反封建，也定下了未来的西方小说将以记叙凡人凡事为主的基调，如西班牙作家塞万提斯的《堂吉诃德》等。后来，继古典主义小说、启蒙主义小说、浪漫主义小说之后，西方产生了现实主义小说和批判现实主义小说，着力描绘典型人物和典型生活现象，反映生活的本质。

二、中西方小说的创作方法

1. 形象塑造

中西方小说在渊源、哲理意蕴、章法结构等方面各有不同、各展风采，但是它们的发展都经历了重故事叙述、轻人物描写的过程，随着中西方小说的发展，作品逐渐转变为努力塑造血肉丰满、性格鲜明的典型人物。由于受不同民族传统文化的制约和影响，中西方小说在人物描写上也呈现了不同的表现方法和艺术风格。

中国传统小说注意对人物行动、语言和细节的描写，善于在矛盾冲突中展示人物形象，但塑造出来的人物性格单一，缺少变化，缺乏立体感。中国古典小说在人物描写上善于写动态的细节。这种动态的细节描写使得中国古典小说能够以近乎白描的手法迅速地勾勒出人物最有特征的神韵。《红楼梦》中王熙凤的出场综合运用了外貌、动作、语言等方面的正面描写，还利用了贾母的介绍和林黛玉的心理描写进行侧面烘托，再加上对其动态过程和动作特征的细节描写，把一个能说会道、乖猾伶俐、工于心计、善于逢迎的少妇形象刻画得极为逼真，充分体现了作者高超的艺术创作手法。相对于西方小说来说，中国传统小说中人物的心理描写少，这与中国小说在发展阶段长期以话本的形式存在有关，它深受"说书艺术"的影响。说书要求语言能迅速、顺畅地在听众的脑海里转化为鲜明的形象，因此，叙述材料多选人物的行为动态和动作个性的细节便成为必然。这就是中国古典小说描写人物多从过程叙述中突出动态和动作细节而缺失内在细致丰富的心理描写的原因，这样塑造出来的人物性格单一，缺少变化，让人读来觉得缺乏立体感，如《林教头风雪山神庙》中只通过人物的对话及动作引出矛盾冲突。但同时中国古典小说也具有叙述节奏快、人物描写质感强的特点，不仅可读性强，且具有可听性。

西方小说较注重人物的心理描写，善于挖掘人物的潜意识，可以塑造出丰满、极具变化性、立体感强的人物形象。特别是 19 世纪下半叶以后的西方批判现实主义小说，大多从人物的心理、意识中提炼人物的情感细节，形成明显的写人物的深层意识和深层心理动机的艺术特征。这种特征与西方社会、文化的传统密切相关。16 世纪，随着文艺复兴和启蒙运动的开展，新兴资产阶级登上了政治舞台，他们提倡人文主义，冲破神学束缚，追求个性解放，这时出现了以描写现实生活和刻画各阶层的人物形象为内容的人文主义小说，表达了人文主义者要求自由、平等、博爱的思想。他们的这些思想在小说创作上体现出分析人物的心理动机、抒发情绪的创作特征。心理描写和心理分析是西方小说塑造典型人物的重要方法，如法国作家司汤达的《红与黑》、巴尔扎克的《人间喜剧》以及俄国文豪托尔斯泰的《安娜·卡列尼娜》、莱蒙托夫的《当代英雄》等批判现实主义杰作，都采用了这种创作方法，塑造出了栩栩如生的人物形象。

2. 情节结构

在中西方不同的文化熏陶下，中西方古典小说的情节结构也各有不同的特点。中国古典小说大多采用客观视角来叙述小说情节。其好处首先是作者可以迅速地抓住情节主干推进故事发展，介绍背景、描述故事场面的语言都很简洁；其次是作者可以引导读者进行鉴赏，由作者对故事、人物进行审美评价；再次是作者可把小说人物内心揭示给读者看，还可以自由进出人物的内心。在结构上，中国古典小说讲究情节的连贯，较之西方小说情节更加曲折，故事更为完整。它按照故事发生、发展的时间顺序叙述，将重要的细节和场面串起来，在结构上不仅讲究情节的完整，而且通常结尾还会出现"大团圆"的结局。

西方小说创作常常围绕人物来进行构思、选材、组材，形成创作原则，这是因为西方启蒙主义和浪漫主义兴起，提倡文学作品突出个性、强调人的主观情感。尤其是现代实用主义心理学、弗洛伊德的心理分析学的盛行，促使西方小说中的人物描写探究人的潜意识和深层心理。为了这种需要，小说常常按作者特定的意图改造、重建小说中艺术时空的叙述架构。这样的情节结构使西方小说创作虽然没有"大团圆"之类的圆满结局，但也产生了奇异多彩的审美效果。

3. 语言风格

中国传统小说由于语言受话本小说的影响而简练生动，它吸收了民间艺人的语言，同时继承了古代散文的优良传统，常常寥寥数语便能勾勒出事件、人物和精彩的场景。西方小说内容丰富翔实，其中包含着作者广博的知识、深入的思考，涉及社会的方方面面，因而内容丰富翔实，语言极富哲理意味，人们可以从中获得许多领域的知识。如巴尔扎克的《人间喜剧》中包含了大量对19世纪法国国内状况的介绍。中西方小说有这样不同的特点，也与中西方的美学观念不同有一定关系。

在个性化明显的小说语言中，我们看到当代小说正刷新着传统的小说语言，如卡夫卡的《变形记》等。当代小说正是以从语言到情节到人物、主题等内容与形式的所有方面的革新，向读者提供着新的审美文本。

情到真处文自美

——古代抒情散文鉴赏

散文是文字产生后出现的最适于使用的文学创作形式。与中国古典诗歌一样，中国古代散文也历史悠久，成就斐然。

《尚书》中出现的生动的叙事说理和比喻笔法，可看作中国散文的开端。春秋时期，伴随着社会的巨大变革，散文出现了勃兴的局面，出现了优秀的历史散文和诸子散文，形成了中国散文史上的第一个黄金时代。这一时期的散文，内容上融文学、历史、哲学于一体，结构严整，文句精粹，光彩焕发，风致优美，对后代散文发展产生了极为深远的影响。

两汉时期，在封建大一统的广阔社会背景下，不仅散文的品种在前代基础上更加繁多，而且文质相生，异彩纷呈。优秀作家们将文字直接的实用性与审美的艺术性有机地统一在一起，创作出了大批反映现实、抒发理想的优秀作品。贾谊、晁错等作家针砭时弊、笔锋犀利的政论散文，司马迁、班固等作家秉笔直书、爱憎分明的史传散文，形成了中国散文史上的又一个黄金时代。尤其是司马迁的史学巨著《史记》，不仅以无与伦比的史学成就被公认为"史家之绝唱"，而且在文学领域里开创了我国传记文学的先河，并一举登上无人企及的高峰，令汉代散文愈加散发出璀璨的光辉。

两汉之后，散文走向骈化，骈体文成为官方文章正体，散文因受到压抑而变得无足轻重。骈文片面追求形式，文风轻浮奢华，虽有妙文奇句，但终难取得令人叹服的成就。在骈文显露出种种弊病之后，文坛出现了两次大的反骈、复古的革新运动，这就是中唐韩愈、柳宗元领导的古文运动和北宋欧阳修主盟的古文运动。

韩愈、柳宗元所倡导的古文运动，上承先秦两汉质朴优美的散文创作传统，高举复古旗帜，向六朝骈体文发起猛烈的攻击。他们以自己杰出的文学理论和丰硕的创作实绩，在文坛上建立了"摧陷廓清"之功，引领了古文风潮。

北宋前期，作为文坛领袖的欧阳修继承中唐古文运动的复古革新精神，以更成熟、更具科学性和前瞻性的散文革新理论以及令人瞩目的散文创作成就，掀起了北宋的古文运动。加上王安石、曾巩和"三苏"的积极应和，使古文创作达到了更高的水平，古文运动取得了全面胜利并泽及元、明、清各代。

元、明、清三代，新兴的戏曲、小说呈现出勃勃生机，散文处于江河日下的状态，但仍出现了一些经世致用、文风朴实的好文章。晚清时期，一些启蒙思想家、改良主义者都写过不少揭露黑暗现实，宣扬进步政治主张的散文。梁启超的《少年中国说》洋溢着改革现实的热情，他所开创的"平易畅达、杂以俚语"的新文体，有力地冲击了传统散文，解放了明清以来的散文文体，为"五四"的白话文运动铺平了道路，使散文的发展进入了一个新的历史阶段。

抒情散文是散文中的一个主要组成部分。它注重表现作者的思想感受，抒发作者的思想感情。这类散文有对具体事物的记叙和描绘，但通常没有贯穿全篇的情节，其突出的特点是具有强烈的抒情性。它或直抒胸臆，或触景生情，洋溢着浓烈的诗情画意，即使描写的是自然风物，也赋予了深刻的社会内容和思想感情。优秀的抒情散文感情真挚，语言生动，还常常运用象征和比拟的手法，把思想寓于形象之中，具有强烈的艺术感染力。

在阅读中要体会作家高尚的人生追求、进步的社会理想和积极的人生态度，理解散文作品对自然、社会和人生的深入思考，学习用现代的正确观点和思想方法来分析作品的内涵和思想倾向，认识其意义和局限性。可从各种渠道收集相关资料，适当联系作家的生平和思想、作品写作的具体背景，以及前人对作品的品评，来加深自己的理解。

由于文章创作的时代不同，文体不一，所抒发的感情也各有不同，如倾吐长期以来郁积在内心的痛苦和愤懑的《报任安书》；表达对爱情的热烈追求，体现对生活无限热爱的《闲情赋》；表达深深怀念与追想的《洛神赋》；于思乡怀土中包含着作者因功名不遂而产生怀才不遇之情的《登楼赋》；送别时宽慰友人，寄寓怀才不遇之情的《送孟东野序》；通过五彩斑斓的风俗画传递作者孤高自赏的生活情调和清雅脱俗的审美情趣的《西湖七月半》；发自肺腑地表达悲痛凄怆之情的《祭妹文》等。这些作品的语言或典雅华丽，气韵灵动；或沉郁顿挫，令人荡气回肠；或娓娓道来，质朴自然。这些作品都是古人真情实感的自然流露，至今读来仍能感人肺腑。

阅读这些作品，能丰富我们的精神生活。从这些不同时代的作品中，我们又看到人们在不同历史条件及个人具体遭遇下的生活情景与人生向往，以及由此生发出来的喜怒哀乐、恩仇好恶。通过对这些文章的品读，我们还可以增加自身的文化知识，并在文章写作、词语运用方面获得某些益处。

我们在鉴赏古代散文时，要能够运用已有的文言语感、文言知识和古代文化常识，借助工具书和今人注释，进一步提高文言文阅读能力，能顺畅地将古代散文翻译成现代白话文。

对那些情韵生动、语言优美、朗朗上口的作品，应反复诵读，直至背出，在涵泳中体验其思想和艺术魅力，积累优秀散文中的名言佳句，提高自己的文学素养，提高语言表达能力。

课下心语

　　小树需要时间和空间才能成材；学生需要一定的时间自我成长，才能真正长大；教师需要经过岁月的磨砺，才能形成教育的智慧。教师要做一个有精神强度的人，自觉追求精神的高尚，追求专业的发展与进步，以强大的精神力量拒绝诱惑，克服重重困难，让自己长成教育原野上的一棵参天大树，更应化作一片沃土，为国家全力培育栋梁之才，让教育教学的天地充满勃勃生机。

青春美好，歌声永恒

高考离学生越来越近了，每一次考试，都是对学生的一次检验，学生越来越在意成绩。高三的第二次月考，试题有一定难度，学生成绩不甚理想，普遍有被打击之感。我在课上讲评试卷，学生表情比较严肃，情绪较低落，思维也似乎停滞了，课堂显得较沉闷，每讲一道题，我似乎感觉到有的学生眼泪都快掉下来了，心似乎随着我的讲解越来越沉重，心思也开始往外游走了，没有了往日上课的活力。安静的课堂，学生忧郁的眼神、低下的头，让我内心不安。高三的课堂容量很大，知识讲授进度很快，不能有一分钟的耽误。第二节讲评课前我就想：先不讲课，要帮孩子们分析一下得与失，找一找普遍问题存在的原因，更重要的是鼓舞士气。激发学生的斗志比让学生掌握知识更重要，这是我当了多年班主任后总结的经验。

上课铃一响，王春雷同学站在了讲台上，今天轮到他演讲。《这世界需要你》是他演讲的题目，内容是他们这个年龄段的孩子朦胧的爱、懵懂的成长。PPT上展示的似乎是一首首歌的歌词，他把歌词串起来了。音乐的旋律萦绕在教室，对这些歌我并不熟悉，但我知道它们表达了孩子们的心声。随着音乐，PPT上的文字在翻飞，台下的学生们的表情活泼起来了。演讲结束了，学生们似乎意犹未尽。我惊诧于歌曲的奇妙功用，于是提议全班学生一起唱首歌。王春雷与大家商量，就唱了许嵩的《素颜》。我第一次听这首歌，学生们一起唱着，那么整齐，令我陶醉，我仔细看着教室里的每一个学生、每一张熟悉的脸，学习好的、不好的，性格活跃的与内向的，甚至是那些似乎没有什么文艺细胞的学生，都情不自禁地投入进来了。没有指挥，大家跟着音乐那么专注地唱着，步调是那么一致，旋律是那么悠扬，充满着青春的朝气，那么动人，深深地感染了我。我仿佛回到了中学时唱全国获奖的十五首歌曲的时候，回到了和室友伴着收音机里《每周一歌》节目唱歌的大学时代，回到了下班后学生们在办公室给我唱音乐专场的时候，回到了当班主任后每年"一二·九"歌咏比赛的时候……歌声中尘封的记忆——清晰而鲜活地闪现在眼前，我相信，他们也一定如此。考试带来的沉重压力不见了，自信又回到了他们的脸上、心里，我无须为他们打开心结，歌声已让他们放下了包袱，走出了阴影。歌声飞出了教室，在校园里回荡。

这一节课上得特别顺利，学生又恢复了往日的活泼和可爱，成为课堂上的主宰。

学生情绪转变的纽带是音乐，它让人体会到了生活的美好，让人忘记了不快。我想，如果一个人能够经常地体验到这种由音乐带来的快乐和愉悦，他一定会感受到生命的美好、生活的美好，他的生命力一定会变得更加强大。相反，如果一个人不能在自己的生活中感受到快乐和美好，自然就会用消极的情绪看待问题，世界对他来说是灰暗的，他当然就会感到人生没有意义，生活百无聊赖。所以培养学生的自我疗伤能力，使他们学会摆脱生活中的忧伤情绪，学会经得起生活的种种打击甚至让他们拥有自愈自救的力量非常重要。随着生活节奏加快，人在生活中承受的压力逐渐加大，这种积极面对压力、懂得自救的能力远比一个人的学习能力更重要，可以说是一个人在社会上立足的必备能力。

海顿说："艺术的真正意义在于使人幸福，使人得到鼓舞和力量。"贝多芬说："音乐是比一切智慧、一切哲学更高的启示……谁能参透我音乐的意义，便能超脱寻常人难以自拔的苦难。"他们都告诉我们音乐能够影响人的情绪，能影响人的心理，甚至能够让人抛弃消极情绪，使人内心产生一种向上的力量，能够鼓励人以坚韧不拔的精神去战胜困难。

以前我课堂上的音乐只是出现在诗歌教学中，只是作为营造氛围、烘托气氛、激发学生兴趣的辅助手段，我从未想到过音乐的教育功能。今天是学生告诉我音乐不仅仅是好听的，它还可以缓减压力、放松心情，甚至能激发学生的热情，激发他们的创造力。音乐不仅是可以表达情感世界的通道，也是认知世界的催化剂。

音乐折射出学生的内心世界，歌声打开了学生的心门，沟通了我们彼此的心灵。日后它也一定能成为我调节学生情绪的重要的教育手段。以学生所爱不露痕迹地改变他们，引领他们积极地面对生活，何乐而不为？感人的歌声留给人的印象是久远的，甚至是永恒的。我相信，许多年后，学生们恐怕记不起我们上课时所讲的知识，但一定会记得我们今天课堂上的歌声。当他们再听这首歌曲的时候，当他们处于情绪低谷的时候，当他们回忆起高中的美好年华的时候，一定会再次轻轻唱起这首歌，回忆起人生美好的种种瞬间，会有一种新的力量油然而生。

美好的歌声在特定的条件下会穿越时空，沉淀在人的心里，扎根在人的灵魂深处。

行走在心灵的原野上

教师每天与学生打交道，教学工作永远是繁重的，从事这样重复的工作，且将从事几十年，自然会有一种职业倦怠感。若要消除这样的倦怠情绪，教师必须从中找到自己的乐趣。我认为它的乐趣不仅仅是教的乐趣。

与文本进行心灵对话，常读常新，每教一遍都会有不同的感悟，每个年龄阶段对同一文本会有不同的认识，重新解读起来自然有乐趣。但更多的乐趣在于它是与一个个鲜活的学生的心灵对话。知识的传播远没有与心灵的碰撞更富挑战性。行走在教育教学的旅途，学生的心灵就像是姿态各异的风景，"年年岁岁花相似，岁岁年年人不同"，每年打交道的学生不同，风景也会迥异。行走在心灵的原野上，时时感受着心灵的冲击，你永远无法预测下一站的风景，这是教育教学的最大魅力所在。

教师工作的特殊性就在于它不仅仅是一项技术活儿，不是单纯要求教学艺术精湛。一位优秀的教师自身首先应该是一个"场"，磁力无穷，富有感召力，充满活力，使他的学生自觉或不自觉地被吸引，潜移默化，耳濡目染，也成为一个内涵丰富而优秀的人。这个"场"就是教师的人格魅力。

我认为教师的人格魅力首先表现在永远的主动性上。罗素说三种单纯而极度强烈的激情支配了他的一生，分别是对爱情的渴望、对知识的追求以及对人类苦难不可遏制的同情。他的三种激情里，爱是根基。而教师的人格魅力的根源同样在于作为基础的爱的主动性。这种主动精神是一位教师热情不随岁月褪色的永恒动力，是一位教师成功的基石。它使一位平凡的教师不为利益所动，甘于清贫，坚守三尺讲台，即使再苦再累也以学生的进步为快乐、以学生的成长为责任。他会从看似古板无乐趣可言的阅读中寻找到精神的寄托，自得其乐。他是不求任何功利的行者，而不是苦行僧。他在不断行走，努力成长，也促进他人的成长。他是个快乐的人，也会为他人带来快乐。他的主动性会感染他人，会唤起学生的主动性。

我相信有着主动性的教师会是一位具有创造力的教师。他会有不断探究的好奇心，在追求完美的过程中发挥出自身的潜能，激发他人的潜能，创造性地解决所遇到的问题。他会坚持，即使在面对障碍与困难时也不放弃，有着执着而坚韧的精神。

我相信有着主动性的教师会有着不懈的追求。他会孜孜以求，深入钻研，不仅学识渊博，更会有灵活的教学方法，他的课堂会是充满活力和民主思想的课堂，每一个学生都会努力张扬个性，表现自我，体验成功感，充满活力。

我相信有主动性的教师会是学生的良师益友。他善于把握教育的时机，以学生最乐于接受的形式使学生受到教育。他会是同事的良好合作者，具有较强的凝聚力，会形成较大的团队，团结带动周围的人一起做事情。他会具有博大的胸襟，不计较个人的得失，懂得互助合作，能发挥团队的作用，创造佳绩。

我愿意做这样一个主动者，以一颗爱心行走在心灵的原野上，尽情地欣赏不同的风景，向远处深情地凝望。

学生如脚，教育如鞋

打算远足的人必定要准备充足的装备，如衣物、证件、背囊、洗漱用品等，尤其会选择一双舒适的鞋子。有经验的人绝不会选择一双新鞋，更不会选择外表漂亮但舒适感不佳的鞋。给自己找一双轻便、合脚、舒适的鞋，就是给了自己轻松享受快乐时光的自由和幸福。否则旅途的行走就会把脚磨出一个又一个水泡，那时每走一步都是受罪，都是折磨，美丽的风景会黯然失色，了无情趣。因此，经验丰富的人绝不会将漂亮作为挑选鞋子的首要标准。

我们的教育教学何尝不是如此。学生如脚，教育如鞋。我们总是不自觉地将自己的认知强加给学生，好比拿着同一双鞋，套在不同的学生脚上，结果自然事与愿违。学生或者口服心不服，或者会为自己辩解，根本不把我们的苦口婆心当回事，我们常常因此而受伤，就像没有穿合适的鞋子而行走得伤痕累累的脚。

学生如脚，就是要把学生真正放在主体地位上，就是要关注学生的差异性。教育者要了解每一个学生，这是教育具有针对性、产生良好效果的前提。教育要让每一个学生纵向进步，即与自身相比，在原有程度上提升。我们不仅仅要关注学生整体的提升，更要关注学生个体的成长，不能让某些个体的进步遮蔽了另一些个体的停滞或退步。这才是我们的理想教育。

教育如鞋，就是让教育真正为学生服务，要有多样化的鞋子——多样化的教育，才能适合不同的脚——个性化的学生。未来教育必将更加注重发展学生的个性，没有人的个性的存在，就没有个性化的思维，就没有创造性人才的产生。所以教育最大的挑战是"差异"，我们千万不能将学生的个性抹杀掉，要像保护濒临灭绝的物种一样小心翼翼地保护这可贵的个性。未来教育改革不能仅仅是现代技术的革命，教育的变革永远不应像工业革命一样实行机械化生产，教育学生应像现代手工作坊精心制作定制产品，让"产品"既精致又不失个性，成为先进的教育思想与教育理念、灵活的教育方法、现代的教育手段、新鲜活泼的教育内容综合的艺术品。所以，如何既保护好学生的个性，又引导学生健康积极地成长，对每一位教师来说，都是必须面对且亟待解决的难题。

沃土与大树

他孑然一身，有着凄凉的晚景，忍受了常人不能忍受的寂寞与孤独，但依然保持着温润如玉的君子之风，倔强地活在自己的世界里，一直到生命的终点。

是什么支撑着他？

陋室里的物理学书籍，室外的天空，内在的深邃的精神！

这就是精神的强度！

有了这种精神的强度，他成为一棵参天大树。他是清华大学物理系的创始人，我国研究磁学的第一人，中国近代物理学的奠基人。有了这种精神强度，他更是化为一片沃土，从他的门下走出了 79 位院士；杨振宁、李政道、王淦昌、钱伟长、钱三强、王大珩、朱光亚、周光召、周培源、邓稼先、陈省身等人都曾是他的学生，华罗庚也曾受到他的提携；23位"两弹一星"功勋奖章的获得者中，有半数以上曾是他的学生。他就是桃李满天下，堪称"大师的大师"——叶企荪。

有了精神强度的人，宛如空谷中溪水边的幽兰，在蓝天白云之下静静地绽放，高洁而不染纤尘。即使在最孤独无助的时候，他们也会倔强地生长，不会凋落；即便处在人生的低谷，他们心中依然高燃理想的火炬，照亮黑夜。即使在声名显赫、万人敬仰之际，他们也不会张扬，而是将荣辱名利置于身后，内心纯粹，依然从容地行走在追求真理的大道上。生命固然脆弱，但有着精神强度的人会自觉增加生命的宽度和厚度，会努力让自己的生命富有张力和活力，如充满力量的水流，会冲破重重阻挠，奔向理想的目的地。

有精神强度的人，是夜晚湛蓝的天空中熠熠闪耀的星辰，显现出动人的光芒。

教师的工作平凡、辛苦，而现实生活中又存在着诸多的诱惑，常常动摇着我们的理想。每一位教师都应该成为这样一个有精神强度的人，自觉追求精神的高尚，追求专业的发展与进步，以强大的精神力量拒绝诱惑，克服重重困难，克服职业倦怠，让自己长成参天大树，成为精神世界充实的人；更应该化作一片沃土，为国家全力培育栋梁之材，积极带动青年教师共同进步与成长，让我们教育教学的天地充满着勃勃生机，让我们的队伍越来越壮大。

专题学习：语文素养提升的催化剂

今天非常高兴地听了深圳市新安中学语文特级教师吴泓老师的"如何进行一个专题的学习"的精彩报告，收获很大，甚至有意犹未尽之感。这次学习让我感受最深的有以下几点。

（1）阅读是知识广博的前提，是思维能力提升的必要手段，是学生独立思考、创造力发展的前提。没有大量的阅读，就没有审视事物的独特的眼光，更没有敏锐的观察力和深刻的思考力。阅读不仅仅提升了学生的水平，同时对教师提出了更高的要求。否则教师是难以驾驭课堂，难以指导学生的。

（2）语文课真的是应该像吴老师这样教。平常的语文课，教师教得辛苦，学生吃的是教师"嚼过的馍"，很难有自己的见解。教师常常感觉不到教学相长的乐趣。吴老师的教法，我认为是教师与学生共同成长的途径，是应该大力提倡和推广的。这样的教法解放了教师，提升了学生，值得效仿。

（3）学校的管理者通常是把教案的编写、听课记录的完善、作业的批改等琐碎工作作为衡量教师工作质量的标准，以高考成绩作为教师教学能力的标杆，总觉得没有这些条条框框的约束，教师就会偷懒，就无法考量教师的水平。这种管理理念是多么落后！若能真正解放思想，让教师真正去探究教育教学，探究各种行之有效的教学方法，教师的工作就会变成精神愉悦的创造工作。这种教学的变革，是必须以解放思想为前提，以解放教师为前提的。

（4）学无止境，教无止境。只有坚持终身学习，才能将教育教学这项看似单调的工作变得丰富多彩，才能使我们具有创造力，使我们的工作具有非同一般的意义。

给学生必要的成长空间和时间

小树需要时间和空间才能成材；学生需要一定的时间自我成长，才能真正长大；教师需要经过岁月的磨砺，才能形成教育的智慧。本学期我学习了《教师心理健康与心理咨询》《中小学教师心理问题及其对策研究》《教师职业道德解读与实践导行》，对学生教育方面又有了新认识。

我以前一直是一位以严格要求学生著称的教师，当了 18 年班主任，凡事追求完美，对学生也极其严格。毕业多年的学生来学校看我，到办公室门口总还有惴惴不安的感觉，似乎还有我追逼交作业的压力。学生私下里说我的目光极富杀伤力，让他们害怕。由于工作繁重，我也会常常给自己许多压力，有些不良情绪不自觉地流露出来，影响了他人。本学期我又带了一个平行班，学生习惯较差，学习方面的问题较多，与另一个优秀班级形成巨大反差，让我一时很不适应。我边学习，边实践，边思考，边改变。我不仅懂得教师的职业压力该如何去调整和释放，也学会了宽容对待学生，懂得了让学生拥有健康和阳光的心态比提高他们的学习成绩更重要，过程比结果更重要，生命比优秀更重要。每个学生都是具有个性的独立存在，他们的成长有一个相当长的过程，教师要学会耐心等待学生的成长。作为教师，不能过于强势，应学会示弱，这样学生才会与教师产生亲近感，他们犯错误时如果得到的不是批评，而是微笑，是善意的关怀，教育效果往往会出乎我们的意料。

严而不厉，宽而不纵，把握好度是教育的关键，也是一门学问。热爱学生是前提，真诚沟通是桥梁。当教育之爱成为普照彼此心灵的春晖，师生之间爱的能量就会在交换与互动中不断裂变，释放出更多的能量，产生一个个教育的奇迹。

教师应追求教育的大境界

张思明老师从教育的最低点做起，孜孜以求、从不懈怠、刻苦自励的精神一直感染着我，使我的内心久久不能平静。

有人说一个人四十岁前应该用加法，学习各种有用的知识，使自己不断强大，像攀登高山一样，努力取得一个又一个胜利，这是立足社会之本。只有获得一定的资本，你才能活得好、立得稳、过得自在；四十岁以后应该用减法，当一个人取得了一定的成就，奠定了一定的基础后，要懂得急流勇退，量力而行。我们看到一些教师评了职称之后，就丧失了斗志，产生了职业倦怠感，业务滑坡，得过且过，把教书育人作为谋生的手段。而我自己虽然努力不辍，也取得了一点成绩，时常也会有懈怠之心。反思对比，的确是五十步笑百步啊！"闻道百，以为莫己若者，我之谓也！"与张思明老师相比，我的确羞愧难当！

学无止境，教无止境。仰之弥高，钻之弥深。这是学养深厚的张思明老师给我的真切感受。几年前我曾聆听过于漪老师的报告，那场报告令听者动容。我也为她真诚的为人、执着的追求、勤奋自勉的精神而感动。榜样已经在前面，还有什么理由退缩？有什么理由停滞不前呢？

一个人的心有多大，舞台就有多大。教师的追求动力决定了教师的教育境界，决定了他在学生中的影响力，也决定了他最后的教学成就。爱学生、爱语文、爱教育事业，就要永远拥有教育的自觉性，永远不停止前行的脚步！

在课堂与外界生活之间架起一座桥

语文的外延是生活，陶行知先生说过，"生活即教育"。生活是一部打开的书，内容丰富鲜活而厚重，语文学习是一项充满情感体验和情趣的活动。让学生用自己的眼睛、耳朵感受大千世界，学会思考社会、人生，是语文学习一项必不可少的任务。语文课是一门非常独特的课，具有工具性，更有人文性。它培养的不仅仅是学生的语文能力，更重要的是让学生学会思考和真实地看待这个世界，它关系着学生的思想品质的形成，关系着学生的终身发展。所以，教师要在语文课堂与外界生活之间架起一座桥，让学生坐在课堂里而能关心家事、国事、天下事，让学生将课堂所学与外界的生活联系起来，懂得知识不是死的，而是鲜活的，可以用来解决生活中的问题。这样的语文课才是让人有期盼的语文课，才是有无穷魅力、有吸引力的语文课。

为拉近课堂与生活的距离，我采取了如下方法。

（1）开展课前五分钟演讲。让学生就近期发生在身边的新闻事件、近日读到的文章或书与大家分享，有理有据地谈谈自己的看法，也可以谈最想与大家分享的感悟，然后学生们自由点评。演讲要做到观点鲜明，论据有力，表达流畅，言简意赅。我精心设计、印制了表格，每天请一位学生提前填好，做好演讲准备。这样做可避免学生演讲的随意性，让学生认真对待任务，养成良好的做事习惯。学生演讲时，其他学生拿出稿纸，记录事件、文章脉络等关键信息，为自己点评找好切入点，列出点评的简要提纲。之后是学生点评。学生可以从演讲的内容、形式等方面进行点评，对新闻事件的人与事、原因及后果、实质与影响等进行点评，还可以提出修改的建议。而我主要注意学生的思维是否严谨，观点是否正确，论据是否能有力证明观点等问题。经过两个月的训练、规范，学生们开始注意观察生活、关心生活，看书的人多了，谈论时事的人多了，无聊的话题少了。每半个学期我会进行评奖，评出优秀演讲稿，为学生颁发奖状和奖品，并将演讲稿推荐到校报发表。学生的那份喜悦是无与伦比的。演讲促进了课堂教学，演讲者的热情感染了每一个人，学生学习语文的积极性也更高了。

（2）及时加入与课文相关的课外阅读或思考题，开阔学生的视野。视野的广度决定了思维的深度，教师的深度决定了学生的高度。这些文章和思考题给学生呈现了全新的世界，让他们对文本有了不同的认识，对生活有了不同的认识，学会把书本与生活联系起来，不再觉得语文课可有可无。学生由上课不发言，到全班积极踊跃发言，甚至出现了下课后学生们仍意犹未尽，热烈讨论与争辩的喜人景象。

语文教学展现了多面的生活和人生，让学生感受到了生活有无限的可能性，当教师给学生打开了这样的世界，教会他们如何面对、如何思考之后，学生就会给我们无限的惊喜，这就是教育，而不仅仅是教书。

让学生心向往之

"高山仰止，景行行止。虽不能至，然心向往之。"这是司马迁对孔子的赞誉之语，从中看出他对先贤深深的敬仰之情。一位优秀教师对学生产生的影响也是如此。"虽不能至，而心向往之"，这种教育的力量、教育的影响应是我们教育者共同的目标和追求。可以想见，产生了这样的影响力后，学生未来会成为怎样的人。梁启超的一次演讲能让听者二十多年后仍历历在目，不仅仅在于演讲者的名气，更在于他的学问、人品和热心肠。

那么，教师的魅力来自哪里？我认为首先来自教师高尚的品德修养，其次来自他优秀的专业素养、高超的教学艺术。两者相互支撑，相辅相成，缺一不可。

良好的品德修养是一个人立足社会的根本，没有品德修养的人是无法在社会上立足的，没有品德修养的教师是无法在三尺讲台上站稳的，更无法使学生信服。"尊其师，信其道"，这是自然之理。

教师工作的特殊性决定了教师的教学工作不仅仅是个人的行为，不仅仅会影响自身，还会对学生认知世界、思想行为的形成等产生一系列的影响。

尽管不同学校的学生的素质不同，但问题都会存在。好的学校中，学生自身、学习压力、学生之间的关系等方面的问题较多；一般学校中，学生家庭、学生习惯的学习、外界环境的影响等问题较多。我现在所带的一个班，班级里有一半学生是借读生，学习习惯较差，经过了文理分科，成绩好的学生被选拔走了，剩下的学生丧失了前行的动力。第一次上课，我就感到学生都不认真学习，我讲什么他们都毫无反应。这种状况必须改变，对此，我采取了如下措施。

（1）想方设法树立学生的自信心。

（2）打造自己的个性课堂，注意方法的传授，授之以渔，使学生获得成就感，增强自信心。

（3）尊重学生，以身作则，严格要求。

（4）关心爱护学生，加强过程监督，注意指导到位。

现在这个班级学生的成绩由年级的最后一名跃到了年级中游，班风班貌也有了较大的改观。

不同的学生，需要教师充分调动教育的智慧，采取不同的教育方法。要想取得良好的教育教学效果，前提是教师的做人境界与教学水平要让学生信服。

西南师范大学出版社
《名师工程》系列丛书目录

系列	序号	书 名	主编	定价
陕西系列	1	《让教育走进灵魂深处——一位优秀教师的教育心语》	刘跃红	30.00
	2	《教育与梦想同行——宝鸡"国培计划"项目成果精选》	李春杰	30.00
	3	《中小学教师师德素养提升80讲》	张军学 曹永川 国晓华	30.00
	4	《轻松突破作文瓶颈——构建范畴思想下的作文思维》	李旭山	35.00
	5	《爱在人生伊始——幼儿教师培训指导手册》	张昭	35.00
	6	《为儿童的终身发展奠基——幼儿教师必备的幼教技能》	靳存安	30.00
	7	《如何成为一名专家型教师》	孙铁龙 党纳	35.00
教研提升系列	8	《语文教师必备的音韵学素养》	李明孝	30.00
	9	《校本教研的7个关键点》	孙瑞欣	30.00
	10	《教师怎样做小课题研究——高效助力教师专业化成长》	徐世贵 刘恒贺	30.00
	11	《今天我们应怎样评课》	张文质 陈海滨	30.00
	12	《今天我们应怎样进行教学反思》	张文质 刘永席	30.00
	13	《一节好课需要的教育智慧》	张文质 姚春杰	30.00
鲁派名师探索者系列·教育	14	《追问历史教学之道》	钟红军	36.00
	15	《灵动英语课——高效外语教学氛围创设艺术》	邵淑红	30.00
	16	《校园,幸福教育的栖居》	武际金	30.00
	17	《复调语文——尊重生命自我成长的语文教学》	孙云霄	30.00
	18	《智趣数学课——在情感深处激发学生的数学智能》	王冬梅	30.00
	19	《高品位"悦读"——让情感与心灵更愉悦的阅读教学》	马彩清	30.00
	20	《品诵教学——感悟母语神韵的阅读教学》	侯忠彦	30.00
	21	《智趣化学课——在快乐中提升学生的科学素养》	张利平	30.00
码解名师系列	22	《教育需要播种温暖——谢文东与儒雅教育》	余香 陈柔羽 王林发	28.00
	23	《为了未来设计教育——梁哲与探究教育》	冼柳欣 肖东阳 王林发	28.00
	24	《真心是教育的底色——谭永焕与真心教育》	谭永焕 温静瑶 王林发	28.00
	25	《做超越自我的教师——刘海涛与创新教育》	王林发 陈晓凤 欧诗停	28.00
	26	《打造灵动的教育场——张旭与情感教育》	范雪贞 邹小丽 王林发	28.00
高效课堂系列	27	《让数学课堂更高效——教研员眼中的教学得失》	朱志明	30.00
	28	《从教会到教慧——小学生数学学习能力的培养艺术》	滕云	30.00
	29	《用什么提高课堂效率——有效数学课必须关注的10大要素》	赵红婷	30.00
	30	《让作文更轻松——小学作文高效教学36锦囊》	李素环	30.00
	31	《让研究性学习更高效——研究性学习施教指导策略》	欧阳仁宣	30.00
	32	《让母语融入学生心灵——提升学生语文素养的高效施教艺术》	黄桂林	30.00

系列	序号	书　　名	主编	定价
创新课堂系列	33	《重塑课堂生命力——小学新课堂教改成功之路》	陈华顺	30.00
	34	《小学语文"三环节"阅读教学法——自学、读讲、实践》	薛发武	30.00
	35	《个性化课堂教学艺术：小学语文》	商德远	30.00
	36	《如何实现三维目标——让学生与文本共鸣的诵读教学》	张连元	30.00
	37	《想说　会说　有话可说——突破作文瓶颈的三维教学法》	杨和平	30.00
	38	《综合课的整合创新教学》	周辉兵	30.00
	39	《如何打造学生喜欢的音乐课堂》	张　娟	30.00
	40	《理想课堂的构建与实施——一个教研员眼中的理想课堂》	张玉彬	30.00
	41	《小学语文：决定教学质量的关键策略》	李　楠	30.00
	42	《用〈论语〉思想提升数学教育智慧》	胡爱民	30.00
	43	《童化作文——浸润儿童心灵的作文教学》	吴　勇	30.00
名校系列	44	《人本与生本：管理与德育的双重根基》	广州市广外附设外语学校	30.00
	45	《生本与生成：高效教学的两轮驱动》	广州市广外附设外语学校	30.00
	46	《世界视野与现代意识：校本课程开发的二元思维》	广州市广外附设外语学校	30.00
	47	《让每个生命都精彩——生命教育校本实践策略》	王鹏飞	30.00
	48	《好学校，从关注每个学生开始——石梅小学优质教育多元感悟》	顾　泳　张文质	30.00
思想者系列	49	《回归教育的本色》	马恩来	30.00
	50	《守护教育的本真》	陈道龙	30.00
	51	《教育，倾听心灵的声音》	李荣灿	30.00
	52	《心根课堂——让教育随学生心灵起舞》	刘云生	30.00
	53	《做一个纯粹的教师》	许丽芬	26.00
	54	《率性教书》	夏　昆	26.00
	55	《为爱教书》	马一舜	26.00
	56	《课堂，诗意还在》	赵赵（赵克芳）	26.00
	57	《今日教育之民间立场》	子虚（扈永进）	30.00
	58	《教育，细节的深度反思》	许传利	30.00
	59	《追寻教育的真谛——许锡良教育思考录》	许锡良	30.00
	60	《做爱思考的教师》	杨守菊	30.00
鲁派名校教育探索者系列·	61	《让生命异彩纷呈——差异教育的构建与实施》	张晓琳	30.00
	62	《博弈中的追求——一位中学校长的"零"作业抉择》	李志欣	30.00
	63	《大教育视野下的特色课程构建——海洋教育的开发实施》	白刚勋	30.00
名师教学手记系列	64	《唤醒生命的对话——孙建锋语文教学手记》	孙建锋	30.00
	65	《让作文教学更高效——王学东写作教学手记》	王学东	30.00
名校长核心思想系列	66	《智圆行方——智慧校长的50项管理策略》	胡美山　李绵军	30.0
	67	《做一个智慧的校长》	孙世杰	30.00
	68	《成为有思想的校长》	赵艳然	30.00

系列	序号	书　名	主编	定价
创新班主任系列	69	《班主任专业化成长策略》	杨连山	30.00
	70	《班级活动创新与问题应对》	杨连山　杨照　张国良	30.00
	71	《班集体建设与创新人才培养》	李国汉	30.00
	72	《神奇的教育场——打造特色班级文化创新艺术》	李德善	30.00
创新语文教学系列	73	《曹洪彪新概念快速作文》	曹洪彪	30.00
	74	《小学语文：享受对话教学》	孙建锋	30.00
	75	《小学语文：名师教学目标落实艺术》	刘海涛　王林发	30.00
	76	《小学语文：名师魅力教学设计艺术》	刘海涛　王林发	30.00
	77	《小学语文：名师魅力课堂激趣艺术》	刘海涛　豆海湛	30.00
	78	《小学语文：单元整体教学构建艺术》	李怀源	30.00
	79	《小学作文：名师情趣课堂创设艺术》	张化万	30.00
教学优化系列	80	《高效教学组织的优化策略》	赵雪霞	30.00
	81	《高效教学方法的优化策略》	任　辉	30.00
	82	《高效教学过程的优化策略》	韩　锋	30.00
	83	《让教学更生动——激发兴趣让学生快乐认知》	朱良才	30.00
	84	《让教学更高效——策略创新让教学事半功倍》	孙朝仁	30.00
	85	《让教学更开放——拓展延伸让学生触类旁通》	焦祖卿　吕　勤	30.00
	86	《让教学更生活——体验运用让学生内化知识》	强光峰	30.00
	87	《让知识更系统——整合与概括让学生建构体系》	杨向谊	30.00
	88	《让思维更创新——思辨与发散让学生思维活跃》	朱良才	30.00
名师名课系列	89	《名师如何炼就名课》（美术卷）	李力加	35.00
教师成长系列	90	《做会研究的教师》	姚小明	30.00
	91	《学学名师那些事》	孙志毅	30.00
	92	《给新教师的建议》	李镇西	30.00
	93	《教师心灵读本：成为有思想的教师》	肖　川	30.00
	94	《教师心灵读本：教师，做反思的实践者》	肖　川	30.00
幼师提升系列	95	《全国优秀幼儿健康教育活动课例评析》	教育部教育管理信息中心	30.00
	96	《全国优秀幼儿艺术教育活动课例评析》	教育部教育管理信息中心	30.00
	97	《全国优秀幼儿社会教育活动课例评析》	教育部教育管理信息中心	30.00
	98	《全国优秀幼儿语言教育活动课例评析》	教育部教育管理信息中心	30.00
	99	《全国优秀幼儿科学教育活动课例评析》	教育部教育管理信息中心	30.00
教师修炼系列	100	《班主任工作行为八项修炼》	杨连山	30.00
	101	《教师心理健康六项修炼》	李慧生	30.00
	102	《教师专业化五项修炼》	杨连山　田福安	30.00
	103	《课堂教学素养五项修炼》	刘金生　霍克林	30.00
	104	《高效教学技能十项修炼》	欧阳芬　诸葛彪	30.00
	105	《教师新师德六项修炼》	王毓珣　王　颖	30.00
创新数学教学系列	106	《小学数学：名师教学目标落实艺术》	余文森	30.00
	107	《小学数学：名师高效教学设计艺术》	余文森	30.00
	108	《小学数学：名师易错问题针对教学》	余文森	30.00
	109	《小学数学：名师魅力课堂激趣艺术》	余文森	30.00
	110	《小学数学：名师同课异教》	林高明　陈燕香	30.00
	111	《小学数学：名师抽象问题艺术教学》	余文森	30.00

系列	序号	书 名	主编	定价
教育心理系列	112	《做最好的心理导师——中学生心理健康咨询手册》	杨东	30.00
	113	《每天学点教育心理学》	石国兴 白晋荣	30.00
	114	《学生心理拓展训练与指导》	徐岳敏	30.00
	115	《好心态成就好学生——学生心理问题剖析与对症教育》	李韦遴	30.00
教学新突破系列	116	《把教学目标落实到位——名师优质课堂的效率管理》	冯增俊	30.00
	117	《拿什么调动学生——名师生态课堂的情绪管理》	胡涛	30.00
	118	《零距离施教——名师和谐师生关系的构建艺术》	贺斌	30.00
	119	《一个都不能落——名师提升学困生的针对教学》	侯一波	30.00
	120	《让学习变得更轻松——名师最能吸引学生的情境设计》	施建平	30.00
	121	《让知识变得更易学——名师改造难学知识的优化艺术》	周维强	30.00
教育通识系列	122	《用心做教师——青年教师快速成长的十大定律》	王福强	30.00
	123	《做最受学生欢迎的老师》	赵馨 许俊仪	30.00
	124	《做有策略的校长——经典寓言与学校管理智慧》	宋运来	30.00
	125	《做有策略的教师——经典故事中的教育启示》	孙志毅	30.00
	126	《从学生那里学教书》	严育洪	30.00
	127	《突破平庸——提升教育质量的31个跳板》	严育洪	30.00
	128	《教育，诗意地栖居》	朱华忠	30.00
	129	《好班规打造好班级》	赵凯	30.00
	130	《做学生成长的引领者——学生终身成长的素质培养》	田祥珍	30.00
	131	《如何管出好班级——突破班级管理的四大瓶颈》	刘令军	30.00
	132	《青春期性教育教师实用手册》	闵乐夫	30.00
高中新课程系列	133	《高中新课程：教师角色转变细节》	缪水娟	30.00
	134	《高中新课程：班主任新兵法细节》	李国汉 杨连山	30.00
	135	《高中新课程：教学管理创新细节》	陈文	30.00
	136	《高中新课程：更有效的评价细节》	李淑华	30.00
名师讲述系列	137	《施教先施爱——名师讲述班主任的核心教导力》	杨连山 魏永田	30.00
	138	《在欢乐中成长——名师讲述最具活力的课堂愉快教学》	王斌兴	30.00
	139	《让学生做自己的老师 ——名师讲述如何提升学生自主学习能力》	徐学福 房慧	30.00
	140	《引领学生高效学习 ——名师讲述如何提高学生课堂学习效率》	刘世斌	30.00
	141	《教育从心灵开始——名师讲述最能感动学生的心灵教育》	张文质	30.00
教育管理力系列	142	《名校激励管理促进力》	周兵	30.00
	143	《名校安全管理执行力》	袁先潋	30.00
	144	《名校师资团队建设力》	赵圣华	30.00
	145	《名校危机管理应对力》	李明汉	30.00
	146	《名校校本研究创新力》	李春华	30.00
	147	《学校文化力建设策略》	袁先潋	30.00
	148	《名校长核心教育力》	陶继新	30.00
	149	《名校长高绩效领导力》	周辉兵	30.00

系列	序号	书 名	主编	定价
教育管理力系列	150	《名校行政管理细节力》	杨少春	30.00
	151	《名校教学管理提升力》	张 韬 戴诗银	30.00
	152	《名校学生管理教导力》	田福安	30.00
	153	《名校校园文化构建力》	岳春峰	30.00
大师讲坛系列	154	《大师谈教育心理》	肖 川	30.00
	155	《大师谈教育激励》	肖 川	30.00
	156	《大师谈教育沟通》	王斌兴 吴杰明	30.00
	157	《大师谈启蒙教育》	周 宏	30.00
	158	《大师谈教育管理》	樊 雁	30.00
	159	《大师谈儿童人格塑造》	齐 欣	30.00
	160	《大师谈儿童习惯培养》	唐西胜	30.00
	161	《大师谈儿童能力培养》	张启福	30.00
	162	《大师谈早恋与性教育》	闵乐夫	30.00
	163	《大师谈儿童情感教育》	张光林 张 静	30.00
教育细节系列	164	《名师最具渲染力的口才细节》	高万祥	30.00
	165	《名师最有效的沟通细节》	李 燕 徐 波	30.00
	166	《名师最有效的激励细节》	张 利 李 波	30.00
	167	《名师培养学生好习惯的高效细节》	李文娟 郭香萍	30.00
	168	《名师人格教育的经典细节》	齐 欣	30.00
	169	《名师营造课堂氛围的经典细节》	高 帆 李秀华	30.00
	170	《名师最有效的赏识教育细节》	李慧军	30.00
	171	《名师最有效的批评细节》	沈 旎	30.00
教学提升系列	172	《方法总比问题多——名师转变棘手学生的施教艺术》	杨志军	30.00
	173	《用特色吸引学生——名师最受欢迎的特色教学艺术》	卞金祥	30.00
	174	《让学生爱上课堂——名师高效课堂的引导艺术》	邓 涛	30.00
	175	《拿什么打开思路——名师最吸引学生的课堂切入点》	马友文	30.00
	176	《没有记不牢的知识——名师最能提升学生记忆效果的秘诀》	谢定兰	30.00
	177	《让学生的思维活起来——名师最激发潜能的课堂提问艺术》	严永金	30.00
国际视野系列	178	《行走在日本基础教育第一线》	李润华	26.00
	179	《润物细无声——品鉴国外德育智慧》	赵荣荣 张 静	30.00
	180	《不让一个学生掉队——国际视野下的教育均衡实践》	乔 鹤	28.00
	181	《从白桦林到克里姆林宫——俄罗斯中小学教育纪实》	赵 伟	30.00